Die Werke der *Türkischen Fünf* im Lichte der musikalischen Wechselbeziehungen zwischen der Türkei und Europa

Europäische Hochschulschriften
Publications Universitaires Européennes
European University Studies

Reihe XXXVI
Musikwissenschaft

Série XXXVI Series XXXVI
Musicologie
Musicology

Bd./Vol. 221

PETER LANG
Frankfurt am Main · Berlin · Bern · Bruxelles · New York · Oxford · Wien

Yılmaz Aydın

Die Werke der *Türkischen Fünf* im Lichte der musikalischen Wechselbeziehungen zwischen der Türkei und Europa

PETER LANG
Europäischer Verlag der Wissenschaften

Die Deutsche Bibliothek - CIP-Einheitsaufnahme

Aydin, Yilmaz:

Die Werke der *Türkischen Fünf* im Lichte der musikalischen Wechselbeziehungen zwischen der Türkei und Europa / Yılmaz Aydın. - Frankfurt am Main ; Berlin ; Bern ; Bruxelles ; New York ; Oxford ; Wien : Lang, 2002
(Europäische Hochschulschriften : Reihe 36, Musikwissenschaft ; Bd. 221)
Zugl.: Köln, Univ., Diss., 2002
ISBN 3-631-39703-8

Dieses Buch wurde mit freundlicher Unterstützung des Generalkonsulats der Türkei – Türkisches Kulturzentrum in Hannover gedruckt.

D 38
ISSN 0721-3611
ISBN 3-631-39703-8

www.peterlang.de

Inhalt

Einleitung 1

Teil I: **Historischer Abriß** 4

I. 1. Die türkische Musik 5

1. 1. Die türkische Volksmusik und Bartóks Forschungsarbeit in der Türkei 5

1. 2. Die traditionelle türkische Musik 7

I. 2. Die Entwicklung des Musiklebens und die musikalischen Wechselbeziehungen zwischen der Türkei und Europa bis zum Ende des Osmanischen Reiches 8

I. 2. 1. Giuseppe Donizetti und die Aufnahme europäischer Musik in der Osmanischen Zeit 10

I. 3. Die Entwicklungen auf dem Gebiet der Musik in der Republikanischen Zeit - Institutionalisierung des Musiklebens 12

I. 3. 1. Hindemiths „Vorschläge für den Aufbau des türkischen Musiklebens" und die deutschen Fachleute Ernst Prätorius, Carl Ebert und Eduard Zuckmayer 13

Teil II : **Die „Türkischen Fünf", die erste Komponisten-generation der republikanischen Türkei** 16

II. 1. **Cemal Reşit Rey** 17

II. 1. 1. Kurze Biographie 18

II. 1. 2. Das Interesse für die türkische Musik 20

II. 1. 3. Reys Rolle als Führer in der mehrstimmigen türkischen Musik und kulturelle Tätigkeiten 21

II. 1. 4. „Warum habe ich Operetten komponiert?“ 23

II. 1. 5. Reys Schaffen und seine wichtigsten Werke 24

II. 1. 5. 1. „Instantanés“, Esquisse symphonique 28

II. 1. 5. 2. „Pélérinages dans la ville qui n‘est plus que souvenir“, sieben Stücke für Klavier 36

II. 1. 5. 3. „La Conquérant“ (Fatih), Poéme symphonique 38

II. 1. 6. Verzeichnis der Werke 47

II. 1. 7. Ausgewählte Diskographie 50

II. 2. **Hasan Ferid Alnar** 51

II. 2. 1. Kurze Biographie 53

II. 2. 2. Die Wiener Zeit und Joseph Marx 54

II. 2. 3. Tätigkeit als Dirigent im In- und Ausland 55

II. 2. 4. Alnars Komponistendasein und seine wichtigsten Werke 56

II. 2. 4. 1. „Präludium und zwei Tänze“ für Orchester 57

II. 2. 4. 2. Kemal Ilerici und sein „Quartenharmonie“-System....... 68

II. 2. 4. 3. „Konzert für Cello und Orchester“ 71

II. 2. 4. 4. „Konzert für Kanun (Zither) und Streicher“ 80

II. 2. 5. Verzeichnis der Werke 86

II. 2. 6. Ausgewählte Diskographie 87

II. 3. **Ulvi Cemal Erkin** 87

II. 3. 1. Kurze Biographie 88

II. 3. 2.	Pariser Konservatorium und „Ecole Normale de Musique"	90
II. 3. 3.	Heirat mit Ferhunde Erkin	91
II. 3. 4.	Andere Tätigkeiten	92
II. 3. 5.	Die Kompositionen Erkins	92
II. 3. 5. 1.	„Beş Damla" (Fünf Tropfen), fünf leichte Stücke für Klavier	94
II. 3. 5. 2.	„Violinkonzert"	101
II. 3. 5. 3.	„Sinfonietta" für Streicher	110
II. 3. 6.	Verzeichnis der Werke	116
II. 3. 7.	Ausgewählte Diskographie	117
II. 4.	**Ahmed Adnan Saygun**	118
II. 4. 1.	Kurze Biographie	119
II. 4. 2.	Die Pariser Zeit und ihre Einflüsse	120
II. 4. 3.	Die Opern „Özsoy" und „Taşbebek"	122
II. 4. 4.	Sayguns Schaffen	123
II. 4. 4. 1.	„İnci'nin Kitabı" (Incis Buch) op.10b, 7 leichte Stücke für kleines Ensemble	125
II. 4. 4. 2.	„1. Klavierkonzert" op.34	129
II. 4. 4. 3.	„2. Streichquartett" op.35	137
II. 4. 5.	Verzeichnis der Werke	144
II. 4. 6.	Ausgewählte Diskographie	147

II. 5. **Necil Kazım Akses** 148

II. 5. 1. Kurze Biographie.. 148

II. 5. 2. Studium bei Joseph Marx, Josef Suk und Alois Haba 150

II. 5. 3. Die Oper „Bayönder“ 151

II. 5. 4. Kulturelle Tätigkeiten im In- und Ausland 152

II. 5. 5. Akses‘ Komponistendasein und seine Hauptwerke 153

II. 5. 5. 1. „Miniaturen“ für Klavier 156

II. 5. 5. 2. „1. Streichquartett“ 159

II. 5. 5. 3. „Idyll“ für Cello und Orchester 165

II. 5. 5. 4. „2. Sinfonie“ für Streicher 172

II. 5. 6. Verzeichnis der Werke 177

II. 5. 7. Ausgewählte Diskographie.. 179

Zusammenfassung 180

Quellenverzeichnis 184

Literaturverzeichnis.. 185

Einleitung

Die vielseitigen Reformen in der republikanischen Zeit in der Türkei (nach 1923) brachten grundsätzliche Veränderungen in der türkischen Gesellschaft und auch für das Musiklebens mit sich. In dieser Zeit begannen die „Türkischen Fünf" symptomatisch das Bewußtsein für eine nationale Musikkultur zu wecken. Ähnlich wie Manuel de Falla in Spanien oder Jean Sibelius in Finnland sind die „Türkischen Fünf" in der Türkei die bedeutendsten Vertreter der nationalen Schule seit den 30er Jahren des 20. Jahrhunderts. Für viele Kompositionen bezogen sie ihre Inspirationen aus den charakteristischen Melodien und komplizierten Rhythmen und Metren der türkischen Volks- und traditionellen Musik. In dieser Annäherung und diesem Verständis haben die „Türkischen Fünf" der neuen türkischen Musik zu einer westlichen Dimension und Musiksprache verholfen.
Die Universalität der Musik entsteht durch die Beiträge der Kulturen und Nationen. Den Entwicklungen der polyphonen Musik in Westeuropa sind die Türken nicht ganz fremd geblieben. Die musikalischen Wechselbeziehungen zwischen der Türkei und Europa im Laufe der Geschichte reichen bis ins 16. Jahrhundert zurück. Der französische König François I. schickte im Jahr 1543 eine Truppe von ausgesuchten Musikern zu Sultan Süleyman nach Istanbul. Diese Truppe führte einige Konzerte am Hofe des Sultans und in der näheren Umgebung auf, wobei sie allerdings nicht das erhoffte Interesse des Volkes erlangte. Durch diese Konzerte lernten die Leute am Hofe und Umgebung erstmals die westliche Musik kennen[1]. Ein weiteres Ereignis war, daß die englische Königin Elisabeth I. im Jahre 1599 dem Sultan Murat III. eine Orgel schenkte. Diese beiden Ereignisse hinterließen beim türkischen Volk allerdings keinen besonderen Einfluß. Andererseits konnten sich die Europäer im 16./17. Jahrhundert mit der türkischen Musik (bzw. Janitscharenmusik) beschäftigten. „Sie (s.c. die Janitscharenmusik) besaß ein umfangreiches Repertoire und entwickelte ihren eigenen Stil, in dem die Gepflogenheiten der klassischen Kunstmusik mit den vorislamisch-türkischen, ja sogar zentralasiatisch-schamanistischen Elementen zu einer eigenartigen Einheit verschmolzen waren"[2]. Die als Janitscharenmusik bekannte Militärmusik beeinflußte auch prominente Komponisten wie Gluck, Haydn, Mozart, Beethoven und Mahler. Die aus dieser Musik hervorgehenden typischen Klangfarben und Rhythmen sowie Instrumente wie Becken, Glockenspiel und Schellenbaum wurden in ihre Werke einbezogen. Die Janitscharenmusik und ihre Einflüsse auf die europäische Musik werden im Kapitel (I.2.) behandelt.
Mit der Abschaffung des Janitscharentums und ihrer Kapellen 1826 begann jedoch die Aufnahme der europäischen Kunstmusik. 1828 wurde Giuseppe Donizetti (1788-1856) aus Italien als Generalmusikdirektor der

---

[1] Vgl. M. R. Gazimihal, „Türkiye Avrupa Musiki Münasebetleri" (Musikbeziehungen zwischen der Türkei und Europa), Istanbul 1939, Bd.1, S.39.
[2] Erdoğan Okyay, „Die Schulmusikerziehung in der Türkei", in: Mitteilungen der Deutschen Gesellschaft für Musik des Orients 12, Berlin 1973-1974, S.8.

mızika-ı hümâyûn (die Hofmusikkapelle) nach Istanbul berufen. Seine Berufung war der Anfang einer neuen Entwicklung in der türkischen Musikgeschichte. Donizetti gründete nach dem europäischen Muster eine Musikschule am Hofe in Istanbul. In verschiedenen Musikrichtungen wurden Schüler ausgebildet und Konzerte veranstaltet. Aus Europa wurden verschiedene Orchester, Operntruppen und bekannte Solisten wie Liszt oder Vieuxtemps nach Istanbul eingeladen. Im 19. Jahrhundert wuchs der Einfluß der europäischen Musik im Osmanischen Reich (I.2.1.).
Nach der Gründung der modernen Türkei 1923 begann Atatürk mit seinen westlich orientierten Reformen auch im musikalischen Bereich. Das Ziel war, eine zeitgenössische türkische Musik zu schaffen, die auf eigenen Musikelementen basiert. All die alten Musikeinrichtungen wurden nach europäischem Muster umgebildet. Gleichzeitig begann man, neue musikalische Einrichtungen zu gründen. Für die Realisierung der Reformen brauchte Atatürk qualifizierte Hilfe. Zuerst wurden kurz nach der Gründung der Republik 1925-1926 einige junge Begabungen nach einem Wettbewerb zum Studium in die europäischen Städte, vor allem Paris und Wien, geschickt. Fünf davon - Cemal Reşit Rey (1904-1985), Hasan Ferid Alnar (1906-1978), Ulvi Cemal Erkin (1906-1972), Ahmed Adnan Saygun (1907-1991) und Necil Kazım Akses (1908-1999) - begründeten die erste moderne türkische Kompositionsrichtung; sie wurden seitdem als die „Türkischen Fünf" bekannt. Die „Türkischen Fünf" sind somit in der heutigen Türkei die erste „Komponistengeneration". Die obengenannten fünf Komponisten und ihre Werke werden in Teil (II) behandelt.
Außerdem hatte die Regierung Paul Hindemith 1935 zur Mithilfe am Aufbau eines staatlichen Konservatoriums eingeladen. Hindemith, der mehrmals in die Türkei kam, arbeitete für das Erziehungsministerium ausführliche Organisationspläne aus, in denen er drei staatliche Konservatorien in Ankara, Istanbul und Izmir gleichzeitig aufzubauen vorschlug[3]. Auf seine Vorschläge hin wurde zuerst in Ankara ein Konservatorium gegründet. Dabei engagierte Hindemith einige bekannte deutsche Lehrkräfte und Künstler wie Eduard Zuckmayer, Carl Ebert, Ernst Prätorius. Sie zeigten große Erfolge in ihren Bereichen. In der zeitgenössischen türkischen Musikgeschichte spielten Carl Ebert bei der Gründung und Entwicklung der türkischen Oper, Ernst Prätorius bei der Reorganisation des „Sinfonieorchesters des Staatspräsidenten", und Eduard Zuckmayer in der Ausbildung der Musikerzieher eine besonders wichtige Rolle (I.3).
Das Ziel dieser Arbeit ist es, einen Beitrag zur Erkenntnis des Stils der „Türkischen Fünf" und der neuen türkischen Musik im Lichte der wechselseitigen Beziehungen zwischen der Türkei und Europa zu liefern. Die Analyse einiger Werke der „Türkischen Fünf" bildet das Zentrum meiner Arbeit. Die Mitglieder der Gruppe komponierten in allen musikalischen

[3] Vgl. Hayrettin Akdemir, „Die neue türkische Musik", (1991), S30f.

Gattungen, in klassischen und freien Formen. Auch moderne Kompositionstechniken wie z.B. „Aleatorik“ wandten sie in ihren Werken an. Ausgangspunkt ihrer Werke war die türkische Volks- und traditionelle Musik. In diesem Zusammenhang stehen bei den Werkanalysen die türkische Musik und die dazu gehörenden Makame im Vordergrund. Die Werkanalysen sollen die individuellen Stilmerkmale der „Türkischen Fünf“ beleuchten und Erläuterungen zu Form, Orchestrierung und Tonmaterialien geben. Die beigefügten Notenbeispiele, die als Belege für Behauptungen zitiert werden, können die notwendigen Illustrationen liefern.
Da es keine Forschungsliteratur gibt, die die Werke der „Türkischen Fünf“ wissenschaftlich untersucht hat (abgesehen von Biographien), erschien das Thema der vorliegenden Dissertation als Desiderat. Überdies hat es sich die Arbeit zum Ziel gemacht, Ungenauigkeiten in der vorhandenen Literatur zu korrigieren. Dies betrifft insbesondere auch die Makame. Sie tragen eine große Bedeutung in meiner Studie, denn ich habe großen Wert darauf gelegt, mit Beispielen zu zeigen, welche Themen auf welchen Makamen basieren.
Die vorliegende Studie stellt die erste Arbeit über die Werke der „Türkischen Fünf“ dar, sowohl in der Türkei als auch in Deutschland. Zwar liegen über Rey, Alnar, Erkin, Saygun und Akses einige Publikationen vor, doch diese sind bloß biographisch und umfassen keine Analysen ihrer Werke[4]. Schließlich hoffe ich, daß meine Arbeit für diejenigen, die besonders in Deutschland die zeitgenössische türkische Musik untersuchen möchten, von einigem Nutzen sein möge.

Danksagungen
Zunächst möchte ich Herrn Professor Dr. Klaus Wolfgang Niemöller, der mein Hauptstudium begleitet hat, für Betreuung und Kritik danken und darüber hinaus Andreas Karbstein, Harald Dowideit und Volker Menzel für ihre Hilfe bei der deutschen Grammatik. Für einige Quellenbeschaffungen danke ich besonders dem türkischen Generalkonsul in Hannover Ahmet Akses, dem Musikverleger Ahmet Say, dem Musikwissenschaftler Dr. Erdoğan Okyay. Dieses Buch wurde mit der freundlichen Unterstützung des Generalkonsulats der Türkei – Türkisches Kulturzentrum in Hannover gedruckt.

[4] Filiz Ali, „C. R. Rey'e Armağan“ (Festschrift C.R. Rey), (1996), Evin İlyasoğlu, „C. R. Rey-Müzikten Ibaret Bir Dünyada Gezintiler“ (Spaziergänge in einer aus Musik bestehenden Welt), (1997), Evin İlyasoğlu, „N. K. Akses-Minyatürden Destana Bir Yolculuk“ (N. K. Akses- Eine Reise von der Miniatur zum Epos), (1998), Nejat Başeğmezler, „N. K. Akses'e Armağan“ (Festschrift N. K. Akses), (1993), Koral Çalgan, „Duyuşlar-U. C. Erkin“ (Sinnlichkeiten- U. C. Erkin), (1991), ders. „U. C. Erkin'e Armağan“ (Festschrift U. C. Erkin), (1991), Gülper Refiğ, „A. A. Saygun ve Geçmişten Geleceğe Türk Musikisi“ (A. A. Saygun und die türkische Musik von der Vergangenheit in die Zukunft), (1991), Erdoğan Okyay, „F. Alnar“ (Longa'dan Konçertoya“ (F. Alnar- von Longa zu Konzert), (1999).

Teil I. Historischer Abriß

Im musikalischen Schaffen der heutigen Türkei spiegelt sich die historische Entwicklung ihres kulturellen Lebens. Infolge ihrer bewegten Geschichte hatten die Türken engen Kontakt mit zahlreichen Kulturen. Bei genauer Betrachtung der türkischen Musik muß man sich zunächst die geographische, historische und politische Lage der Türkei vor Augen führen. Sie ist ein Land zwischen Europa und Asien. Die anatolische Halbinsel stellt zwischen diesen beiden Erdteilen eine Brücke dar. Die wechselvolle Geschichte Anatoliens - also fast des gesamten Gebietes der heutigen Türkei - ist zugleich eine Geschichte der Auseinandersetzung und Symbiose östlicher und westlicher Kulturen. In ihrem Verlauf beherrschten dieses Gebiet -bzw. Teile davon- Hethiter, Perser, Griechen, Römer und Türken. Den Abschluß dieser Reihe bildet die Kultur der seldschukischen -seit 1134- und osmanischen -seit 1299- Türken. Mit dem 1299 von Osman I. gegründete Osmanischen Reich gewannen die Türken dann auch politisch die Führung in der gesamten islamischen Welt. Geistiges Zentrum war nun für mehrere Jahrhunderte Istanbul, das ehemalige Konstantinopel. Auch auf musikalischem Gebiet war die Rolle der Türken sehr prägend. Vieles, was sich nun am Bosporus entwickelte, wurde fast unverändert in die arabischen und persischen Länder übernommen[5]. 1923 schuf Kemal Atatürk ein republikanisches Staatssystem nach westeuropäischem Vorbild.

Die Türken, ethnisch betrachtet ein zentralasiatisches Volk, waren vor ihrer Bekehrung zum Islam schamanistisch und in ihren Ritualen waren Trommeln dominierend. Ein anderes traditionelles, musikalisches Ereignis unter den Türken sind die von den *„Tuğ"*[6]- Kapellen gespielten Konzerte im Freien. Diese Aufführungen gehen auf eine 2500 Jahre alte Tradition zurück, als Militärkapellen den Wachaufzug der Soldaten begleiteten.

Die traditionelle türkische Militärmusikkapelle (Janitscharenmusik oder *mehter*-Musik) spielte eine große Rolle in der türkischen Militärgeschichte. Im Osmanischen Reich gab es auch eine eigene Militärmusikschule, die als „Mehterhane-i Humayun"[7] bekannt war. „Mehter-Musik" (Janitscharen-Musik) hat durch ihre charakteristische Musik, ihre Rhythmen und Gangart, auf andere Länder und auf europäische Komponisten zur Zeit des Osmanischen Reiches einen beachtlichen Einfluß ausgeübt[8].

Nach der Abschaffung des Janitscharentums im Jahre 1826 wurden auch die „Mehter-Kapellen" aufgelöst. Zu Beginn des 19. Jahrhunderts begann das Osmanische Reich, Reformen aus Europa zu übernehmen[9].

---

[5] Vgl. Gültekin Oransay (1964), S.19f.

[6] „Tuğ" Kapellen: später „Mehter-Kapelle", „Mehter-Musik".

[7] Diese Musiker hießen „mehter", („hane": Einrichtung). „Mehterhane-i Humayun" („Humayun": Hof, Sultanat): die Militärkapelle am Hofe des Sultans. Eine Mehter-Musikkapelle besteht aus Blas- und Schlaginstrumenten. Im Abendland als „Janitscharenmusik" bekannt.

[8] Vgl. das Kapitel I. 2.

[9] Vgl. das Kapitel I. 2. 1.

Auch die Volksdichter und *aşık* (Volkssänger) übten auf die Musik einen großen Einfluß aus. Aufgrund ihres traditionellen, kulturellen Erbes haben die Türken innerhalb der islamischen Kunst, ungeachtet der arabischen und persischen Entwicklungen, ihren eigenen Stil und ihre eigene Musik zum Ausdruck gebracht.

I. 1. Die türkische Musik

Die türkische Musik gliedert sich grundsätzlich in drei verschiedene Richtungen: Die türkische Volksmusik, die traditionelle türkische Musik und die türkische zeitgenössische Musik. Die türkische zeitgenössische Musik umfaßt den ganzen zweiten Teil dieser Arbeit (Teil II: Die „Türkischen Fünf", die erste Komponistengeneration der republikanischen Türkei).

I. 1. 1. Die türkische Volksmusik und Bartóks Forschungsarbeit in der Türkei

Unter der Volksmusik versteht man mehr die asiatischen Traditionen, die die Türken zur Zeit ihrer Wanderungen mitbrachten. In diesem Sinne kann man sagen, daß die türkische Volksmusik ein direkter Reflex der asiatischen Traditionen ist. Die Eigenständigkeit türkischer Volksmusik war bis in die 30er Jahre wenig erforscht. Mahmut Ragip Gazimihal (1900-1961) und Rauf Yekta (1871-1935) gehören zu den bekanntesten Musikologen, die die türkische Volksmusik vor Bartók erforscht haben. 1928 erschien „Anadolu Türküleri ve Musiki Istikbalimiz" (Anatolische Volkslieder und unsere musikalische Zukunft), Istanbul 1928, von Gazimihal. Erst 1936, als Béla Bartók in die Türkei reiste und zusammen mit Ahmet Adnan Saygun eine Forschungsreise unternahm, erkannte man den besonderen Wert der bisher unbekannten Welt türkischer Volksmusik. Bartók hielt 1936 drei Vorträge in Ankara, „in denen er auch auf die gemeinsame Ursprungsheimat der Türken und Ungarn einging und auf das gemeinsame musikalische Erbe hinwies"[10] und über die Erforschung der Volksmusik. Danach unternahm er mit A. Adnan Saygun eine kurze Sammelreise in die Süd-Türkei, „wo er tiefliegende Gemeinsamkeiten in der Volksmusik beider Länder festzustellen glaubte"[11]. Als Bartók aus der Sammelreise nach Ankara zurückkehrte, stellte er dem Erziehungsministerium einen Plan zur Einrichtung eines Folklore-Archivs vor. 1940 machte er der türkischen Regierung den Vorschlag, mit Saygun das geplante Folklore-Archiv einzurichten und sich in die Türkei einbürgern zu lassen. Die damalige türkische Regierung zeigte kein Interesse an dem

---

[10] Erdoğan Okyay, „Die Schulmusik in der Türkei. Ihre geschihtliche Entwicklung und ihr heutiger Zustand ", In: Mitteilungen der deutschen Gesellschaft für Musik des Orients 12, (1973-1974), S.20.
[11] Ebda.

Vorschlag von Bartók[12]. Er konnte die Ergebnisse seiner Forschungsarbeit nicht mehr zusammenfassen, da er 1940 auf der Schwelle des zweiten Weltkrieges Europa verließ und sich in den USA niederließ . Er starb 1945 in New York[13]. Die in der Türkei von Bartók gesammelten Lieder wurden 1976, 40 Jahre später, in zwei Büchern in Ungarn[14] und in den USA[15] publiziert.
Obwohl die türkische traditionelle Kunstmusik sich durch die Religion in Wechselbeziehung mit der arabisch-persischen und mit den gegenseitigen Einflüssen der alten anatolischen Kulturen entwickelt hat, sind in der Volksmusik der Türkei starke, ursprüngliche Elemente aus Zentralasien erhalten geblieben[16]. In der Türkei ist die Volksmusik noch lebendig. Man singt noch die altvertrauten Weisen im Rahmen der überlieferten Melodietypen, dabei werden viele aktuelle Ereignisse in übliche Gedichtformen gebracht und vorgetragen. Die Volksmusik ist stets engstens an bestimmte Lebensumstände gebunden: Geselliges Beisammensein, dörfliche Feste, insbesondere Hochzeiten und Feldarbeit sind Gelegenheiten zum Singen und Tanzen.
Die volkstümliche Rhythmik umfaßt u.a. den *„Aksak"*-Rhythmus[17], von dem es mehrere Typen gibt und den die Türken in den Balkanländern, besonders in Bulgarien, eingeführt haben[18]. Er wird, je nachdem, ob er schnell oder langsam ist, verschieden aufgefaßt und tritt in Erscheinung als ungeradzahliges, asymmetrisches Phänomen[19]. Die „Aksak" sind in ganz Anatolien und Trakien (der europäische Teil der Türkei) verbreitet, die folgendermaßen in Achtel gegliedert sind: 5/8(2+3), 7/8(2+2+3), 8/8(3+2+3), 9/8(2+2+2+3), 10/8(3+2+2+3). Jede Region hat besondere, mit den regionalen Volkstänzen zusammenhängende „Aksak". Wie die traditionelle Kunstmusik, basiert auch die Volksmusik als melodisch-tonaler Aufbau auf dem System der *„Makam"*. In der Volksmusik ist der Haupt - und gebräuchlichste Makam *„Hüseyni"*, den die Kunstmusik von der Volksmusik übernommen hat[20].
Die Volkslieder kann man ganz allgemein in zwei Formen unterteilen: als *uzun hava*[21] (langer Gesang) mit freiem Rhythmus im Charakter eines stark

---

[12] Ebda., S.20f.
[13] Vgl. Hayrettin Akdemir (1991), S.44 (auch in MGG Artikel „Bartók").
[14] Der ungarische Musikologe Bence Szabolcsi und Zoltàn Kodàly beauftragten A. Adnan Saygun nach dem Ende des zweiten Weltkrieges, den Buchentwurf Bartoks zu veröffentlichen. So erschien 1976 „Béla Bartóks Music Research in Turkey" von A. Adnan Saygun. Vgl. Gülper Refiğ (1991), S.66.
[15] Das zweite Buch wurde in den USA von Princeton University publiziert. „Béla Bartók: Türkish Folk Music Asia Minor, Princeton, London 1976" (=New York Bartók Archive Studies in Musicology: no.7, hrsg. von Benjamin Suchoff). Vgl. Hayrettin Akdemir (1991), S44.
[16] Vgl. Kurt Reinhard (1984), Bd.II, S.9.
[17] „Aksak" (hinkende Taktarten), d,h, asymmetrische Taktarten. Die asymmetrischen Taktarten werden in der Volksmusik mit besonderem Nachddruck als „Aksak" bezeichnet.
[18] Vgl. Kemal Ilerici (1970) S.393ff. : auch das große Lexikon der Musik, Artikel „Türkei" und „Türk Musikisi Ansiklopedisi" (Das Lexikon der türkischen Musik) S.338.
[19] Vgl. Jens Peter Reiche „Der Aksak-ein rhythmisches Phänomen, neu definiert", in: Die Referate des Ligeti-Kongresses, Hamburg (1988), S.225f.
[20] Vgl. Kemal Ilerici (1970), S.1f.
[21] „Uzun Hava" sind melodisch weniger intensive Lieder.

verzierten Rezitativs und *kırık hava*[22] (gebrochene, bewegte Weise), wenig verziert und mit gemessenem Rhythmus[23]. Die Volkssänger begleiten sich dazu häufig auf der *saz*[24] (Langhalslaute), die das wichtigste Musikinstrument in der Volksmusik ist. Neben der *saz* sind heute folgende Volksinstrumente in Gebrauch: *zurna* (türkische Oboe), *kaval* (Hirtenflöte), *tulum* (Dudelsack), *ney* (offene Längsflöte), *kemençe* (Schwarzmeergeige), *davul* (große Zylindertrommel), *darbuka* (Bechertrommel), *parmak zili* (Handschellen), *kaşık* (Holzlöffel).

I. 1. 2. Die traditionelle türkische Musik

Die traditionelle türkische Kunstmusik ist der musikalische Bestandteil der osmanisch-türkischen Kultur, die bekanntlich dem islamischen Kulturkreis angehört[25]. Diese klassische Musiktradition ist bis heute lebendig.

Die türkische traditionelle Kunstmusik tritt in zwei Formen auf, die beide aus denselben traditionellen Grundvorstellungen hervorgehen. Es werden „Stücke" musiziert, die entweder komponiert, d.h. zur tongetreuen Wiederholung bestimmt, oder -im Gegensatz dazu- improvisiert sind. Die Stücke, ob komponiert oder improvisiert, sind entweder die Vertonung eines Textes in gebundener Sprache (vokale Stücke), oder sie sind keine derartige Vertonung, also instrumentale Stücke. Vokale Stücke werden -ausgenommen im Gottesdienst des strengen Islam- gewöhnlich mit einer rhythmisch-melodischen Begleitformel aufgeführt, während ein improvisiertes selbständiges Stück meist ohne jedes Beiwerk erklingt.

Die traditionelle türkische Kunstmusik basiert auf dem System der *Makam*[26]. Die melodische Linie eines komponierten oder improvisierten Stückes entspricht in ihrem melodischen Ablauf einer Regel, die Makam genannt wird. Im Laufe der Jahrhunderte wurden zahlreiche Makam erfunden, von denen jedoch nur wenige überdauerten; gegenwärtig sind etwa 30 Makam im Gebrauch. In jedem Makam kann man theoretisch unbegrenzt viele Stücke komponieren. Der Makam dient zunächst zur Verständigung über die Tonalität eines Musikstücks und wird durch die folgenden Elemente bestimmt:

---

[22] „Kırık Hava" sind in der Regel symmetrisch gegliederte Lieder und instrumentale Tanzmelodien.
[23] Vgl. Tahsin Incirci (1982), S.46f.
[24] „Saz" ist das Hauptinstrument der türkischen Volksmusik, ein Zupfinstrument (früher „Kopuz") und wurde von den Oğusen-Türken nach Anatolien zur Zeit ihrer Wanderungen im 13. Jahrhundert eingeführt. Vgl. K. und U. Reinhard (1984), Bd.II, S.88.).
[25] Die Kunstmusik hat sich in Wechselbeziehung mit der arabisch-persischen (durch die Religion) und unter Anregung der alten anatolischen Kulturen entwickelt. Vgl. „Türk Musikisi Ansiklopedisi" (Lexikon der türkischen Musik), Artikel „Türk Musikisinin Yayılışı ve Tesirleri" (Die Verbreitung und Einflüsse der türkischen Musik); vgl. auch Oransay (1964), S.17ff.
[26] „Makam" bedeutet wörtlich übersetz, „Ort", „Standort", „Sitz". Im musikalischen Begriff „Makam" sind tonale und melodische Eigenschaften sowie die Struktur einer Tonleiter miteinander verschmolzen.

1- Zwei Noten von besonderer Bedeutung, die das strukturelle Gerüst des Makams bilden, der „Hauptton“[27] (genannt *durak*) und der „Kräftige Ton“[28] (genannt *güçlü*).
2- Eine besondere Bewegung der Melodie, deren Ansätze und deren Ende streng festgelegt sind.
3- Eine Tonleiter, deren einzelne Stufen aufgrund einer Skala von 24 Tönen in der Oktave gebildet wird-[29].

Die türkischen Makame haben im allgemeinen dieselben Namen wie die persischen und arabischen, sie haben aber ganz andere Melodiestrukturen und Skalen[30].
Darüber hinaus gibt es ein rhythmisches System (genannt *usul*)[31], das auf dem Prinzip der zyklischen Wiederkehr beruht.
Es gibt eine Vielzahl von *usul*, die den Usulvorrat bilden, so wie es eine Vielzahl von Makamen gibt. Durch ein begleitendes Schlaginstrument kann *usul* hörbar gemacht werden. Dabei unterscheidet man Haupt- und Nebenschläge, hell (leicht) und dunkel (kräftig) getönte Schläge in einem Takt. Die türkische traditionelle Kunstmusik und auch die Volksmusik wird mit diesen nach hell und dunkel getönten Schlägen in vielen Kulturen bekannten musikalischen Polarität gerecht.
Die wichtigsten Instrumente der traditionellen türkischen Musik sind: *ney* (die Rohrflöte), *tanbûr* (die Langhalslaute mit vier Doppelsaiten), *ud* (die Laute mit elf Saiten), *kanun* (die Zither mit zweiundsiebzig Saiten), *rebab* (das Streichinstrument, das dem persischen Komantsche entspricht), *kemençe* (Kniegeige), *kudüm* (die kleinen Pauken) und die westliche Geige.

I. 2. Die Entwicklung des Musiklebens und die musikalischen Wechselbeziehungen zwischen der Türkei und Europa bis zum Ende des Osmanischen Reiches

Über die türkische Musik, die bis zum Ende des Osmanischen Reiches, bzw. vor 1923 (Gründung der türkischen Republik) enstand und in der sich die musikalischen Wechselbeziehungen zwischen Westeuropa und den Türken zeigen, und über die Rolle, die die europäische Musik im türkischen Musikleben jener Zeit gespielt hat, ist wohl noch etwas mehr publiziert worden als über die neuere Musik, die in der republikanischen Zeit enstand.
Das Buch „Türk Askeri Mızıkaları Tarihi“[32] von Mahmut Ragip Gazimihal ist die zuverlässigste Literatur zu dem Thema.

---

[27] „Hauptton“ und „Kräftiger Ton“ -entfernt vergleichbar der „Tonika“ und „Dominante“ in Europa.
[28] Die Achse des „Kräftigen Tons“ ensteht dadurch, daß eine reine Quarte oder Quinte, je nach Makam, über den „Hauptton“ gestellt wird.
[29] Die Tonschritte oder Intervalle, d.h. die Abstände zwischen den Tönen, sind sehr verschieden groß.
[30] Vgl. Gültekin Oransay (1964), S.17.
[31] Der metrische Ablauf eines komponierten Stückes muß sich nach einer Regel richten, die *usul* genannt wird. Im neueren Sprachgebrauch: Takt.

Obwohl die europäische Musik im türkischen Musikleben in der Zeit des Osmanischen Reiches und auch in der republikanischen Zeit eine besondere Rolle gespielt hat und einflußreich war, hat auch die türkische Musik zumindest in der Vergangenheit die europäische Musik in einigen Zügen sogar sehr nachhaltig beeinflußt. Der politische, aber auch der kulturelle Höhepunkt des Osmanischen Reiches lag im 16. und 17. Jahrhundert. Man kannte in Westeuropa zur damaligen Zeit von den Türken vor allem die „*Mehter*-Musik"(Janitscharenmusik).

Gerade in der Zeit der Wienbelagerung der Türken 1683 hatte man bei den Türken durch den Krieg die „*Mehter*-Musik" gehört und gesehen. Da man andere türkische Musikgattungen damals in Westeuropa kaum kannte, wurde die „*Mehter*-Musik", bzw. deren Klang mit türkischer Musik gleichgesetzt[33].

Die „*Mehter*-Musik" hat durch ihre charakteristische Musikart, ihre Rhythmen und Instrumente die europäischen Komponisten und Länder ziemlich beeindruckt, sie wurde besonders in Mitteleuropa sehr beliebt und zur Mode der Zeit[34]. Sie fand Eintritt in verschiedene Opern, in denen Türken Gegenstand der Handlung wurden[35]. Die Einführung von „*Mehter*-Musik" (Janitscharen-Musik) war für Europa eine tiefgreifende Neuerung.

Erst hatte man in Europa „*Mehter*-Kapellen" (Militärkapellen) mit ihrer Zusammensetzung aus *zurna* (Oboe), *boru* (Trompete), mit den Begleitinstrumenten *davul* (Trommel), *nakkare* (Kesselpauke), *zil* (Becken), *çelik üçgen* (Triangel) und *çevgen* (Schellenbaum) kennengelernt. Vor allem fanden die Schlag- und Schüttelinstrumente wie Trommel, Becken, Glockenspiel, Schellenbaum, Triangel nach und nach Eingang in die europäischen Militärkapellen und Orchester[36].

Polen machte den Anfang und erhielt vom Sultan eine vollbesetzte türkische Militärkapelle als Geschenk[37]. Im Jahre 1725 erhielt auch Rußland eine 12 bis 15 Musiker starke Kapelle[38]. Österreich zeigte seit dem 16. Jahrhundert ein großes Interesse für die Janitscharenmusik und übernahm türkische Trommel, Becken, Triangel[39]. Auch einige Markgrafen und später der Preußenkönig Friedrich II. übernahmen in der Zeit nach dem 16. Jahrhundert die türkischen Instrumente wie große Trommel, Becken, Triangel und gründeten eine Militärkapelle nach der Art der Janitscharenmusik[40]. „Um 1770 war fast jede europäische Armee mit solchen Kapellen ausgestattet, und die Gattung des

---

32 M. R. Gazimihal, „Türk Askeri Mızıkaları Tarihi" (Geschichte der türkischen Militärkapellen), Istanbul 1955.

33 M. R. Gazimihal, (1955), S.33f.

34 Vgl. Peter Panof, „Militärmusik in Geschichte und Gegenwart", (1938), S.74.

35 Vgl. Cevat Memduh Altar (1981), S.39f.

36 Vgl. MGG, Artikel „Janitscharenmusik".

37 Ebda.

38 Ebda.

39 Vgl. M. R. Gazimihal (1955), S.33ff.

40 Ebda., S.33: auch MGG, Artikel „Janitscharenmusik".

sogenannten „Türkischen Marsches" wurde, wie aus zeitgenössischen Sammlungen deutlich hervorgeht, zum Modestück"[41].
Da durch die Einführung von Janitscharenmusik völlig neuartige Klangfarben und neue rhythmische Bildungen ermöglicht wurden, haben Komponisten wie Haydn, Gluck, Mozart, Beethoven und Mahler diesen Stil in ihren Werken angewandt. Schon Gluck hat in „La Rencontre imprevue" (1764) Becken und große Trommel, in der „Iphigenie en Tauride" (1779) Triangel und Militärtrommel verwendet[42]. Aber auch in der Wiener Klassik, beispielsweise bei Mozart und Beethoven, findet sich Janitscharenmusik. Wie viele andere Komponisten ihrer Zeit haben auch Mozart und Beethoven versucht, die Atmosphäre dieser Art Musik einzufangen.
Rondo „alla Turka" in der A-Dur Klaviersonate und „Entführung aus dem Serail" sind die bekanntesten Werke von Mozart, in denen sich die Janitscharenmusik findet. Das Rondo „alla Turka", das völlig an die Janitscharenmusik erinnert, hat Mozart 1778 in Paris geschrieben[43]. Die Oper „Entführung aus dem Serail", „sein größtes, vom türkischen Wesen inspiriertes Werk"[44], komponierte er im Mai 1782.
Die Janitscharenmusik beeinflußte auch Beethoven. Im Chorfinale „Freude schöner Götterfunken" seiner 9. Sinfonie tritt dieser Einfluß im ungestümen Alla-Marcia-Teil im Gebrauch von Triangel, Becken und großer Trommel als der dominierenden Begleitung des Tenorsolos offen zu Tage[45]. Beethoven hat noch andere Werke komponiert wie „Die Ruinen von Athen"[46], „Klaviervariationen D-Dur, op.76"[47], in denen er die türkische Musik mit einbezieht.

I. 2. 1. Giuseppe Donizetti und die Aufnahme europäischer Musik in der Osmanischen Zeit

Der kulturelle Austausch, bzw. die Aufnahme mehrstimmiger europäischer Kunstmusik begann nach der Auflösung der Janitscharen und deren Musikkapellen (oder *mehterhâne*) im Jahre 1826[48]. Die Auflösung des Janitscharentums wurde zum Wendepunkt in der Geschichte der Türken, da zu dieser Zeit die umfangreichsten Reformen seit der Gründung des Osmanischen Reiches geplant wurden. Während dieser Reformzeit, als das

---

41 MGG, Artikel „Janitscharenmusik".
42 Ebda.
43 Vgl. C. M. Altar, „W. A. Mozart im Lichte osmanisch-österreichischer Beziehungen", in: Gabe an C. M. Altar (1989), S.55.
44 Ebda., S.56.
45 Vgl. C. M. Altar, „Beethoven in seinem 125. Todesjahr" (1953), S.41.
46 Vgl. Wolf Dietrich, „Tendenzen in der heutigen türkischen Musik", in: Musik der Türken in Deutschland (1985), S.11.
47 Vgl. C. M. Altar (1953), S.39ff.
48 Vgl. Ralf Martin Jäger, „Türkische Kunstmusik und ihre handschriftlichen Quellen aus dem 19. Jahrhundert", (1996), S.43.

Osmanische Reich Reformen aus Europa zu übernehmen begann, wurden in vielen Bereichen soziale, politische und kulturelle Änderungen durchgesetzt. Zu diesem Reformplan gehörte auch die Einrichtung einer nach europäischem Muster zu bildenden Militärkapelle. Man begann bereits von Sultan Selim III. (1761-1808) eine neue Armee und Militärmusikkapelle zu gründen. Und es wurde, nach der Auflösung der beiden janitscharischen Einrichtungen während der Herrschaft von Sultan Mahmut II. (1784-1839), der selbst ein guter Sänger war und *ney* sowie *tanbûr* spielte, verwirklicht[49].

So wurde der italienische Komponist Giuseppe Donizetti[50] im Jahre 1828 als Musikdirektor nach Istanbul an den Hof des Sultans geholt. Er erteilte die ersten Unterweisungen in europäischer Musik und Komposition und brachte viele Schüler hervor. Donizetti selbst unterrichtete Flöte, Klavier, Harmonielehre und Instrumentation[51].

Die neu gegründete *mızıka-ı hümâyûn* (die Militärkapelle am Hofe des Sultans) wurde Donizetti zur Verfügung gestellt, und in wenigen Jahren organisierte er nach europäischem Muster eine Musikschule, die den europäischen Konservatorien glich. Die Musikschule bestand hauptsächlich aus folgenden Abteilungen: Blaskapelle, Orchester, Oper und Operette, Theater, Gruppe der *fasılmüzik* (traditionelle türkische Musikgruppe), Religiöser Gesang, Volkstheater, Schatten- und Figurenspiel[52].

Zur gleichen Zeit nahmen die neu gegründeten Militärmusikkapellen der türkischen Armee die Musikwerke Europas in ihr Repertoire auf. Manchmal komponierte Donizetti selbst und arbeitete Elemente der türkischen Musik ein und förderte so eine Vermischung der türkischen und europäischen Militärmusik[53]. Der Aufbau der *mızıka-ı hümâyûn* beschleunigte sich dadurch, daß Donizetti weitere europäische Musiker nach Istanbul holte. Deswegen wuchs die Zahl der Unterrichtsfächer immer mehr an. Seit dieser Zeit begannen sich europäische Instrumente und Notation in der Türkei zu verbreiten.

Ein bedeutendes Ereignis aus dieser Zeit ist die Gründung des ersten symphonischen Orchesters von Donizetti im Serail; die begabten Schüler von *mızıka-ı hümâyûn* waren die ersten Mitglieder dieses Orchesters[54]. Das Orchester war schon bald so weit, eigene öffentliche Konzerte zu geben.

---

[49] Ebda.

[50] Giuseppe Donizetti (1788-1856), der ältere Bruder des bekannten Opernkomponisten Gaetano Donizetti, war in Italien Komponist und Kapellmeister gewesen. Er wurde 1828 von Sultan Mahmut II. nach Istanbul geholt und blieb bis zu seinem Tode im Jahre 1856 in der Türkei. Vgl. Vural Sözer, „Müzik ve Müzisyenler Ansiklopedisi" (Lexikon der Musik und Musiker), (1964), S. 110.

[51] Vgl. Ahmet Say, „Müzik Tarihi" (Geschichte der Musik), (1994), S.510.

[52] Vgl. M. R. Gazimihal (1955), S.98f.

[53] Zwar komponierte Donizetti selbst nur wenige Märsche, aber seine Idee einer „Stilmischung", die er im Unterricht vertrat, wurde von seinen vielen Schülern bald aufgegriffen, und so enstanden etliche Märsche, die auf Donizettis Anregungen zurückgehen. Vgl. Ebda.,S.54f.

[54] Dieses Orchester wurde später von Donizettis Schüler geleitet, bis zu der Gründung der Republik 1923. Nach der Gründung der Republik wurde das Orchester komplett nach Ankara (neue Hauptstadt) überführt und neu organisiert. Vgl. Ahmet Say, „Müzik Ansiklopedisi" (Lexikon der Musik) Artikel „Cumhurbaskanligi Senfoni Orkestrasi" (Symphonieorchester der Staatspräsidenten)Bd.I. S.301-305.

Durch diese Konzerte und Opernaufführungen der Schüler wurde die europäische Musik der Istanbuler Bevölkerung bekanntgemacht. Der neue Musikgeschmack bzw. die europäische Musik beschränkte sich selbstverständlich auf Istanbul und das Umfeld des Osmanischen Hofes.
Zu dieser Zeit wurden berühmte Solisten wie Liszt, Vieuxtemps und ausländische Ensembles, für Konzerte und für Opernaufführungen nach Istanbul eingeladen[55]. Besonders zwischen 1846-1885 fanden in Istanbul häufige Opernaufführungen statt. Verdis Opern standen im Mittelpunkt. Alle seine Opern wurden nach ihrer Premiere im gleichen oder nach wenigen Jahren in Istanbul aufgeführt[56].
Als Ergebnis kann man sagen, daß der Einfluß der europäischen Musik sich im Laufe des 19.Jahrhunderts im Osmanischen Reich erwartungsgemäß verstärkt.
Die *mızıka-ı hümâyûn* und ihre Kapellen, die anfangs von Donizetti und später von seinen Schülern geleitet wurden, übten während der Zeit ihres Bestehens bis zur Gründung der Republik einen deutlich erkennbaren Einfluß auf die musikalische Ausbildung insgesamt aus.

I. 3. Die Entwicklungen auf dem Gebiet der Musik in der Republikanischen Zeit – Institutionalisierung des Musiklebens

Eine umfassende Neuorientierung zur europäischen Musik und ihrer Musikerziehung begann mit der Gründung der modernen Türkei 1923 durch „Atatürk“[57]. Mit den neuen Ideen und der völligen Abwendung von der Vergangenheit wurden die alten staatlichen Institutionen nach europäischem Muster umgebildet und der Anfang zur Gründung der musikalischen Einrichtungen begann.
Erst im Jahre 1924 wurde zum ersten Mal eine Ausbildungsstätte für Musiklehrer in Ankara gegründet, die ausgebildet wurden, um in den Provinzen zu arbeiten. Das 1923 umgebildete „Darülelhan“ (Haus des Klangs) wurde 1927 in das „Konservatorium von Istanbul“ umgewandelt[58]. Kurz nach der Gründung der Republik wurden einige begabte junge Musiker in die verschiedenen Städte Europas geschickt, um dort ihre musikalischen Studien zu betreiben. Zu ihnen gehörten Cemal Reşit Rey (1904-1985), Hasan Ferid Alnar (1906-1978), Ulvi Cemal Erkin (1906-1972), Ahmet Adnan Saygun (1907-1991) und Necil Kazım Akses (1908-1999). Sie schufen nach

[55] Vgl. Koral Çalgan, „Franz Liszt ve M. R. Gazimihal'in bir arastirmasi -Liszt'in Istanbul Konserleri-“ (Franz Liszt und eine Studie von M. R. Gazimihal-Liszts Konzerte in Istanbul), (1991), S.36.
[56] Vgl. C. M. Altar, „Opera Tarihi“ (Geschichte der Oper), Bd.4, (1993), S.258f. Altar erstellt eine Liste dieser Aufführungen, Ebenda S.259.
[57] „Atatürk“, der Gründer der Republik war mit der alten Kultur seines Landes eng verbunden. Obwohl er die alte türkische Musik leidenschaftlich liebte, verbot er diese Musik für einige Zeit, um beim Volk Interesse für europäische Musik zu wecken. Vgl. Gültekin Oransay, „Atatürk ile Küğ“ (Atatürk und Musik), (1985), S.49.
[58] Vgl. Ahmet Say, „Müzik Ansiklopedisi“ (Lexikon der Musik) Artikel, „Istanbul Belediye Konservatuari“ (Konservatorium von Istanbul), Bd.3. S.658f.

ihrer Rückkehr die erste moderne türkische Kompositionsrichtung. Sie nannten sich die „Türkischen Fünf". Die „Türkischen Fünf" gelten als die erste Komponistengeneration der heutigen Türkei. Diese fünf Komponisten waren als Lehrkräfte an den türkischen Konservatorien tätig und spielten eine bedeutende Rolle bei der Entwicklung der zeitgenössischen türkischen Musik.

Der Hauptgedanke der neuen Musikpolitik sollte nicht nur eine Kopie westlicher Vorbilder sein, sondern der angemessenen Erhaltung und der Pflege der eigenen Kultur dienen[59]. Atatürks berühmte Rede, die er erst im Jahre 1934 in der türkischen Nationalversammlung hielt, umfasste diese Gedanken: „[...] das Maß für die neue Veränderungen eines Volkes ist, in welchem Grade heute die Wandlungen in der Musik aufgenommen und verstanden werden. Die Musik, die man uns heute hören läßt, ist weit davon entfernt, uns Ehre zu machen. Das müssen wir klar erkennen. Die Volkslieder und Dichtungen, die nationale Gefühle und Gedanken unseres Volkes ausdrücken und erzählen, sollen gesammelt und nach den letzten und neusten Musikregeln bearbeitet werden. Die türkische nationale Musik kann sich nur auf diese Weise entwickeln und ihren Platz in der internationelen Musik einnehmen. Das ist eine revolutionäre Bewegung"[60].

Die Reformen Atatürks nach der Gründung der türkischen Republik führten zu bedeutenden Veränderungen in der Musik. Im Jahre 1934 wurde beschlossen, eine „Nationale Musik- und Schauspielakademie" zu gründen[61].

I. 3. 1. Hindemiths „Vorschläge für den Aufbau des türkischen Musiklebens" und die deutschen Fachleute Ernst Prätorius, Carl Ebert und Eduard Zuckmayer

1935 wurde Paul Hindemith von der türkischen Regierung als Experte eingeladen, um bei der Durchführung der Reformen auf dem musikalischen Bereich mitzuwirken. In kurzer Zeit legte er in Ankara dem Erziehungsministerium vier Berichte vor[62]. Im ersten Bericht ging es um Gründungsbedingungen eines Staatskonservatorium in Ankara. Im zweiten Bericht schlug er die Reorganisierung des „Sinfonieorchesters des Staatspräsidenten" vor. Der dritte Bericht umfaßte Instrumentenbeschaffung für das Orchester. In seinem vierten Bericht ging es um die Entwicklung der „Gedanken zur Verbreitung der musikalischen Erneuerungsbemühungen über das ganze Land"[63] und machte dafür Vorschläge. Seine „Vorschläge für den

[59] Vgl. Önder Kütahyalı, „Çağdaş Müzik Tarihi" (Geschichte der zeitgenössischen Musik), (1981), S.102.

[60] Zitiert nach C. M. Altar, „C. M. Altar'a Armagan" (Gabe an Altar), (1989), S.26.: Vgl. auch H. Akdemir, „Die neue türkische Musik" (1991), S.28f.

[61] Vgl. C. M. Altar, „Opera Tarihi" (Geschichte der Oper), (1993), Bd.4. S.277f.

[62] Vgl. C. M. Altar, „Meine Begegnung mit Paul Hindemith", in: „Hindemith- Jahrbuch, Annales Hindemith" 1986/XV, Hrsg, ; P. Hindemith Institut, Frankfurt- Main. S.11

[63] Ebda.

Aufbau des türkischen Musiklebens“[64], die große fünf Kapitel umfassen, legte er 1935 dem Erziehungsministerium vor:

1-Orchester, 2-Musikhochschule, 3-Öffentliches Musikleben, 4-Izmir-Istanbul, 5-Gestaltung der türkischen Kunstmusik.
Er hatte für die Verwirklichung seiner Pläne einige deutsche Fachleute vorgeschlagen, woraufhin der Dirigent Ernst Prätorius[65], der Opernregisseur Carl Ebert[66] und der Musikerzieher Eduard Zuckmayer[67] nach Ankara kamen[68]. So begann die deutsche Schule einen wichtigen Einfluß auf die Musikeinrichtungen der Türkei auszuüben.
Nach den Plänen von Hindemith wurde erst 1936 die Musiklehrerschule, die erst 1924 gegründet wurde, zum „Staatlichen Konservatorium Ankara“ umgewandelt. Die Musiklehrerausbildung wurde von dem Konservatorium getrennt (1937) und kam an die Pädagogische Hochschule „Gazi Eğitim Enstitüsü“ (Gazi-Institut), deren erster und langjähriger Leiter Eduard Zuckmayer war[69]. Das Konservatorium bestand aus sechs Abteilungen: Klavier, Streicher, Bläser, Oper, Gesang und Schauspiel[70]. Die beiden letzten Abteilungen, Oper und Schauspiel, standen neun Jahre lang unter der Leitung von Carl Ebert. Ebert hat den Grundstein für die Oper in Ankara gelegt. Seine Haupttätigkeit war jedoch die Heranbildung eines klassischen Opernrepertoires. In dieser Hinsicht gilt Carl Ebert als der Gründer der modernen türkischen Oper[71].
Eduard Zuckmayer übernahm 1938 die Ausbildung der Musikerzieher am „Gazi-Institut“ in Ankara. Neben seiner Lehrtätigkeit trat er öfter als Pianist und Dirigent auf. Die von ihm geleitete Musiklehrerausbildungsstätte „Gazi-Institut“ war zunächst europäisch ausgerichtet. Die künftigen Musiklehrer lernten in ihrer Ausbildung in erster Linie europäische Musikgeschichte (heute noch), spielten als Hauptinstrumente Klavier, Geige (auch Bratsche,

[64] Paul Hindemith, „Vorschläge für den Aufbau des türkischen Musiklebens“ (1935), Hrsg,: Gültekin Oransay, Izmir (1983).
[65] Ernst Prätorius (1880-1946), der auf Empfehlung Hindemiths 1935 nach Ankara kam, reorganisierte und leitete das „Symphonieorchester des Staatspräsidenten" bis zu seinem Tod in Ankara. Vgl. Ahmet Say, „Müzik Ansiklopedisi“ (Lexikon der Musik), Artikel, „Prätorius, E.“ Bd.4. S.1066f.
[66] Carl Ebert (1887-1979) leitete vorher die deutsche Operntemporado in Buenos Aires, Mozart Festspiele in Glyndebourne (England) und Maggi Musicale in Frankreich. Vg. Erdoğan Okyay, „C. M. Altar'a Armağan“ (1989), S.68.
[67] Eduard Zuckmayer (1890-1972) der Bruder des Schriftstellers Carl Zuckmayer, leitete die Musikabteilung am „Gazi Institut“ in Ankara bis zu seinem Tod. Zuckmayer lernte die türkische Sprache in kurzer Zeit und beherrschte sie perfekt. Er lernte auch die türkische Volksmusik kennen und bearbeitete zahkreiche Volkslieder mehrstimmig. Vgl. Ahmet Say, „Müzik Ansiklopedisi“ Artikel, “Zuckmayer,E.“ , Bd.4. S.1278.
[68] Vgl. Cornelia Zimmerman-Kalyoncu, „Paul Hindemiths Türkei- Jahre- oder: wie organisiert man Atatürks Musikreformen?, in: „Hindemith- Jahrbuch“ 1986/XV, S.31ff.
[69] Ebda., Artikel, „Ankara Devlet Konservatuarı-Hindemith Talimatnamesi“ (-Hindemiths Pläne), Bd.1. S.72f.
[70] Ebda.
[71] Vgl. C. M. Altar, „Türkiye'de Opera“ (Oper in der Türkei), in: „Opera Tarihi“ (Geschichte der Oper), (1993), Bd.4. S.279ff.

Cello und Kontrabaß) und sangen hauptsächlich deutsche und französische Lieder[72].
Dennoch haben die musikpädagogischen Reformbewegungen in den letzten Jahrzehnten eine neue türkische Liedgattung hervorgebracht, das Schullied, das sich immer noch zunehmend an Beliebheit erfreut. In diesen Reformbewegungen bemühten sich die Komponisten „volksliedhaft modale Melodiegestalten“ zu verwirklichen, damit die „türkische Schulmusik im Bund der europäischen Völker ihren eigenständigen Platz“[73] einnehmen kann. Unter diesem Aspekt gelangten auch die türkischen Volksinstrumente seit den 70er Jahren neben den europäischen Instrumenten in die Musikerziehung an den Musikausbildungsstätten[74].
Ernst Prätorius, der auf Empfehlung Hindemiths 1936 nach Ankara kam, reorganisierte erst das „Symphonieorchester des Staatspräsidenten“. Er arbeitete ungefähr 15 Jahre lang erfolgreich in diesem Bereich. Nebenbei unterrichtete er am Staatlichen Konservatorium. Das„Symphonieorchester des Staatspräsidenten“ leitete er bis zu seinem Tod[75].
Im Jahre 1958 wurde in Izmir ein Staatliches Konservatorium „Izmir Devlet Konservatuari“ gegründet. Das im gleichen Jahr gegründete Symphonieorchester von Izmir wurde 1968 aufgelöst und im Jahre 1975 als „Staatliches Symphonieorchester“ neugegründet[76]. Nach den Plänen von Hindemith wurde in Istanbul im Jahre 1971 ein zweites Konservatorium „Istanbul Devlet Konservatuari“ gegründet. Das im Jahre 1934 in Istanbul von Cemal Reşit Rey gegründete Streichorchester wurde 1972 zum „Staatssymphonieorchester von Istanbul“ umgewandelt[77].
Als Ergebnis der Reformbewegungen wurden in verschiedenen Städten weitere musikalische Einrichtungen eingerichtet: Gründungen von Symphonieorchestern, Rundfunkorchestern, Opernhäusern und Ballett, Musikhochschulen (Konservatorien), Musikabteilungen an den Pädagogischen Hochschulen.

* * *

[72] Vgl. Kurt und Ursula Reinhard, „Musik der Türkei“ (1984), Bd.2, S.132.
[73] Erdoğan Okyay, „Die Schulmusik in der Türkei“, in: „Mitteilungen der Deutschen Gesellschaft für Musik des Orients“ 12 (1973-1974), S.25.
[74] Vgl. Ahmet Say, „Müzik Ansiklopedisi“ (Lexikon der Musik), Artikel, „Gazi Eğitim Enstitüsü Müzik Bölümü“ (Musikabteilung vom Gazi-Institut), Bd.2, S.533.
[75] Ebda., Artikel, „Prätorius, Ernst“, Bd.4, S,1066f.
[76] Vgl. Önder Kütahyalı, „Çağdas Müzik Tarihi“ (Geschichte der zeitgenössischen Musik), (1981), S.105.
[77] Vgl. Ahmet Say, „Müzik Tarihi“ (Geschichte der Musik),(1994), S.514ff.

Teil II: Die „Türkischen Fünf", die erste Komponistengeneration der republikanischen Türkei

Im Anschluß an national orientierte Komponistengruppierungen wie das „Mächtigen Häuflein" im Rußland des 19. Jahrhunderts, oder die ungarischen Komponisten zu Beginn des 20. Jahrhunderts (Ernst von Dohnányi, Kodály und Bartók) bildet sich in den 20er Jahren eine national orientierte Gruppierung türkischer Komponisten heraus, die in kürzester Zeit Beachtliches hat erreichen können.

Die Initiatoren dieser Bewegung, zwischen 1904 und 1910 geborene Komponisten, gelten in der Türkei als die erste Generation der zeitgenössischen türkischen Musik[78]. Die wichtigsten von ihnen sind Cemal Reşit Rey (1904-1985), Hasan Ferid Alnar (1906-1978), Ulvi Cemal Erkin (1906-1972), Ahmet Adnan Saygun (1907-1991) und Necil Kazım Akses (1908-1999).

Sie werden in Anspielung an die „Russischen Fünf" des „Mächtigen Häufleins" als die „Türkischen Fünf" bezeichnet. Die genannten Komponisten wurden kurz nach der Gründung der Republik in die verschiedenen europäische Städte wie Paris, Berlin, Wien, Prag geschickt, um dort ihre in der Heimat begonnenen musikalischen Studien weiterzuführen[79].

Nach ihrer Rückkehr gründeten sie die erste türkische Kompositionsrichtung, aus der die heutige moderne türkische Kunstmusik hervorgegangen ist. Die „Türkischen Fünf" verarbeiteten vor allem die melodischen und rhythmischen Elemente der Volks- und traditionellen türkischen Musik in ihren Werken.

Seit den 30er Jahren kam es zwar vor, daß zwei oder drei aus der Gruppe der „Türkischen Fünf" zusammen kamen, um Konzerte zu veranstalten. Aber daß alle fünf zusammen an einem Konzert teilnahmen wurde erst durch das Jubiläumsfest der Kultur- oder Volkshäuser am 19. Feb.1939 beim „Modernen Türkischen Musik Festival" verwirklicht. In diesem Konzert wurden vom „Orchester des Staatspräsidenten" die sinfonische Suite „Karagöz" von Rey unter eigener Leitung, die „Suite für Orchester" von Alnar unter eigener Leitung, das „Konzertino für Klavier und Orchester" von Erkin unter der Leitung von Alnar, dabei war Erkin selbst der Solist, das „Ritual Tanz für Orchester" von Saygun unter eigener Leitung, der sinfonische groteske Tanz „Çiftetelli" von Akses unter der Leitung von Alnar aufgeführt. Nach diesem Konzert benutzte man öfter in den Medien den Namen die „Türkischen Fünf"[80].

Nach den „Türkischen Fünf" folgten ihren Spuren bis heute etwa 60-70 Komponisten in der zweiten, dritten und vierten Generation der zeitgenössischen türkischen Musik:

---

[78] Vgl. Önder Kütahyalı, „Çağdaş Müzik Tarihi" (Geschichte der zeitgenössischen Musik), (1981), S.107.

[79] Vgl. Koral Çalgan, „Duyuşlar-Ulvi Cemal Erkin", (1991), S.21

[80] Ebda., S.119

2. Generation: Ekrem Zeki Ün (1910-1987), Kemal Ilerici (1910-1986), Bülent Tarcan (1914-1991), Mithat Fenmen (1916-1982),

3. Generation: Bülent Arel (1919-1991), Sabahattin Kalender (*1919), Nedim Otyam (*1919), İlhan Usmanbaş (*1921), Ertuğrul Oğuz Fırat (*1923), Nevit Kodallı (*1924), Necdet Levent (*1924), İlhan Mimaroğlu (*1926), Ferit Tüzün (1929-1977), Muammer Sun (*1932), Cenan Akın (*1932), Kemal Sünder (*1933), Cengiz Tanç (*1933), İlhan Baran (*1934), Ali Doğan Sinangil (*1934), Yalçın Tura (*1934), Kemal Çağlar (*1938), Çetin Işıközlü (*1939), Sayram Akdil (*1940), Okan Demiriş (*1942), Ahmet Yürür (*1943), Turgut Aldemir (*1943), Necati Gedikli (*1944), Sarper Özhan (*1944), İstemihan Taviloğlu (*1945), Ali Darmar (*1946),

4. Generation: Turgay Erdener (*1957), Betin Güneş (*1957), Mehmet Aktuğ (1959*), Kamran İnce (1960*), Perihan Önder Ridder (*1960), Nihan Atlığ Atay (*1960), Sıdıka Özdil (*1960), Server Acim (*1961), Aydın Esen (1962*), Hasan Uçarsu (*1965), Semih Korucu (*1965), Mehmet Nemutlu (*1966), Ali Özkan Manav, (*1967), Fazıl Say (*1970)[81].

* * *

II. 1. Cemal Reşit Rey

Cemal Reşit Rey war das älteste Mitglied der „Türkischen Fünf". Neben seiner Tätigkeit als Komponist wirkte er auch als Klaviervirtuose, Korrepetitor und als Dirigent und Lehrer. Rey war ein komplizierter Komponist, seine Werke waren recht schwer zu spielen. Mit seinen Werken kamen nur die Virtuosen zurecht. Er war der Führer der mehrstimmigen türkischen Musik und gleichzeitig der erste türkische Komponist, der mit der westlichen Musiktechnik international anerkannte Werke schuf.
Reys Werke in allen musikalischen Gattungen wurden im In- und Ausland aufgeführt. Die meisten seiner Werke wurden im Ausland entweder nur von ihm oder nur von bekannten Dirigenten dirigiert. Er gründete das „Städtische İstanbuler Orchester" und übernahm die Leitung für viele Jahre. Später entstand dann aus diesem Orchester das „Staatliche Sinfonieorchester İstanbul" und das „İstanbuler Opernorchester"[82].
Zusätzlich komponierte er zwischen den Jahren 1933 und 1937 Operetten und Revues, um das Volk mit der mehrstimmigen Musik vertraut zu machen. Diese kleinen Werke wurden mehrmals wiederholt und gehörten zu dieser

[81] Vgl. Ahmet Say, „Türkiye'nin Müzik Atlası", (Musik-Atlas der Türkei), (1998), S.58-136.
[82] Vgl. Muvaffak Gören, „Rey zu seinem Todestag", in 'Orkestra' Nr.206 (1990), S.10

Zeit zu dem unverzichtbaren Repertoire des türkischen Musiktheaters[83]. Natürlich hatten diese kleinen Werke Rey nicht davon abgehalten, große und ernste Werke zu erschaffen. 1946 gründete er mit der Unterstützung der Musikliebhaber den „Istanbuler Philharmonie-Verein"[84]. Durch seine Gründung des „Städtischen Orchesters" und des „Philharmonie-Vereins", befanden sich die Istanbuler in einem lebendigen Musikleben.

II. 1. 1. Kurze Biographie

Cemal Reşit Rey wurde am 25. Sep.1904 in Kudüs, wo auch sein Vater bereits tätig war, geboren. Kurz nach Cemal Reşits Geburt reiste die Familie Rey nach Istanbul, nachdem sein Vater Ahmet Reşit Rey seine Arbeit in Kudüs beendet hatte. Ahmet Reşit Rey war während der Zeit des Osmanischen Reiches ein wichtiger Diplomat und Schriftsteller. 1910 begann der 6 jährige Cemal Reşit die Grundschule des Galatasaray Gymnasiums zu besuchen. Mit seiner Sopran-Stimme weckte er schon in den ersten Schultagen die Aufmerksamkeit seiner Lehrer und Mitschüler. Mit jungen

83 Vgl. Burhan Arpad, „Müzikli Türk Tiyatrosunda C. R. Rey" (Rey im türkischen Musiktheater), in: 'Orkestra' Nr.8 (1963), S.23

84 Vgl. C. M. Altar, „Opera Tarihi" (Geschichte der Oper), Bd.4, (1993), S.296.

Jahren konnte er schon Lieder auf der Mundharmonika spielen, mit 8 Jahren konnte er Noten schreiben und kleine Klavierstücke spielen, die er von seiner Mutter gelernt hatte. Zusätzlich versuchte er, kleine Stücke zu komponieren. 1912 komponierte er als sein erstes Werk einen Walzer [85]. 1913 zog die Familie nach Paris[86]. Cemal Reşit führte seine Schulausbildung im „Lycée Buffon" in Paris weiter. Dort lernte er den prominenten Komponisten und gleichzeitig den Rektor des Pariser Konservatoriums Gabriel Fauré kennen. Durch Fauré lernte er die Pianistin und Kindermusikpädagogin Marguerit Long kennen und wurde ihr Schüler. Cemal Reşit erhielt, von der zur damaligen Zeit angesehenen Lehrerin Long privaten Klavierunterricht und Unterweisung in allgemeiner Musiklehre. Im Sommer 1914, als der 1. Weltkrieg ausbrach, verließen der kleine Cemal Reşit und seine Mutter Paris und fuhren in die Schweiz nach Genf. Nachdem er dort zwei Jahre die Schule „École Cuchcet" besucht hatte, wurde er dann in die „Collège St. Antoine" eingeschrieben. Er nahm dort im Genfer Konservatorium weiterhin Klavier- und Theorieunterricht und erreichte dann auch die Klasse der „Virtuosen". Cemal Reşit besuchte das Genfer Konservatorium bis 1919[87]. Im selben Jahr kehrte er nach Istanbul zurück und komponierte seine erste kleine Operette „Le Petit Chaperon Rouge".

Nach Ende des Krieges kehrte er 1920 wieder nach Paris zurück und nahm dann an Marguerite Longs Klavierkursen teil, und bei Raoul Laparra nahm er Kompositionsunterricht. Zusätzlich bekam er Unterricht in Musikästhetik bei Gabriel Fauré und bei Henri Defosse in Orchesterleitung. Während der drei Jahre in Paris komponierte er die dramatische Oper „Faire sans dire", die aus einem Akt besteht. Später komponierte er weitere drei Opern: „Yann Marek", „Sultan Cem" und „L'Enchantement"[88].

Die Pariser Jahre waren für Rey eine erfolgreiche Zeit. Neben seiner Komponistentätigkeit, gab er in Paris sein erstes Klavierkonzert. Er verfolgte auch regelmäßig die Neuheiten in der Musik, die hinzukamen, und lernte neue Methoden und Techniken der Komposition und Orchestration.

Nach den erfolgreichen Jahren in Paris kehrte Rey zwei Wochen vor der Gründung der türkischen Republik[89] nach Istanbul zurück. Er begann mit seinen Diensten für die türkische Kultur bei der Gründung der türkischen Republik. Schon mit 19 Jahren begann Rey als Klavier- und Kompositionslehrer im „Städtischen Konservatorium von Istanbul" zu unterrichten. Neben seiner Lehrertätigkeit gab er mit seinen Freunden Kammermusikkonzerte und gründete das Konservatoriumorchester, das er

---

85 Vgl. G. Oransay, (1965), S.29f; vgl. auch Ö. Sezgin, „Cemal Reşit Rey", in: 'Orkestra' Nr.206 (1990), S.3

86 Zu der Zeit war sein Vater der Außenminister des Osmanischen Reiches. Doch wegen Zwischenfällen, die sich noch vor dem 1. Weltkrieg in Istanbul ereigneten, legte sein Vater sein Amt nieder und brachte seine Familie nach Paris. Vgl. Evin İlyasoğlu, (1989), S.14

87 Vgl. Özer Sezgin, „Cemal Reşit Rey", in: 'Orkestra' Nr.206 (1990), S.3

88 Vgl. Ahmet Say, „Müzik Ansiklopedisi" (Lexikon der Musik), Artikel, „Rey", Bd.4, S.1085

89 29.Okt.1923, Gründung der türkischen Republik durch Atatürk.

auch leitete[90]. Das wichtigste aber ist, daß er als Pianist, Orchesterdirigent und Komponist seine Arbeit im Inland und auch im Ausland fortführte. 1926 gründete er in diesem Konservatorium einen Chor, bei dessen Konzerten er als Klavierbegleiter mitwirkte[91].

II. 1. 2. Das Interesse für die türkische Musik

In den Jahren 1925-1926 interessierte sich Rey mehr und mehr für die türkische Volksmusik, und sie wurde dann zum Thema seine späteren Werke. 1925 schrieb er „Zwölf anatolische Lieder" für Gesang und Klavier, in denen er Volksmusikelemente verwendete. Im Frühling des Jahres 1926 ging Rey wieder nach Paris. Er wollte seinem Lehrer Raoul Laparra sein Stück „Zwölf anatolische Lieder" zeigen. Rey widmete dieses Werk seinem Lehrer Laparra, das in einem Heft bei „Heugel Edition" in Paris veröffentlicht wurde[92]. In der Zwischenzeit machte er die Bekanntschaft mit dem Dirigenten des Pasdelouporchesters Albert Wolf. Nach dieser Bekanntschaft wurden vier der „Zwölf anatolischen Lieder" unter der Leitung von Wolf vom Pasdelouporchester Januar 1927 im Pariser „Magadortheater" aufgeführt. Die Lieder wurden von einem Tenor, einem Bariton und Sopran gesungen, hierfür wurde das „Trio der Familie Kedroff" engagiert. Dieses Konzert erweckte große Aufmerksamkeit in Paris. Die Musikzeitschrift „Le Menestrel" veröffentlichte die Noten eines der zwölf Lieder („Der Klee vor den Häusern") im Januar 1927 unter dem Titel „Le Roseux" auf 6 Seiten[93].

Nach einem kurzem Aufenthalt in der Türkei kehrte Rey im Herbst wieder nach Paris zurück, um „Zwölf anatolischen Lieder" dem Pariser Volk im Saal von der „École Normale de Musique" vorzustellen[94].

Eines der Werke von Rey, in dem er die Volksmusikelemente benutzte, war die sinfonische Dichtung „Bebek Efsanesi"[95]. Das 1928 entstandene „Bebek Efsanesi" besteht aus drei Teilen. Das Werk wurde am 15. Dezember 1929 vom Padelouporchester in Paris uraufgeführt und bei dieser Uraufführung war auch Rey als Komponist des Werkes anwesend[96]. Eines seiner großen Werke, in dem Rey wieder die Volksmusikelemente und besonders „Aksak" (hinkende) Rhythmen verwendete, ist die Oper „Zeybek". Er begann „Zeybek" nach „Bebek Efsanesi" zu komponieren. Die Oper „Zeybek", deren

---

[90] Ebda.

[91] Vgl. Evin İlyasoğlu, (1989), S.14.

[92] Vgl. H. B. Yönetken, „C. R. Rey und die türkische Volksmusik", in: 'Orkestra' Nr.8 (1963), S.15f.

[93] Ebda. S.16.

[94] Vgl. Hüsamettin Bozok, (1963), S.43.

[95] Das Thema: Es geht um ein Baby, das im Wald an einem Baum mit seiner Wiege hängen bleibt und von Vögeln zerfleischt wird. Daraufhin bricht die Mutter psychisch zusammen und weint mit herzzerreißenden Liedern um ihr Kind. Sie beginnt für ihr Baby ein Schlummerlied zu singen. Dieses Lied wurde später in der Türkei in ein Volkslied umgewandelt. Die Hauptmelodie dieser sinfonischen Dichtung „Bebek Efsanesi" besteht aus dieser traurigen Melodie. Vgl. H. B. Yönetken, (1963), S.18.

[96] Vgl. Hüsamettin Bozok, (1963), S.43.

Libretto von Reys Bruder Ekrem Reşit geschrieben wurde, besteht aus drei Akten.
Nach der Oper „Zeybek“ schrieb er die Klavierstücke „Scènes Turques“, das aus sechs anatolischen Volkstanzmelodien besteht. Dieses Werk widmete Rey diesmal Alfred Cortot und es wurde wiederum bei „Edition Heugel“ als Klavieralbum veröffentlicht[97]. Später verwandelte er vier von den sechs Stücken in Orchesterstücke. „Scénes Turques“ wurde im Inland und auch im Ausland mehrmals aufgeführt und gelobt. Als Beispiel schrieb man lobende Kritiken nach dem Konzert Anfang März 1932 in Paris: von Paul Dambly (7. März 1932) in „Le Petit Journal“, von Robert Brussel (9. März 1932) in „Le Figaro“, von Charles Bouvet (11. März 1932) in „Le Ménestrel“, von Maurice Imbert (12. März 1932) in „Le Journal des Débats“, von Léon Moreau (1. April 1932) in „Le Courrier Musical“[98].

II. 1. 3. Reys Rolle als Führer in der mehrstimmigen türkischen Musik und kulturelle Tätigkeiten

Bis 1945 gab es in Istanbul keine fest institutionalisierte Oper und kein Sinfonieorchester. 1934 wurde von Rey ein Streichorchester gegründet. Dieses kleine Orchester bestand aus Schülern und Lehrern vom Konservatorium und Amateuren oder Profis, die dem Konservatorium nicht angehörten. Nach mehrmonatigen Proben konnte das Orchester lediglich 1-2 Konzerte im Jahr geben. Diese Konzerte fanden hauptsächlich unter der Leitung von Rey statt[99]. Er gab seine Arbeit im Konservatorium auf und begann, sich sofort auf die Gründung eines städtischen Orchesters zu konzentrieren. Das Streichorchester erweiterte Rey 1945-1946 um Blasinstrumente. So entstand das Sinfonieorchester, das zu seiner Entstehung die Hilfe und Unterstützung des Staatspräsidenten İsmet İnönü erhielt. Das von Rey gegründete Orchester, mit dem neuen Namen „Städtisches Sinfonieorchester Istanbul“, gab bis 1968 unter der Leitung von Rey regelmäßig jede Woche einmal ein Konzert[100]. Somit begann Rey damals seine Dienste für die Kultur mit einem kleinem Streichorchester und er erweiterte es mit der Gründung des Sinfonieorchesters. İstanbul verdankte allein Rey, das Entstehen des ersten Sinfonieorchesters.
1946 setzte sich Rey auch für die Gründung des „Philharmonischen Vereins İstanbul“ ein. Er spielte bereits eine bedeutende Rolle im kulturellen Leben von İstanbul. Durch seine Konzertorganisierung im „Philharmonischen Verein İstanbul“ kamen weltweit bekannte Solisten in die Türkei, die unter Reys Leitung Konzerte gaben. Unter ihnen befanden sich: Alfred Cortot,

---

[97] Vgl.H. B. Yönetken, (1963), S.16.
[98] Vgl. Hamit Alacalıoğlu, (1963), S.32f.
[99] Vgl. Evin İlyasoğlu, (1989), S.14 .
[100] Ebda. ; vgl. auch M. Gören, „Rey in seinem Todesjahrestag“, in: ‘Orkestra’ Nr.206 (1990), S.8f.

Jacques Thibaud, Wilhelm Kempff, Walter Gieseking, Samson François, David Oistrach, Yehudi Menuhin[101]. Durch diese Konzertorganisationen war Rey nun auch im Ausland bekannt. Eine weitere Besonderheit Reys bestand darin, daß er ein hervorragender Klavierbegleiter war. Er begleitete große Künstler wie z.B. Vása Prihoda, L. M. Pierre Fournier, Caulette Franz, die selbst von Rey fasziniert waren und lobten. Einer seiner Schüler, der Komponist Bülent Tarcan war selbst Zeitzeuge: „Ich habe gesehen, wie sie alle von Rey fasziniert waren und ihn bewundert hatten, ich habe alles mitangehört“[102].
1938-1940 übernimmt Rey im „Rundfunk Ankara“ die Position des Leiters der westlichen Musiksendungen. Während jener Zeit verwirklichte Rey seine Sendung „Ausflüge in die Klavierwelt“[103]. Ab 1940 führte er sein künstlerisches Leben bis zu seinem Tod in İstanbul. In dieser Zeitspanne schuf er auch große Werke, deren Uraufführungen meistens im Ausland und unter seiner Leitung stattfanden. Mit diesen Konzerten konnte nun Rey die zeitgenössische türkische Musik im Ausland bekannt machen, wobei der Hauptteil seines Programmes aus seinen eigenen Werken bestand. Darunter:
-die Oper „Çelebi“ in 4 Akten, 1942-1945, deren Orchestration er 1973 vollendete[104].
-das „2. Klavierkonzert“, 1946-1947: dessen Uraufführung wurde 26. April 1949 unter der Leitung von Clarence Raybould vom „Orchester des Staatspräsidenten“ in Ankara verwirklicht, wobei Rey selbst der Solist war,[105]
-„L'Appel“, 1950, Suite für Orchester: „L'Appel“ wurde 3. April 1952 unter der Leitung von Rey vom „Radiodiffusion Sinfonieorchester“ in Paris uraufgeführt[106]
-„Pièces concertantes“, 1952-1955 für Cello und Orchester. Das Werk wurde im Mai 1956 unter der Leitung von André Cluytens vom „Nationalorchester Frankreich“ in Paris unter Anwesentheit Reys aufgeführt. Hierbei war der Solist Pierre Fournier, dem Rey sein Werk widmete[107]
-„Fatih“ (Le Conquérant), 1953, sinfonische Dichtung: Die Uraufführung wurde im Frühling 1958 unter der Leitung von Rey vom „Radiodiffusion Sinfonieorchester“ in Paris verwirklicht[108]
-„Colloque instrumental“, 1957, Kammermusik: dessen Uraufführung fand im Frühling 1958 unter der Leitung von Rey vom „Radiodiffusion Sinfonieorchester“ in Paris statt[109]

---

[101] Vgl. C. M. Altar, (1993), S. 297.
[102] Vgl. Bülent Tarcan, „C.R.Rey'i anarken“ (Gedenken an Rey), in: ‚Orkestra‘ Nr. 157 (1986), S.5.
[103] Vgl. E. İlyasoğlu, „Zaman içinde Müzik“ (Musik in der Zeit), Artikel „Rey“, (1994), S.280.
[104] Vgl. C. M. Altar (Geschichte der Oper), (1993), Bd.4. S.298ff.
[105] Vgl.G. Oransay, (1965), S.33.
[106] Ebda.
[107] Vgl. Filiz Ali, (1996), S.83.
[108] Ebda.
[109] Ebda.

-„Katibim-Variationen“, 1961, für Klavier und Orchester: „Katibim-Variationen“ wurde am 25. November 1965 unter der Leitung von Rey vom „Orchester der Tonkünstler“ in Wien uraufgeführt, wobei die türkische Pianistin Idil Biret die Solistin war. Rey widmete das Werk dem Pianisten Samson Fraçois[110].
-„Türkiye“, 1971, sinfonische Rhapsodie: Das Werk wurde mit anderen seiner Werke am 9. November 1973 (dem 50. Jahr seiner Rückkehr in die Türkei nach dem Abschluß seiner Pariser Studien, also dem Beginn seiner künstlerischen Karriere) unter seiner Leitung vom „Staatssinfonieorchester İstanbul“ in İstanbul uraufgeführt[111].
Reys Erfolge im Ausland wurden von verschiedenen Ländern mit Preisen und Auszeichnungen anerkannt[112].
Neben seinen Tätigkeiten in İstanbul war er 1948-1950 Leiter der klassischen Musiksendungen im „Rundfunk İstanbul“[113]. Rey starb am 7. Oktober 1985 in İstanbul. Bis zu seinem Tode war er als Kompositionslehrer im „Staatskonservatorium“ der Mimar Sinan Universität in İstanbul tätig[114].
Zehn Jahre vor seinem Tod faßte er den Entschluß, nie mehr zu komponieren, doch er komponierte dennoch kleinere Werke. Sein letztes Werk war ein kleines Klavierstück mit dem Titel „Improvisation“ 1983[115].

II. 1. 4. „Warum habe ich Operetten komponiert? “

Damit das Volk sich leichter an die mehrstimmige Musik gewöhnen konnte, begann Rey von 1932 an Operetten und Operette-Revues, die zu der Zeit in Amerika Mode waren, zu komponieren. Nach Reys Auffassung waren solche Stücke von außen farbiger und einfacher zu verstehen. Es finden sich immer Stücke, die jeder mitsingen konnte, und die Aufführungen waren reich an Dekoration und Kostümen. Somit konnte das Volk die Opern und sinfonischen Werke einfacher verstehen[116]. Rey war der einzige zeitgenössische türkische Komponist, der auch Operetten und Operetten-Revues schrieb. Obwohl er in Frankreich eine sehr gute Musikausbildung erhielt und ernste Werke komponierte, schien es ihm nützlich und selbstverständlich, für die Gesellschaft, in der er aufwuchs, einfache, leichte

---

[110] Ebda, S.92.
[111] Ebda. S.85. und 95.
[112] Einige Preise, die bekam: 1947 die Medaille der „Palme Académique“ von der französischen Regierung, 1953 „Alfonso El Sabio“ der spanischen Regierung, 1956 „Kultur Medaille“ der italienischen Regierung, 1957 die Medaille „Legion d'honneur“ im Grad „Chevalier“. Zusätzlich wurde ihm 1982-1983 in der Türkei der Titel „Staatskünstler“ verliehen. Vgl. Ahmet Say, „Müzik Ansiklopedisi“ (Lexikon der Musik), Artikel „Rey“ Bd.4. S.1086f.;auch H. Bozok, (1963), S. 44f.
[113] Vgl. G. Oransay, (1965), S.30.
[114] Vgl. E. İlyasoğlu, (1989), S.16.
[115] Vgl. Ahmet Say, (Lexikon der Musik), Artikel „Rey“, Bd.4. S1087.
[116] Vgl. C. R. Rey, „Niçin operet besteledim?“ (Warum habe ich Operetten komponiert?), in: 'Orkestra' Nr.8 (1963), S.24.

Bühnenwerke zu komponieren. Mit diesen Werken schuf er damals große Neuheiten, besonders für das Kulturleben von Istanbul[117].
Mit dieser Auffassung schrieb er zahlreiche Operetten und Operetten-Revues, die beim Volk sehr beliebt waren und zu der Zeit große Sensation verbreiteten: die Operetten-Revues „Üç Saat“ in drei Akten (1932), die Operette „Lüküs Hayat“ in drei Akten (1933), die Operette „Deli Dolu“ in drei Akten (1934), die Operette „Maskara“ in drei Akten (1936), die Operette „Hava Civa“ in drei Akten (1937)[118].

II. 1. 5. Reys Schaffen und seine wichtigsten Werke

Nach İlhan Usmanbaş, Komponist und Schüler Reys, ist seine Musik nicht einfach, sondern kompliziert, und sie ist nicht dazu gedacht, jedem zu gefallen. Man braucht große Mühe, um die thematischen Beziehungen und den harmonischen Aufbau in seiner Musik zu spüren. Doch sobald man Reys Werk näher untersucht hat, entdeckt man, wie hervorragend es konstruiert wurde. Cemal Reşit war der Komponist, der den ersten Schritt in der zeitgenössischen türkischen Musik machte. Er war aber ein Romantiker[119].
Nach Pertev Apaydın, Schüler Reys, besitzen Reys Werke einen stabilen Aufbau, das Orchester konnte er sehr gut verwenden. Da er gute Kenntnisse über die einzelnen Instrumente besaß, konnte er es in der Orchestrierung gut umsetzen. Auch der Imitation und Motivarbeit galt seine besondere Aufmerksamkeit. Er besaß ein Harmonieverständnis, das für ihn eigen war und er verwendete Quart und Quinte zum Akkordenaufbau. Daß für ihn die kontrapunktische Schreibweise von größter Bedeutung war, bemerkte Apaydın erst später. Zum Beispiel seine „12 Präludien und Fugen“ und „Instantanés“ sind in dieser Hinsicht hervorragend[120].
Nach Vedat Kosal, Pianist und Schüler Reys, basiert Reys System zu komponieren auf seiner Inspiration. Sobald ihm eine Melodie einfiel, verarbeitete er diese monatelang in einer Fuge. Ohne Melodie schrieb er kein Stück, denn für ihn kam die Melodie an erster Stelle[121].
In technischer Hinsicht wurde Rey am meisten von Ravel und Strawinsky beeinflußt, wie z.B. Strawinskys harmonischem Aufbau: Die Akkorde C-Dur und Fis- Dur, zwei verschiedene Tonarten, hat Strawinsky gleichzeitig als *Tremolo* in „Petruschka“ verwendet, verteilt auf rechte und linke Hand.

---

[117] Vgl. Burhan Arpad, (1963), S.23.
[118] Vgl. Fikri Çiçekçioğlu, (1963), S.6f.
[119] Vgl. Ilhan Usanmanbaş, „Hocam Cemal Reşit Rey“ (Mein Lehrer C. R.Rey), in: ‚Orkestra‘ Nr.146 (Okt.1985)
[120] Vgl. Filiz Ali, „C.R.Rey‘e Armağan“ (Festschrift C.R.Rey), (1996), S.38.
[121] Ebda. S.34.

Beispiel 1: Die Akkorde C-Dur und Fis-Dur in „Petruschka"[122].

Diesen Bau benutzte Rey in seinen „Scénes Turques". Daß er diese harmonische Schreibweise von Strawinsky gelernt hatte, erzählte er seinem Schüler, Pianist Vedat Kosal[123]. Von Strawinsky hatte er auch gelernt, wie man ein Volksmärchen als Thema verwendet. Ähnlich Strawinskys „Le sacre du printemps" komponierte Rey in derselben Annäherung seine sinfonische Dichtung „La légende du Bébék" (1928).
In rhythmischer Hinsicht ähnelt Reys Art mehr der Bartóks. In harmonischer und auch manchmal formaler Hinsicht stand Rey unter dem Einfluß von Mussorgsky. Doch bei den Klangfarben war die Beeinflussung von Ravel sehr groß. In seinen langsamen Stücken stand er nach der Form und in melodischer Hinsicht unter dem Einfluß von Ravel und den anderen französischen Komponisten, und in seinen schnellen Stücken von Strawinsky. Seine bevorzugten -und meist respektierten- Komponisten sind Chopin, Bach, Mozart und Debussy. Für ihn sind diese vier Komponisten hoch und heilig. Eine Gemeinsamkeit dieser vier Komponisten ist, daß der musikalische Verlauf nicht unterbrochen wird. Nach Reys Vorstellung müßte Bach, bildlich gesehen, in der Mitte, auf einer Seite Debussy und auf der anderen Seite Chopin stehen[124].
Nach Ertuğrul Sevsay, Schüler Reys, der in Europa und Amerika Musiktheorie und Kompositionsunterricht gibt, ist Reys Orchestermusik eine Mischung aus Einflüssen von Richard Strauss und den französischen Impressionisten. In Debussys Musik beherrschte die Orchesterfarbe die Melodie. Bei Strauss liegt genau das Gegenteil vor. Rey übernahm die Orchesterfarben, die freie Form in der Struktur und die chromatischen Farben von den französischen Komponisten. Die sinfonische Dichtung und den im großen Umfang bestehenden sinfonischen Bau übernahm er von *post-romantischen* Komponisten wie z.B. Richard Strauss. Die gemeinsamen Besonderheiten in der Musik verarbeitete Rey mit türkischen und französischen Klangfarben. In der Orchestrierungstechnik zählt er vielleicht sogar zu den besten der Welt[125].

---

[122] I. Strawinsky, „Pétrouchka", Edition Russe de Musique (1943), S.66.
[123] Vgl. Evin İlyasoğlu, „C. R. Rey, Müzikten İbaret Bir Dünyada Gezintiler", (1997), S.247.
[124] Ebda.
[125] Ebda. S.257.

Cemal Reşit Rey war gleichzeitig der erste türkische Komponist, der mit der westlichen Kompositionstechnik international anerkannte Werke schuf. Diese Anerkennung errang er in erster Linie dadurch, daß er in seinen Werken eine internationale Musiksprache verwendete, und der zweite Grund war, daß er die traditionellen Farben und Materialien meisterhaft im Rahmen der internationalen Regeln in seiner Musik umzusetzen wußte. Andererseits spielte Rey als Komponist eine avantgardistische Rolle bei der Geburt der modernen türkischen Musik in der neu gegründeten türkischen Republik. Hinfort wird Rey in seinem späteren Komponistendasein mit nationalen Klangfarben, und durch die Einflüsse der französischen Musik, etwas post-romantisch und etwas impressionistisch, im großen Umfang sinfonische Werke, Opern, Kammermusik und Stücke für Klaviersolo komponieren.

Da er die westliche Musik aus der Barockliteratur, Wiener Klassik, aus Opern des 19. Jhds. und die Werke der modernen Musikströmungen, vor allem französische Impressionisten, sehr gut gelernt hatte und viele von diesen Werken auch jahrelang in seinen Konzerten spielte und leitete, erreichte er besonders in seinen jungen Jahren mit solchen Werken seine Reife. In den späteren Jahren bemühte sich Rey, die einstimmige türkische Musik in seinen eigenen mehrstimmigen Stil zu integrieren[126].

Seine Werke in der Zeit von 1926-1931 sind unter dem Einfluß der türkischen Folklore entstanden. Aber seine danach folgenden Werke unterlagen nicht der Inspiration des heiteren und lebendigen Rhythmus der Folklore, sondern es folgte eine mystische, tiefe und mysteriöse Phase. Um diese Mystik zu reflektieren, verwandte er die Elemente der traditionellen türkischen Musik, der orientalischen Klangfarbe und der islamischen Philosophie.

Rey sah, daß die türkische Musik einen harmonischen Aufbau eigener Prägung hatte und daß man dies, wenn man sie mehrstimmig aufführt, in Betracht ziehen müßte. Er sah die Unterschiede zwischen türkischer und westlicher Musik und erkannte, daß man die türkische Musik nicht nach den Regeln der westlichen Musik mehrstimmig aufführen konnte. Im Sinne dieser Gedanken leitete Rey aus den charakteristischen Intervallen der türkischen Musik eine mehrstimmige Harmonie ab, die etwa in dem Lied *„Die Wiese war zu dünn, ich konnte sie nicht mähen"* in den symmetrischen Quint-Klängen, (*h-fis'-cis'*) ihren Ausdruck findet[127]. Er forderte die Konservatorien auf, diese Lieder zu sammeln, um sie so den Komponisten zur Verfügung zu stellen. Rey sah darin eine Chance, eine türkische Musik von internationalem Rang zu schaffen[128]. Für seine Kompositionen nutzte Rey die Makame der traditionellen Musik und die Elemente der Volksmusik. Ihm gelang es, seine Werke, die er aus dem nationalem Kontext heraus komponierte, zur Weltmusikliteratur zu machen.

---

[126] Vgl. C. M. Altar, „Türkiye'de Opera" (Oper in der Türkei), (1993), Bd.4. S.294f.

[127] Vgl. Önder Kütahyalı, „Çağdaş Müzik Tarihi" (Geschichte der zeitgenössischen Musik), (1981), S.109.

[128] Vgl. H. B. Yönetken, „C.R.Rey ve Türk Halk Müziği" (Rey und die türkische Volksmusik), in: ‚Orkestra' Nr.8 (1963), S.18.

Nach Rey sind seine Werke in vier Phasen zu unterteilen. Die von 1919 bis 1926 komponierten und hauptsächlich in Französisch betitelten Werke gehören zu seiner ersten Phase. Da er sein Studium in Frankreich vervollständigt hatte und somit mit der französischen Kultur in Kontakt war, schrieb er in dieser Phase vorwiegend französische Lieder. Die erste Phase, in der er tonale Musik schrieb, ist nach der Meinung des Musikwissenschaftlers Cevat Memduh Altar die *„Entstehungs- und Entwicklungsphase"* seines Schaffens[129]. Werke wie „Je me demande" für Gesang und Klavier (1919), die Oper „Yann Marek", die aus drei Akten besteht (1920), die einaktige Oper „Faire sans dire" (1920), „Chanson du printemps" für Gesang und Klavier (1922), die fünfaktige Oper „Sultan Cem" (1922-1923), „Au Jardin" für Gesang und Klavier (1923), und „Nocturne" für Gesang und Klavier (1925) sind Beispiele aus dieser Zeitspanne. Diese Phase ist eigentlich die Erweiterung seiner Studienzeit[130].
Von 1925-1926 an begann Rey, sich intensiver mit der türkischen Musik zu befassen. Mit der Vervollständigung des Stückes „Zwölf anatolische Lieder" (1925-1926) setzt auch die zweite Phase seines Schaffens ein. Diese zweite Phase, in der er Volksmusikelemente in seine Werke aufnahm, nennt der Musikwissenschaftler Cevat Memduh Altar die *„ethno-folkloristische Entstehungs- und Entwicklungsphase"* seines Schaffens[131]. In dieser Phase befaßte er sich hauptsächlich mit den Elementen der türkischen Volksmusik in seinen Werken. Beispiele dafür sind „Zwölf anatolische Lieder" (1925-1926) „Scènes Turques" sechs Volkstanzmelodien und Motive (1927-1928), „La légende du Bébék" eine sinfonische Dichtung (1928), die einaktige Oper „Köyde Bir Facia" (Libretto: Ekrem Reşit Rey) (1929), „Paysages de soleil" sechs anatolische Volkstanzmelodien für Gesang und Klavier (1930-1931)[132] sowie „Karagöz", eine sinfonische Dichtung, die aus 12 Teilen besteht (1930-1931)[133].
Die Werke der dritten Phase, die Rey von 1931 bis 1950 komponierte, beinhalten alle eine mystische Atmosphäre. Dieser Zeitabschnitt war die *„Entwicklung und Erschaffung eines modal-mystischen Charakters"*[134], der aus der Tradition der türkischen traditionellen Musik gewonnen wurde. Zusätzlich machte er von den Makamen der traditionellen Musik, neben den Elementen der türkischen Volksmusik, Gebrauch. 1932 vollendete Rey sein erstes Klavierkonzert „Concerto Chromatique". Die Uraufführung des Werkes fand am 12. März 1933 unter der Leitung von Dimitri Mitropoulos vom „Pariser Sinfonieorchester" im „Pleyel Saal" in Paris statt, wobei Rey selbst der Solist war. Dasselbe Stück wurde erneut 1935 in Wien unter der Leitung von Oswald Kabasta vom „Wiener Sinfonieorchester" aufgeführt. Hierbei war

---

[129] Vgl. C.M.Altar, „Türkiye'de Opera" (Oper in der Türkei), (1993), Bd.4. S.295.
[130] Vgl. Evin İlyasoğlu, (1997), S.306ff.
[131] Vgl. C.M.Altar, ebda.
[132] Vgl. Filiz Ali, (1996), S.86ff.
[133] Vgl. Hüsamettin Bozok, (1963), S.42f.
[134] C.M.Altar, ebda.

Rey wiederum der Solist. Der erste Teil von „Concerto Chromatique“ wurde in Wien bei der „Universal Edition“ mit dem Titel „Farbenspiel“ veröffentlicht[135]. Auch Reys Klavierspiel stieß auf positives Echo; selbst so große Pianisten wie Alfred Cortot, Wilhelm Kempff und Walter Gieseking waren überzeugt von Reys Können.[136]. 1935 komponierte er sein erstes „Streichquartett“, das aus vier Teilen besteht. Das Werk wurde am 4. April 1935 vom „Galimir Quartett“ in Wien uraufgeführt[137].

Seine Oper „Çelebi“ die er von 1942-1945 (orchestriert 1973) komponiert hatte, erzählt von einem Geschehen der Osmanischen Zeit im 18. Jahrhundert. Bei diesem Werk fällt besonders auf, daß Rey unter dem Einfluß der traditionellen türkischen Musik stand[138]. Die Technik der Werke in der dritten Phase weist impressionistische Verfahren auf, wie seine Werke „Instantanés“ (1931) und „Pélérinages dans la ville qui n‘est plus que souvenir“, sieben Stücke für Klavier, (1940-1941) deutlich zeigen.

II. 1. 5. 1. „Instantanés“, *Esquisse symphonique pour orchestre*:

Nach der sinfonischen Dichtung „La légende du Bébék“ (1928) konnte Rey sich als Komponist und Pianist beweisen. Der zu jener Zeit berühmte Pianist Alfred Cortot[139] gab im Januar 1928 ein Konzert in Istanbul, wo er auch ein Klavierstück von Rey spielte. In einem Interview nach seinem Konzert sagte er über Rey:*„ Was Albeniz für Spanien, Borodin für Rußland ist, das ist Rey für die Türkei“*[140].

1931 komponierte Rey „Instantanés“, sinfonische Impressionen. Dieses Werk wurde für das von Alfred Cortot gegründete Kammerorchester „École Normale de Musique“, dessen Mitglieder alle Virtuosen waren, in Auftrag gegeben. Die Uraufführung des Werkes wurde am 12. Februar 1932 unter der Leitung von Alfred Cortot mit dem genannten Orchester in Paris verwirklicht[141]. Instantanés ist eine Synthese, in der Rey die impressionistische Technik und Makamelemente nebeneinander verwendet. Instantanés, die aus fünf Teilen bestehen, sind musikalische Miniaturen, die die verschiedenen Gegenden Istanbuls abbilden und die Eindrücke Istanbuls widerspiegeln, nämlich: *1-ein Lied, in dem Fischer das Netz aus dem Wasser ziehen.* 2- *Eine blinde Bettlerin, die sich langsam mit ihrem Stock nähert und*

[135] Vgl. G. Oransay, (1965), S.31.
[136] Vgl. Bülent Tarcan, „C. R. Rey'i Anarken“ (Gedanken zu Rey), in 'Orkestra' Nr.157 (1986), S.5.
[137] Vgl. Filiz Ali, „C.R.Rey‘e Armağan“ (Festschrift Rey), (1996), S.79.
[138] H.B.Yönetken, (1963), S.19.
[139] Der Pianist und Dirigent Alfred Denis Cortot (1877-1962) entstammt einer französisch-schweizerischen Familie. 1904-1907 leitete er in Lille die *Concerts Populaires,* die vier Jahre lang das Musikleben Nordfrankreichs entscheidend beeinflußten. 1907-1917 war er als Lehrer am Pariser Conservatorium. 1905 bildeten Cortot, Jacques Thibaud und Pablo Casals ein schnell berühmt gewordenes Trio, das lange Jahre hindurch wirkte.1918 gründete Cortot die *École normale de musique*, die er seitdem unaufhörlich leitete. Cortot kam auch in die Türkei und gab zahlreiche Konzerte, in: MGG, Bd.2, Sp.1698f.
[140] Evin Ilyasoglu, ebda. S.122.
[141] Vgl. Filiz Ali, (1996), S.78.

um Almosen bittet. ***3-*** *Die Taube am Hofe der Eyüp Moschee.* ***4-*** *Der mysteriöse Widerhall in einer leeren Moschee.* ***5-*** *Ein fröhliches Fest.*

1.Teil, *Fischer ziehen Netze*:
Eine Volksmelodie, die Kontrabässe und Celli im charakteristischen 7/8 Takt spielen, bringt das Ausruhen der Fischer zum Ausdruck, bzw. soll das von den müden Fischern gesungene Lied symbolisieren. In aus dem schäumenden Wasser gezogenen Netzen befinden sich silberfarben spielende Fische. Der rhythmische Aufbau des Themas -der 7/8 Takt- umfaßt den *„Aksak"*-Rhythmus[142], von dem es in der türkischen Musik mehrere Typen gibt. Der 1. Teil-*Fischer ziehen Netze* ist in einer dreiteiligen Form geschrieben (ABA).

A	B	A
(12 Takte)	(7 Takte)	(16 Takte)

Beispiel 2: Viertaktiger Vordersatz von A (1-4), den die Celli und Kontrabässe spielen.

Beispiel 3: Achttaktiger Nachsatz von A (5-12), den die Celli und Kontrabässe spielen.

Beispiel 4: Viertaktiger Vordersatz von B (13-16), den die Celli und Kontrabässe spielen.

Beispiel 5: Dreitaktiger Nachsatz von B (17-19), den die Celli und Kontrabässe spielen.

---

142 „Aksak" (hinkende) Taktarten, d.h. asymmetrische Taktarten. In der türkischen Volksmusik werden die asymmetrische Taktarten mit besonderem Nachdruck als „Aksak" bezeichnet. Sie sind folgendermaßen in Achtel gegliedert: 5/8(2+3), 7/8(2+2+3), 8/8(3+2+3), 9/8(2+2+2+3), 10/8(2+2+3+3) oder (3+3+2+2+).

Ab T. 20 beginnt wieder (A). Zu den Celli und Kontrabässen, die das Thema von vorne bis zum Ende spielen, kommen auch ab T. 20 Fagotte hinzu. Ab T. 20 unterstützen die Streicher und ab T. 23 die Flöten das Thema. Das ganze Orchester erreicht in T. 31 den Höhepunkt. Das Thema wird in T. 34 von Kontrabässen und Fagotten zum letzten Mal in Erinnerung gebracht und ein Takt später endet der 1. Teil des Werkes.

2.Teil, *Die blinde Bettlerin:*
Die vom Fagott gespielte gleichförmige Melodie symbolisiert die Stimme der blinden Bettlerin, die sich aus der Ferne nähert. Das *Pizzicato* der Streicher beschreibt, wie die Bettlerin mit ihrem Stock die Gegend abtastet. Einen Moment bleibt sie stehen, um ihre Almosen zu sammeln (im „Interlude“) und entfernt sich allmählich singend.
Dieser Teil besteht aus drei musikalischen Hauptelementen: *1)Das Thema, das ständig vom Fagott gespielt wird. 2)Die Begleitung der Streicher zum Thema. 3)Der Orgelpunkt, der ständig gehört und zunächst vom Waldhorn mit dem Ton (fis) eingeleitet wird.*

Das über dem Orgelpunkt des Waldhorns vom Fagott im dritten Takt eingeleitete Thema breitet sich nicht aus, sondern wiederholt sich ständig (*Repetitiv*). Dadurch gibt es keine Perioden in der Form dieses Stückes. Das Thema wird am Anfang im 5/8 Takt und danach in den Takten 7/8, 8/8 und 3/8 gespielt.

Beispiel 6: Die Anfangstakte vom Thema in asymmetrischen Taktarten.

Die Begleitung beginnt am Anfang mit dem *Pizzicato* nur in Cello, und später schließen sich alle Streicher an. Der zunächst vom Waldhorn eingeleitete Orgelpunkt wird im 8. Takt von der Klarinette, in T. 10 von der Oboe, in T. 13 von der Flöte gehalten und im 19. Takt erreicht man schließlich den Höhepunkt. Nach dem Höhepunkt erklingt ein zweitaktiges „Interlude“ der Streicher, das zu dem vorherigen und nächsten Abschnitt einen Kontrast bildet. Das „Interlude“ in einem traurigen Ausdruck repräsentiert das Bettelngehen einer blinden Bettlerin und bildet gleichzeitig einen zweiten Charakter im Verlauf des Stücks.

Beispiel 7: Das „Interlude“ in T. 20-21.

Ab T. 22. verläuft das Stück weiter wie vor dem „Interlude“. Begleitungs- und orgelpunkthaltende Instrumente treten in der Partitur allmählich heraus. Mit dem Erreichen der Anfangslage endet auch das Stück *„Die blinde Bettlerin“*. Die Vorschläge sind charakteristische Figuren, die die Befreiung der Monotonie des Stückes bewirken.

3.Teil, *„Pigeons d'Eyoub“, monotone et continu*:
In der stillen Mittagszeit, das Gurren der Tauben am Hofe der Moschee von Eyüp[143] und das plötzliche Davonfliegen der erschrockenen Tauben; das Erklingen eines Gebetsrufs von einem der Minarette im gleichen Moment vervollständigt das Gesamtbild[144].
Das Stück besteht aus den auf- und absteigenden chromatischen Sextolen und Septolen in den Flöten und Klarinetten, die die Bewegungen der Tauben symbolisieren und der Melodie der Solovioline. Daran schließt sich auch die chromatische Begleitung der Streicher an. Die eigentliche Form gewinnt das Stück durch die Melodie der Solovioline,

Beispiel 8: Die Melodie der Solovioline

Die chromatischen Begleitungsfiguren in den Flöten -Sextolen und Septolen-, im *Tritonus,* stehen im Gegensatz zueinander, als aufsteigend und absteigend.

---

[143] Eyüp ist ein Stadtteil auf der europäischen Seite von Istanbul.
[144] Vgl. H. Alacalıoğlu, „27 Ekim konser programının açıklanması“ (Die Erklärung über das Programm vom 27. Oktober.1963), in: ‚Orkestra‘ (1963), S.39.

Beispiel 9: Chromatische Begleitung in den Flöten.

Auch die Klarinetten spielen die gleiche chromatische Begleitung wie die Flöten, jedoch eine kleine Terz tiefer.

Beispiel 10: Chromatische Begleitung in den Klarinetten

Die chromatischen Begleitungsfiguren der Streicher sind nicht in einem *Tritonus-Rahmen* , sondern bestehen aus zwangsmäßig kleinen Terzen. Die Viola imitiert die Violine eine kleine Terz tiefer.

Beispiel 11: Chromatische Begleitung der Streicher.

In T. 14-16 hört man genau wie im zweiten Stück „*Die blinde Bettlerin*" ein dreitaktiges „Interlude". Es ist dieses Mal nicht in einer ruhigen und traurigen Weise, sondern kommt als eine der ‚Explosion' ähnelnde Zwischenmusik. Dieses dreitaktige „Interlude" ist gleichzeitig der 2. Charakter im Stück und beschreibt das Auffliegen der Tauben. Im „Interlude" hört man die Melodie der Solovioline nicht im Vordergrund.
Das Klavier spielt nur im „Interlude" und beteiligt sich daran mit *Glissando* in T. 14 und präsentiert jedoch in T. 15 eine diatonische Figur (in C-Dur), die zu allen anderen Instrumenten einen Kontrast bildet.

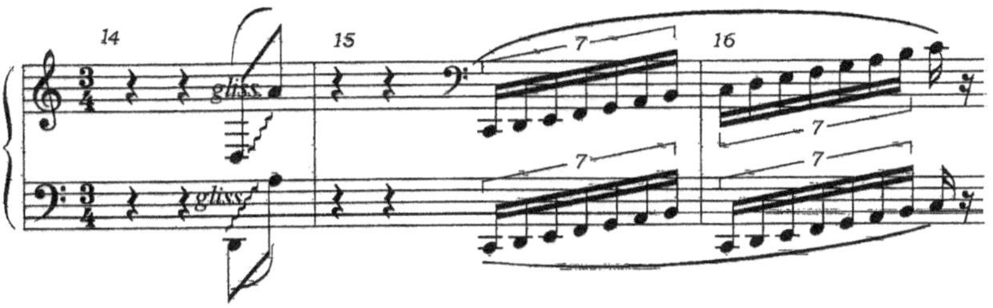

Beispiel 12: Klavierfiguren im „Interlude".

Ab T. 17. (nach dem „Interlude") hört man wieder die Melodie der Solovioline im Vordergrund. Sie dauert bis zum Ende des Stückes ohne chromatische Begleitung der Streicher.

Beispiel 13: Die Melodie der Solovioline nach dem „Interlude".

4.Teil, *„Intérieur d'une mosquée vide", doncement sonore et très libre de mesure:*

Das Klavier beschreibt mit seiner einförmigen Solomelodie den mysteriösen Innenraum der Moschee an einem heißen Sommertag, des weiteren spiegelt es einen Widerhall der aus der Kuppel ertönenden Gebetsstimme.
Das Stück besteht aus einer dreisätzigen Periode:
1- Vordersatz (5,5 Takte),
2- Mittelsatz (7,5 Takte),
3- Nachsatz (6 Takte).

Beispiel 14: Das erste Satzmotiv des Vordersatzes, der aus drei Satzmotiven besteht.

Beispiel 15: Das erste Satzmotiv des Mittelsatzes, der aus vier Satzmotiven besteht.

Beispiel 16: Das erste Satzmotiv des Nachsatzes, der aus sechs Satzmotiven besteht.

5. Teil, *„Baïram" (Jour de fête), très lumineux et vivant:*

Das fünfte Stück beschreibt einen lebenslustigen, feiernden Festort. Hier verkauft der Limonadenverkäufer mit läutenden Schellen und verbreitet dadurch mehr Heiterkeit unter den Leuten. Dieses Stück ist ein vom ganzen Orchester gespieltes, hervorragendes und glänzendes Finale und wird im 5/8 Takt gespielt, einen anderen Typ der Aksak.

Das fünfte Stück *„Das Fest"* beinhaltet im Vergleich zu den anderen Stücken mehr musikalische Materialien. Jedoch basiert die Verwendung dieser Materialien auf Wiederholungen, genau wie bei den anderen Stücken. Es sind drei thematische Elemente, die auch die Form des Stückes bestimmen: *1)Die Wiederholung in den Flöten. 2) Das Thema in den Waldhörnern und Fagotten ab 7. Takt. 3) Das Thema in Oboe und Violinen ab 24.Takt.*

Auch in formaler Hinsicht ist es ausgebreiteter als die anderen Stücke.

Form:	Einleitung	A	B	Coda
	(1-7)	(7-33)	(33-54)	(54-73)

Die sechstaktige Einleitung beginnt mit einer Skala in drei Oktaven - auf den Ton (d) -, die vom Klavier *Glissando* gespielt wird.

Beispiel 17: Die *Glissando* gespielte Skala im Klavier.

Das Thema in den Flöten, das eines der drei thematischen Elemente ist, wiederholt sich ständig über dem Ton (-d-).

Beispiel 18: Das Thema in den Flöten beginnt ab T. 2.

Ab 6. Takt wiederholt das Klavier auch sein Thema ständig wie in den Flöten.

Beispiel 19: Das Thema im Klavier beginnt ab 6. Takt .

Nach einer sechstaktigen Einleitung beginnt der Abschnitt (A) mit dem Thema, das von Fagott und Waldhorn gespielt wird. Dieses Thema ist gleichzeitig das 2. Element der drei Elemente, die das Stück bestimmen.

Beispiel 20: Das Thema, das von Fagott und Waldhorn gespielt wird.

Das 3. thematische Element, das von Violinen und Oboen gespielt wird, beginnt in T. 24 und besteht aus 7. Takten.

Beispiel 21a: Das 3. thematische Element in den Violinen, das erste Satzmotiv.

Beispiel 21b: Das 3. thematische Element spielen die Oboen eine reine Quart tiefer als die erste Violinen.

Ab T. 33 beginnt Abschnitt -B-, der eigentlich aus den Entwicklungen und Wiederholungen des 3. thematischen Elements besteht.
Die Coda beginnt ab T. 54 mit dem 3. Element in den Bläsern. Die Streicher begleiten die Bläser mit den auf- und absteigenden chromatischen Figuren. Ab 67. Takt hört man wieder das 1. Thema in den Flöten, das sich ständig wiederholt. Im 68. Takt kommt das 2. Thema ein letztes Mal in den Waldhörnern vor. Wie zu Beginn spielt das Klavier auch zum Schluß ein Klama und so endet das Stück.

* * *

II. 1. 5. 2. „Pélérinages dans la ville qui n'est plus que souvenir“, *sieben Stücke für Klavier* (1940-1941): Dieses Werk symbolisiert die Stadt İstanbul aus der Vergangenheit und besteht aus 7 Teilen:
***1. Cimetière** (Mezarlık), **2. Murailles** (Surlar), **3. Inscriptions sur le Marbre** (Mermere yazılmış kitabeler), **4. La route que traça la Conquérante Armée** (Fatih ordunun çizdiği yol), **5. Citernes** (Sarnıçlar), **6. La Prairie en Fleurs** (Çiçekli Çayır), **7. Le Grand Platane** (Ulu Çınar).*
Die 7 Teile des Werkes sind im Grunde wie 7 Gedichte. Die Inspirationsquellen dieser Teile entstehen durch die in der Stadt hinterlassenen Werke der Menschen aus der vergangenen Zeit. Zum Beispiel: *1. Cimetière;* beschreibt die mysteriösen Gefühle von Rey. Nach Rey ist der Tod und das Danach eigentlich ein neuer Anfang. Der Friedhof und die Zypressen sind die Objekte, die Ruhe geben und der Seele den Frieden verleihen. *2. Murailles;* die Trümmer der Festungsmauer, die die Stadt İstanbul umgibt und wie ein Schild verteidigt. Es ist dort möglich, sich die Stimme des Bosporus vorzustellen. *3. Inscriptions sur le Marbre;* die Inschriften, die die Vergangenheit dokumentieren. *4. La route que traça la Conquérante Armée;* die in der Vergangenheit große Eroberungen machende Armee war zugleich auch der Wegweiser, *5. Citernes;* Wasseransammlung in der „Basilika-Zisterne“ (Versunkener Palast) İstanbuls, stilles Wasser, Feuchtigkeitstropfen, der von den Arkaden kommende Widerhall, die Stille, die Einsamkeit und der Tod. *6. La Prairie en fleurs;* die blumige Wiese, auf der man früher vieles erlebt hatte. *7. Le Grand Platane;* der Jahrhunderte

überlebende prächtige Baum, der so viel erlebt und gesehen hat, wie ein Mensch, der die gleiche Vergangenheit erlebt hat.

„Pélérinages dans de ville qui n'est plus qui souvenir" ist auch eine Synthese, die aus nebeneinander verwendeten impressionistischen Techniken und Makamelementen besteht. Als Beispiel wird hier der 3.Teil des Werkes behandelt.

Der 3. Teil, *Inscriptions sur le Marbre*:

Die Inschriften in der Stadt erinnern Rey an die prächtige Vergangenheit. Sie sind jedoch Symbole, die die Vergangenheit repräsentieren. Der Teil steht in einer dreiteiligen Form (ABA).

A	B	A
(1-17)	(17-37)	(38-58)

Das Stück beginnt vierstimmig und basiert in melodischer Hinsicht auf dem Makam *Hicazkar* der traditionellen türkischen Musik. Z.B.: Die Sopranmelodie ab T. 1 steht im sogenannten Makam auf dem Ton (f). (Siehe Bsp. 22a Sopranmelodie).

Beispiel 22a:

Beispiel 22b: Der Makam *Hicazkar* auf dem Ton (f)[145].

Das aus ‚Achteln' und ‚Triolen' bestehende rhythmische Gewebe wird mit der Beteiligung der ‚Sechzehntel' ab T. 9 und der ‚32tel' ab T. 23 nach und nach verdichtet. Die rhythmische Verdichtung führt das Stück im 37. Takt mit höheren Tönen zum Höhepunkt.

145 Vgl. Zeki Yılmaz, „Türk Musikisi Dersleri" (Lehrbuch der türkischen Musik), Istanbul (1994), S.154.

Beispiel 23: Die rhythmische Verdichtung im 37 Takt.

Ab T. 38 wiederholt sich der Abschnitt (A), diesmal fünfstimmig als eine dynamische Reprise. Im Vergleich des vorherigen Abschnittes (A), werden Motive in ihrer Klanglage vertauscht, wie z.B. die Melodie des Tenors aus dem vorherigen Abschnitt (in T. 1- 2), die hier im Sopran steht (in T. 38-39). Mit T. 46 beginnt eine identische Wiederholung der Takte 9-12. In T. 53 erklingt ein kleiner Schnitt aus dem Abschnitt (B). Das Stück endet zweistimmig, *PP,* über langsamen (f) in Baßlage.

* * *

Die Werke nach 1950 bilden die vierte Phase. In dieser Phase kehrt Rey zurück zum Tonalen, das in der ersten Phase vorherrschte, zusammen mit einer gemischten Praxis, die traditionelle und Volksmusikelemente vereinigt[146]. Hier schuf er seine Werke in seiner eigenen Phantasiewelt. Westliche und östliche Musikregeln und Techniken verwendete er gemeinsam und komponierte in großen Formen. Rey legte großen Wert darauf, daß seine Werke nach einer bestimmten melodischen Linie verliefen und daß der harmonische Aufbau an einen bestimmten Grundton gebunden blieb. Die Werke wie „Çağrılış“ (L'Appel) sinfonische Dichtung, (1950), „Fatih“ (La Conquérant) sinfonische Dichtung, 1953, „Katibim Variationen“ für Klavier und Orchester (1961) und „Türkiye“ sinfonische Rhapsodien (1971) sind die Ergebnisse dieser Techniken[147].

II. 1. 5. 3. „La Conquérant“ (Fatih), *Poéme symphonique:*

Rey kam 1953 nach Madrid, um zwei Konzerte zu leiten. Am Morgen des 29. Mai hörte er plötzlich aus dem Hotel die ganzen Kirchenglocken von Madrid läuten. Er fiel in Erstaunen, denn dieser Tag, der 29. Mai 1953 war auch der 500. Jahrestag von Istanbuls Eroberung. Er dachte, die Glocken seien für diesen Jahrestag bestimmt.

---

[146] Vgl. C.M. Altar, (1993), S.295.

[147] Vgl. E. İlyasoğlu, „Yirmi Beş Türk Bestecisi/Twenty-Five Turkish Composers“, Istanbul (1989), S.16.

Abbildung 1: Das Facsimile der ersten Seite von „Fatih“ (Le Conquérant).

Rey war von diesem Erlebnis so beeindruckt, daß er sofort ein Briefpapier vom Tisch nahm, 5 Linien zeichnete und ein Motiv niederschrieb, dieses Motiv sollte dann auch zum Hauptmotiv seiner sinfonischen Dichtung „Fatih" werden. Im Finale des Werkes verwendete Rey Glockengeläut, das an die Glocken in Madrid erinnerte. Die Kirchenglocken sind die Hauptinspirationsquelle dieses Werkes. Am 29. Mai 1953 auf dem Weg vom Hotel zu den Proben wollte sich Rey darüber informieren, weshalb diese Glocken läuteten, doch niemand konnte ihm den Grund nennen. Schließlich fragte er den Direktor des Konservatoriums von Madrid, Padre Sopena, der ihn zum Abendessen einlud. Da Sopena gleichzeitig ein katholischer Pfarrer war, dachte sich Rey, er könne bestimmt den Grund des Glockenläutens kennen. Doch sagte Sopena: „Ja, ich habe heute morgen das Glockenläuten gehört, doch ich kenne den Grund nicht". Daraufhin glaubte Rey, daß dieses Glockengeläut für ihn wie ein Wunder vorkam und ihm sogar zu einer göttlichen Eingebung insprierte[148].
Nach seiner Rückkehr nach Istanbul komponierte er im gleichen Jahr (1953) die sinfonische Dichtung „Fatih". Die Uraufführung von „Fatih", das als wichtigstes Werk Reys gilt, wurde im Frühling 1957 unter seiner Leitung vom Sinfonieorchester „Radiodiffusion" in Paris verwirklicht.
Das Werk beinhaltet post-romantische und impressionistische Eigenschaften. Rey komponierte dieses Werk, nachdem er mit dem Werk „L'Appel" 1950 in die Reifephase überging. „Fatih" ist eine *Programmusik* und symbolisiert die Eroberung Istanbuls am 29. Mai von *Sultan Mehmet II. mit dem Beinamen Fatih, der Eroberer.* „Fatih" ist eine sinfonische Dichtung, hat eine hybride Sonatenform wie bei Liszts h- Moll Sonate und besteht aus fünf Sätzen: *1-Modéré, 2-Adagio, 3-Allegro conbrio, 4-Moderato, 5-La Noise, le mime valeur.*
Es ist möglich, den 1. und 2. Satz als Exposition, den 3. Und 4. Satz als Durchführung und den 5. Satz als Reprise zu sehen.

1.Satz *(Modéré)*: In den ersten Seiten der Partitur werden zwei unterschiedliche Charaktere des Sultans, die gleichzeitig auch völlig in Kontrast zueinander sind, beschrieben. Einerseits ein dichterischer, toleranter und gefühlvoller Sultan, und auf der anderen Seite ist ein starker, kriegerischer Anführer. Im Verlauf der Musik werden die Ängste, Zweifel, Sorgen des dichterischen Sultans über das Kriegsende, aber auch sein Vertrauen zu seinen Soldaten erzählt[149].
Der *Modérésatz* ist in erweiterten dreiteiligen Form geschrieben: **(A B A)**

A

a **b** **a1** **b1** **a2**

[148] Vgl. E.İlyasoğlu, „Zaman İçinde Müzik" (Musik in der Zeit), (1994), S.223f.
[149] Vgl. H. Alacalıoğlu, "27 Ekim konser programının açıklaması" (Die Erklärung zum Programm vom 27. Oktober -1963), in: Orkestra (1963), S.41.

(1-9) (10-21) (22-30) (31-42) (43-54)

B

1.Teil	2.Teil	3.Teil
(54-62)	(63-93)	(94-152)

A

(152-182)

Das Werk beginnt mit dem 1. Thema (Hauptmelodie), das wie *g-moll* klingt, in T. 1-9. Während die Hauptmelodie von den Violinen und dem Waldhorn gespielt wird, bilden die Klarinetten, Fagotte und Kontrabässe die harmonische Struktur, über der das Hauptthema gespielt wird.

Beispiel 24:Das Hauptthema, das von den Violinen gespielt wird.

In T. 10 wird das Thema *b* eingeleitet. Dieses nun im 3/2 Takt stehende Thema hat einen ganz anderen Charakter als das erste. Es wird von der Flöte gespielt und wird durch die Klarinette gelegentlich kontrapunktiert, während die Violinen die Begleitung spielen.

Beispiel 25: Das Thema *b,* die von der Flöte gespielt wird.

In T. 22 wird die Hauptmelodie *a* wiederholt und *Tempo I* wieder aufgenommen. Der Vordersatz ist länger als der erste.

Die *a2 Periode* in T. 43-54 wird von drei Instrumentengruppen präsentiert. 1.Gruppe von Tuba, Posaune, Kontrabaß 2.Gruppe von Horn, Cello 3.Gruppe von Violine, Viola, Trompete, Posaune. Die 1. und 2. Gruppe beginnt mit dem Ton -g-, und die 3. Gruppe beginnt auf der Dominante, also mit dem Ton -d- .

Beispiel 26: a2 Periode in Kontrabaß, Cello und Violine.

Der Abschnitt (B) besteht aus drei kleinen Teilen; 1.Teil (54-62), 2.Teil (63-93), 3.Teil (94-152). Das Hauptthema wird wieder in T. 56 von den ersten Violinen, diesmal in *a-moll*, eingeführt, aber in 3/2 statt *Allabreve-Takt.*
Der 2. kleine Teil beginnt nach einer Einleitung in T. 70. mit einer absteigenden Melodie im Makam *Nikriz* in Flöten und Violinen.

Beispiel 27a: Die Melodie im Makam Nikriz, die von den 1. Violinen gespielt wird.

Beispiel 27b: Der Makam Nikriz über dem Ton (d) [150].

Nach einer sechstaktigen Einleitung in den Streichern beginnt der 3. kleine Teil unter Beteiligung der Pauke in T. 100. Der 3. Teil hat zwei unterschiedliche melodische Strukturen: Die aus Akkorden bestehende 1. Struktur wird ab T. 102 von den Trompeten eingeführt. Die 2. Struktur ist die Hauptmelodie, die ab T. 121 von den Klarinetten eingeführt wird.
Die Reprise (A2) beginnt ab T. 152 mit der Hauptmelodie in den Flöten, Oboi, Hörnern und 1. Violinen im 3/4 Takt.
Der Satz *Modéré* endet zum Schluß mit einem Akkord (g 5-6-7).

[150] Vgl. Zeki Yılmaz, „Türk Musikisi Dersleri" (Lehrbuch der türkischen Musik), Istanbul (1994), S.179.

Der 2. Satz, *(Adagio)*: Im zweiten Satz hört man in allen Tönen beim Widerhall das Anflehen des Sultans mit Lust und Liebe zu Gott[151]. Dieser Satz steht in einer dreiteiligen Form (ABA).

A (182 - 213)

Einleitung	*a*	*b*	*a*
(182-187)	(187-197)	(197-207)	(207-213)

B (213 - 236)

a	*b*	*a*
(213-222)	(222-229)	(230-236)

A (236 - 245)

Der zweite Satz, *Adagio,* beginnt mit einer 5 taktigen Melodie, die von Fagott, Horn und Streicher gespielt wird. Diese dient als Einleitung und führt zum ersten Abschnitt (A). Das Thema des Abschnitts wird von Cello ab T. 187 eingeführt, während die geteilten Kontrabässe begleiten.

Beispiel 28: Die von Cello eingeführte Melodie.

Der Abschnitt (B) beginnt ab T. 213 mit dem von Oboe eingeleiteten Thema und dann wird ab T. 222 von der Flöte übernommen.

Bespiel 29: Das von der Flöte eingeleitete Thema.

Das erste Thema des Abschnitts (A) wird ab 236 T. wieder von Cello wiederholt und dauert bis zum Ende des Satzes.

Der 3. Satz, *(Allegro con brio)*: Am Anfang des Satzes hört man plötzlich den Angriffsbefehl des Sultans[152]. Dies wird durch das Spielen des Hauptthemas durch Trompeten und Violine symbolisiert. Im Vergleich zum 1. Satz wird hier das Hauptthema im *2/4-Takt* rhythmisch verkleinert. Ab T. 5 beteiligen sich die Pauken mit charakteristischen Rhythmen der

[151] Vg. H. Alacalıoğlu, ebda.
[152] Vgl. H. Alacalıoğlu, ebda.

Janitscharenmusik an dem Werk. Der Krieg hat nun begonnen, die Türme Istanbuls werden zerstört. Der 3. Satz *Allegro con brio* bildet den Durchführungsteil des Werkes. Die im ersten Satz aufgestellten Themen und Materialien werden hier verarbeitet.
Der Satz beginnt mit einer 8 taktigen Einleitung. Die Einteilung besteht aus verdichteten rhythmischen und melodischen Gewebe des Hauptthemas des Werkes. Der energische Einsatz der Pauke ab T. 5 verstärkt die Spannung.

Beispiel 30: Das rhythmisch und melodisch verkleinerte Hauptthema.

Nach der Einleitung wird das 1. Durchführungsthema von Kontrabässen und Baßklarinetten eingeleitet und in kontrapunktischer Weise von Instrument zu Instrument weitergegeben, wie z.B. zu Cello, Fagott, Horn, Oboe und Englisch Horn.

Beispiel 31: Das von Kontrabässen und Baßklarinetten eingeleitete Thema in Cello

Der 3. Satz bringt hier die motivische Arbeit, bei der die Elemente Rhythmik, Harmonik und Melodik ausgewertet werden.
Die abschließende Kadenz wird ab T. 357 vom ganzen Orchester gespielt.

Der 4. Satz, *(Moderato)*: Nach der Zerstörung der Türme Istanbuls marschieren zunächst die Janitscharen-Kapellen und die aus Janitscharen bestehende Armee nach Istanbul hinein[153]. Dies wird mit der Janitscharenmusik dargestellt. Der 4. Satz basiert vollkommen auf der Janitscharenmusik. Im Vordergrund steht die rhythmische Struktur dieser Musik.
Mit einer rhythmischen Figur, die von Pauke und großer Trommel eingeführt wird, beginnt der 4. Satz. Danach schließen sich die anderen Schlaginstrumente an. Hier hat jedes Schlaginstrument seine eigene rhythmische Figur. Die erste rhythmische Figur erklingt auf der großen Trommel ab T. 1.

[153] Vgl. H.Alacalıoğlu, ebda.

Beispiel 32: Die rhythmische Figur auf der großen Trommel.

Die zweite rhythmische Figur wird ab T. 5 von der Pauke präsentiert.

Bespiel 33: Die rhythmische Figur auf der Pauke.

Die dritte rhythmische Figur wird ab T. 9 von den kleinen Trommeln (Tambour) eingeführt.

Beispiel 34: Die rhythmische Figur von den keinen Trommeln.

Die vierte rhythmische Figur wird ab T. 13 von den Becken geleitet.

Beispiel 35: Die rhythmische Figur der Becken.

Die fünfte rhythmische Figur wird ab T. 29 von den Pauken präsentiert.

Beispiel 36: Die rhythmische Figur auf der Pauke.

An diese gesamte rhythmische Struktur schließt sich ab T. 13 eine von Fagott eingeleitete Melodie an. Diese charakteristische absteigende Melodie steht auf dem Makam *Hicaz* der traditionellen türkischen Musik.

Beispiel 37: Die Melodie auf dem Makam-*Hicaz*, der über dem Ton (e) steht.

Beispiel 38: Der auf den Ton (e) übertragene *Hicaz*-Makam in der türkischen Musik[154].

Die gleiche modale Melodie wird ab T. 49 von Englisch Horn, Klarinette, Baßklarinette (eine reine Quint höher) und Fagott wiederholt. An dem Nachsatz der Melodie - ab 69 T. - beteiligen sich auch kleine Flöte und Fagott. Die Verdichtung des rhythmischen Gewebes führt das ganze Orchester allmählich zu einem Höhepunkt, und so endet der 4. Satz.

Der 5. Satz, *(La Noise, le mime valeur)* : Nachdem der Dichter-Sultan die Stadt erobert hat, läßt er alle Religions- und Konfessionsführer versammeln und erklärt ihnen, daß er alle Glaubensrichtungen respektiere und daß jeder von nun an auch frei in seiner Religionsentscheidung und Ausübung sei. Auf die tolerante und menschliche Annäherung des Sultans gibt eine Gebetshymne die Antwort. Im Grunde ist diese Gebetshymne eine Danksagung, bzw. die Stimme der Menschen der eroberten Stadt, da der Sultan ihnen die Religionsfreiheit gegeben und sie gut behandelt hat. Gegen Ende des Stückes beteiligen sich auch die Kirchenglocken an der Gebetshymne. Um die menschliche Annäherung des Sultans zu loben, werden die Kirchenglocken anfangs zögernd, später zunehmend fester gespielt. Das Werk endet mit den Glockengeläut, das die Freude der Menschen zum Ausdruck bringt[155].

Der 5. Satz beginnt mit einer Einleitung, während die Holzbläser und Streicher begleiten. Die Einleitung wird von Posaunen dominiert und führt zum Abschnitt (A). Der Abschnitt (A) besteht aus drei Perioden und wird ab T. 13 von der Solovioline eingeführt, während die restlichen Streicher begleiten. Das unter dem Einfluß von a-Moll stehende Thema symbolisiert

[154] Vgl. Zeki Yılmaz, ebda, S.91f.
[155] Vgl. H. Alacalıoğlu, ebda.

keinen erbarmungslosen Sultan, sondern einen toleranten, friedlichen und dichterischen Sultan.

Beispiel 39: Das von Solovioline eingeführte Thema.

Ab T. 29 , bzw. in der 3. Periode taucht wieder das Hauptthema des Werkes in Cello und Kontrabässen auf und diesmal in a-Moll. Ein neuer Abschnitt beginnt ab T. 39, in dem man das Material des Hauptthemas aus dem ersten und zweiten Satz weiter verarbeitetet.
Ab T. 54 beginnt ein anderer Abschnitt in der *Fugenform*. Das Hauptthema wird von Celli und Kontrabässen gespielt.

Beispiel 40: Das Hauptthema der Fuge in Celli.

Das Thema erklingt nun ab T. 61 in der Viola vier Töne höher, während die Celli und Kontrabässe den Kontrapunkt spielen. Es wird zum 3. Mal ab T. 63 von den 2. Violinen und, zum 4. Mal ab T. 68 von den 1. Violinen eingeführt. Ein letztes Mal kommt das Thema ab T. 75 in Cello und Kontrabässen vor, während die 1. Violinen den Kontrapunkt spielen und die Fugenform dauert bis zum 90. Takt in den Streichern. Der Teil ab T. 93 bis zum Ende ist ein Gipfel im ganzen Orchester, in dem alle Materialien aus allen Sätzen direkt oder indirekt und gleichzeitig ertönen. Der Gipfelteil bringt das Werk zu einem glänzenden und kraftvollen Abschluß.

II. 1. 6. Verzeichnes der Werke

Opern:
(Rey hat seinen Werken keine „Opus"-Nummer gegeben)
„Faire Sans Dire", ein Akt, 1920
„Yann Marek", drei Akte, 1920
„Sultan Cem", fünf Akte, 1924
„Zeybek", drei Akte, 1926

„Köyde Bir Facia“, ein Akt, 1929
„Çelebi“, vier Akte, 1942-1945, orchestriert 1973

Operetten:
(Alle Libretti wurden von seinem Bruder Ekrem Resit Rey geschrieben)
„Le Petit Chaperon Rouge“, zwei Szenen, 1920
„Üç Saat“, drei Akte, 1932
„Lüküs Hayat“, drei Akte, 1933
„Deli Dolu“, drei Akte, 1934
„Caz Saz“, drei Akte, 1935
„Maskara“, drei Akte, 1936
„Havaciva“, drei Akte, 1937
„Yaygara 70“, 1969
„Uy Balon Dünya“, 1970
„Bir Istanbul Masalı“, 1971

Revues:
„Adalar Rövüsü“, 1934
„Alabanda“, 1941
„Aldırma“, 1942
„La Fontaine Baba“, für Kinder, 30'er Jahre

Werke für Gesang und Orchester:
„Chants d'Anatolie“, vier Stücke, 1926
„Zwei anatolische Lieder“, 1930
„Zwei Stücke für Gesang und kleines Orchester“, 1930
„Mystique“, 1938
„Drei anatolische Lieder“, 1970
„Vocalise Fantasie“, 1975
„Bearbeitungen für Gesang und Streicher“, (Lieder von Schubert und Brahms),o. J.

Chorwerke:
„Anatolische Volkslieder“ für vierstimmigen Chor, 1926
„Zwei Stücke für A-Capella Chor“, für Frauenchöre, 1936
„Zwölf Volkslieder“, für vierstimmigen Chor und Klavier

Werke für Gesang und Klavier:
„Je Me Demande“, Dichtung von Ekrem Reşit Rey, 1919
„Drei Melodien“, Dichtung von Verlaine und Lahore, 1920
„Initiales sur un bane“, Dichtung von Ekrem Reşit Rey, 1921
„Chanson du Printemps“, Dichtung von Ekrem Reşit Rey, 1922
„Au Jardin“, Dichtung von Philoxene Boyer, 1923

„L'offrande Lyrique", acht Melodien, Dichtungen von Tagore und André Gide,1923
„Nocturne", Dichtung von Ekrem Reşit Rey, 1925
„Zwölf anatolische Lieder", 1925-1926
„Vatan", 1930
„Vier Melodien", Dichtung von Baki Süha Edipoğlu, 1956

Märsche:
„Marsch zum 10. Jahrestag der türkischen Republik" (auch Bearbeitungen für Klavier, Gesang, Orchester und Kapellen), 1933
„Marsch für die Marine" (auch Bearbeitungen für Klavier, Gesang und Kapelle), 1935
„Militärmarsch", (auch Bearbeitungen für Klavier, Gesang und Klapelle), 1940
„Hundertjahrfeier" für Atatürk, 1981

Orchesterwerke:
„La légende du Bébék"(Bebek Efsanesi), sinfonische Dichtung, 1928
„Vier Orchesterstücke", 1928
„Karagöz", sinfonische Dichtung, 1930-1931
„Instantanés", sinfonische Eindrücke, 1931
„Scénes Turques", vier Volkstanzmelodien, 1928
„Paysages de Soleil", sinfonische Eindrucke, 1931
„Initiation", sinfonische Dichtung, 1835
„1. Sinfonie", 1941
„L'Appel", sinfonische Dichtung, 1950
„Fatih" (Le Conquérant), sinfonische Dichtung, 1953
„Sinfonisches Konzert" für zwei Streichorchester, 1963
„2. Sinfonie", 1969
„Türkiye", sinfonische Rhapsodien, 1971
„50. Yıla Giriş", sinfonische movement, 1973

Konzerte:
„Concerto Chromatique" für Klavier und Orchester, 1932-1933
„Konzert für Violine", 1939
„2. Klavierkonzert", 1946
„Katibim Variationen" für Klavier und Orchester, 1961
„Konzert für Gitarre", 1978

Konzertante Stücke:
„Introduktion und Tanz" für Cello und Orchester, 1928
„Piéces Concertantes" für Cello und Orchester, 1955
„Andante und Allegro" für Violine und Orchester, 1967

Begleitmusik (Incidental music):
„Özyurt", Schauspielmusik, 1933
„Aysel", Filmmusik, 1934
„Macbeth", Schauspielmusik, 1934
„König Lear", Schauspielmusik, 1936
„Hamlet", Schauspielmusik, 1936
„Benli Hürmüz", Musik für Hörspiel, o. J.[156]

Kammermusik:
„Sonate für zwei Klaviere", 1924
„Impressions d'Anatolie", für Violine und Klavier, 1928
„Quintett für Blasinstrumente", 1932
„Dichtung für Ondes Martenot und Streicher", 1934
„Streichquartett", 1935
„Ein kleines Stück für Violine und Klavier", 1936
„Quartett für Klavier, Violine, Viola und Cello", 1938-1939
„Sextett für Klavier, Tenor und Streichquartett", 1939
„Colloque Instrumental", 1957
„Zwölf Präludien und Fugen", für zwei Klaviere, 1969

Klavierwerke:
„Walzer", 1912 (Reys erste Komposition)
„Scènes Turques", sechs anatolische Volkstanzmelodien und Motive, 1927-1928
„Souvenirs d'automne", Suite, o. J.
„Sonatine", 1928
„Paysages de Soleil", Sonata, sechs anatolischen Volkstanzmelodien,1930-1931
„Pélérinages dans la ville qui n'est plus que souvenir", sieben Stücke, 1940-1941
„Phantasie", 1948
„Zwei Stücke für Klavier", 1959
„Zehn Volkslieder", Bearbeitung von den verschiedenen Chorwerken, 1967
„Improvisation", 1983

II. 1. 7. Ausgewählte Diskographie

„Türkiye", sinfonische Rhapsodie
(Sinfonieorchester Budapest – Leitung: Hikmet Şimşek)
HUNGAROTON HCD 31483 (1988)

[156] Alle diese Angaben finden sich: Filiz Ali, (1996), S.86-97.

„Le Conquérant“ (Fatih), Poéme symphonique
„Instantanés“, Esquisse symphonique pour orchestre
„Scénes Turques“„
(Ungarisches Staatsorchester – Leitung: Cem Mansur)
HUNGAROTON HCD 31158 (1989)

„Katibim“ für Klavier und Orchester, Variationen über
ein altes Istanbuler Volkslied
(Ungarisches Staatsorchester – Leitung: Hikmet Şimşek,
Solistin: Ayşegül Sarıca)
HUNGAROTON HCD 31523 (1991)

„Instantanés“, Esquisse symphonique pour orchestre
(Radiosinfonieorchester Moskau – Leitung: Hikmet Şimşek)
RAKS-Turkey 9713661 (SD 05) (1993)

„Andante und Allegro“ für Solovioline und Streicher
(Northern Sinfonia of England – Leitung: Howard Griffiths,
Solistin: Suna Kan)
KOCH/SCHWANN 3-1480-2 (1998)

II. 2. Hasan Ferid Alnar

Hasan Ferid Alnar war der zweitälteste Komponist der „Türkischen Fünf“. Er hatte in seinen Werken den Makamen der traditionellen türkischen Musik mehr Platz gegeben als die anderen Komponisten der Gruppe. Dadurch, daß er in seiner Kindheit *„Kanun“*[157] spielte, lernte er die traditionelle türkische Musik besonders gut. Mit 12 Jahren schon gehörte er in İstanbul zu den guten „Kanun“ Spielern[158]. Von Hüseyin Saadettin Arel[159] wurde er in Harmonie und von Edgar Manas[160] in Kontrapunkt und, wie es im türkischen Ausbildungssystem üblich ist, in der Fuge unterrichtet und machte somit Bekanntschaft mit der westlichen Musik. Aber auch durch sein Studium in Wien, wo er bei Joseph Marx Kompositions- und bei Oswald Kabasta Dirigierunterricht nahm, erweiterte er seine Kenntnisse[161].

[157] „Kanun“ (Trapezzithern) gehört zu den wichtigsten Saiteninstrumententen der traditionellen türkischen Musik und hat zweiundsiebzig Saiten (dreimal 24 Saiten). Während sich links die Wirbel befinden, ist der kastenförmige Schallkörper an der rechten Oberseite mit Fell bespannt. Das „Kanun“ wird auf der Knie gespielt, bzw. mit über beide Zeigefinger gesteckten Schlagringen gezupft. Vgl. Kurt und Ursula Reinhard, „Musik der Türkei- Band 1: Die Kunstmusik“ (1984), S.83f.

[158] Vgl. Yılmaz Öztuna, „Türk Müziği Ansiklopedisi“ (Lexikon der türkischen Musik), Bd.1, S.56.

[159] Siehe Fußnote 174.

[160] Siehe Fußnote 175.

[161] Vgl. Önder Kütahyalı, (1981), S.111.

Neben seiner Tätigkeit als Komponist wirkte Alnar auch als Dirigent und leitete im Inland und im Ausland zahlreiche erfolgreiche Konzerte. Vor allem machte sich Alnar mit seinem „Kanunkonzert" (Zitherkonzert) bekannt. Mit diesem Stück ermöglichte er zum ersten Mal, daß ein traditionelles Instrument wie das „Kanun" vor einem Orchester solistisch gespielt wird. Damit hat er gezeigt, daß man nicht nur die Makamen der traditionellen türkischen Musik in der mehrstimmigen Musik, sondern auch ihre Instrumente verwenden kann. Alnar war auch als Kompositionslehrer am „Staatlichen Konservatorium" in Ankara tätig. Er spielte Klavier , Cello und als Virtuose beherrschte das „Kanun"[162].

Von den „Türkischen Fünf" ist Alnar von der Sekunderliteratur am wenigsten gewürdigt worden. Abgesehen von einem Buch[163] (Biographie), einigen Zeitschriftaufsätzen[164] und Lexikonartikeln findet man die eine oder andere Diplomarbeit[165], die freilich den Stoff nicht erschöpfen können.

[162] Vgl. Ahmet Say, (Lexikon der Musik) Artikel, „Alnar", Bd.1. S.49.

[163] z.B.: Erdoğan Okyay, „Ferid Alnar-Longa'dan Konçertoya" (F. Alnar-von Longa zum Konzert), (1999).

[164] z. B.: „Orkestra" Nr.166 (1987) und Nr.177 (1988)

[165] z. B.: Safinaz Rizeli, „Hasan Ferit Alnar" (Diplomarbeit, Staatskonservatorium für die türkische Musik, 1991)

II. 2. 1. Kurze Biographie

Hasan Ferid Alnar wurde am 11. März 1906 in İstanbul geboren. Sein Vater war Beamter bei der Post, seine Mutter Hausfrau. Dadurch, daß seine Mutter „Kanun" spielte und sein Onkel „Ud" (Kurzhalslaute), machte er erstmals mit der traditionellen türkischen Musik Bekanntschaft. Mit 5 Jahren entdeckte man, daß Alnar Talent für Musik und Mathematik hatte. Kurz nach Beginn der Grundschule wechselte er auf Wunsch seiner Eltern die Schule und besuchte eine deutschsprachige Schule, damit er eine fremde Sprache erlernte. An Wochenenden nahm Alnar auch am dreistimmigen Kinderchor in der Schule teil. Somit lernte er schon mit 8 Jahren auch die westliche Musik kennen[166].

Mit dem „Kanun" seiner Mutter brachte Alnar sich autodidaktisch mit 10 Jahren das Spielen bei. Daraufhin schickte seine Mutter Alnar zu einem Kanunlehrer namens Vitali, der ihm Unterricht gab. Alnar lernte sehr schnell und nach vier Monaten sagte sein Lehrer, daß er ihm nichts mehr beibringen könne[167]. Durch seine hohe Begabung gelang es Alnar schon im Alter von 12 Jahren, sich als besten türkischen Kanunspieler in İstanbul bekannt zu machen[168]. Mit 13 Jahren komponierte er in der Art der traditionellen türkischen Musik ein „Longa"[169] im Makam *„Tahirbuselik"*. Das war seine erste Komposition. Drei Jahre später, mit 16 Jahren komponierte Alnar die Operette „Kelebek Zabit", die auch in der Art der traditionellen Musik und einstimmig war. Im Zusammenhang mit dieser Operette sagte Alnar, auf sein junges Alter anspielend: „die Operette „Kelebek Zabit" hatte ich in einer kurzen Hose und mit einem einfachen Stock im „Volkstheater" geleitet."[170] 1922, während seiner Gymnasialen Schullaufbahn, nahm Alnar als Kanunspieler an dem Ensemble der zu der Zeit berühmten Musikgesellschaft „Dârü't tâlim-i Mûsikî"[171] (Haus des Musikunterrichtes) teil. Alnar konnte seine Fähigkeit als Komponist und Interpret in dieser Musikgesellschaft fördern und erweitern. In dieser Zeit komponierte er wieder in der traditionellen Art „10 Saz Semaisi"[172]. Alnar gab mit diesem Ensemble im Inland und im Ausland viele Konzerte. In den Jahren 1926 und 1927 nahm er

---

[166] Vgl. H. F. Alnar, „Yaşam Öyküm" (Meine Lebensbeschreibung), in: 'Orkestra' Nr.166 (1987), S.30f.

[167] Ebda. S.31.

[168] Yılmaz Öztuna, ebda.

[169] „Longa" ist eine instrumentale Gattung der traditionellen türkischen Musik. Es steht in der einfachen „Nim Sofyan" Taktart (2/4) und wird nur mehr als Darbietungsmusik gespielt.

[170] H. F. Alnar, ebda.

[171] „Dârü't tâlîm-i Mûsikî" (1912 bis 1931, sowie erneut 1934-1939) wurde in Istanbul gegründet und war eine wichtige traditionelle türkische Musikgesellschaft im Osmanischen Reich. Ihre Ziel war die Erweiterung der traditionellen Musik und die Erziehung der Musiker und Gesangkünstler. Vgl. Martin Grewe, „Die Europäisierung orientalischer Kunstmusik in der Türkei" (1995), S.252: auch Vural Sözer, (Lexikon der Musik und Musiker) Artikel „Darüttalim-i Musiki Cemiyeti", S.99.

[172] „Saz Semaisi" ist eine instrumentale Gattung in der traditionellen türkischen Musik und besteht aus vier Teilen. Es steht in der „Aksak Semai"- Taktart (10/8), wobei der letzte Teil im (6/8) oder (6/4) des „Yürük Semai"- Taktes steht.

mit dem gleichen Ensemble im Auftrag einer deutschen Firma in Berlin Platten auf[173].

Alnar machte 1923 die Bekanntschaft von Hüseyin Saadettin Arel[174] und begann bei ihm Harmonieunterricht zu nehmen. Während dieser Zeit schrieb er zwei- und dreistimmige Stücke. Arel, ein zu der Zeit angesehener Musiker, erkannte Alnars Talent für Komposition und unterstützte ihn dabei. Ein Jahr später, nachdem Arel nach Izmir ging, lernte Alnar Edgar Manas[175], der auch Arels Lehrer war, kennen. Von ihm erhielt er 3 Jahre lang Harmonie-, Kontrapunkt-, Fugen- und Klavierunterricht. Sein Ziel war es, seine Schreibtechnik in Orientierung an die mehrstimmige Musik zu erweitern. Zur gleichen Zeit studierte er Architektur an der Akademie der Schönen Künste, was sich aber kompositorisch nicht bemerkbar macht. Auf der anderen Seite komponierte er, durch sein erworbenes und erweitertes Wissen von Edgar Manas, Fuge für Gesang und Klavier, instrumentale Stücke wie Romanze für Geige und Klavier[176].

II. 2. 2. Die Wiener Zeit und Joseph Marx

Nach 5 Jahren, fast am Ende seines Studiums, erkannte Alnar, daß sein eigentlicher Beruf der des Musikers war und brach sein Studium ab, um 1927 seine Musikausbildung in Wien zu beginnen. Die Ausgaben für seinen Aufenthalt in Wien beglich sein Lehrer Arel[177]. Auf Wunsch seines Lehrers Joseph Marx nahm Alnar, nachdem er zahlreiche Fugen geschrieben hatte, an der Aufnahmeprüfung für Komposition an der Wiener Musikakademie teil und war erfolgreich. Er nahm über 2 Jahre Kompositionsunterricht bei Marx und beendete 1929 diese Ausbildung. Er führte seine Weiterbildung an der Musikhochschule Wien aus, wo er wieder Marx' Schüler war. In derselben Schule bekam er 1930 Dirigierunterricht bei Oswald Kabasta. 1932 absolvierte Alnar sein Studium in beiden Fächern mit dem Diplom[178]. Während seiner Musikausbildung in Wien komponierte er weiterhin; es enstanden u. a. das Trio „Phantasie" für Geige, Klavier und Cello (1929), die

---

[173] H. F. Alnar, ebda. S.32.

[174] Der Jurist, Komponist, Musikologe und Schriftsteller Hüseyin Saadettin Arel (1880-1955) wurde in Istanbul geboren und studierte dort Jura. Mit 10 Jahren begann er Klavier, Mandoline und Ud (Kurzhalslaute) zu lernen. 1907-1909 nahm er bei Edgar Manas Unterricht in Harmonielehre, Kontrapunkt und Fuge. Arel komponierte mit westlicher- und traditionaler (einstimmig) Technik über 2000 Stücke. Vgl. Gültekin Oransay, (1965), S.19f.

[175] Der Komponist und Klavierlehrer Edgar Manas (1875-1964) wurde in Istanbul geboren. 1888 wurde er nach Italien geschickt, um Musik zu studieren. Dort erhielt er bei Trevellini Klavier- und bei Butazzo Harmonie- Kontrapunkt- und Fugenunterricht. Nach seiner Rückkehr nach Istanbul lehrte er am „Städtischen Konservatorium" Harmonie, Kontrapunkt und Klavier. Manas komponierte verschiedene Stücke, vor allem für Klavier. Ebda. S.15.

[176] Alnar, ebda.

[177] Vgl. Safinaz Rizeli, „Hasan Ferid Alnar" (Diplomarbeit, Staatskonservatorium für die türkische Musik, 1991), S.3.

[178] Alnar, ebda. S.32f; auch G. Oransay, ebda. S.33f.

„Suite“ für Geige und Klavier (1930), Filmmusik „Straßen von İstanbul“ (1931), das Singspiel„Yalova Lied“ (1932)[179].
Sein Lehrer Joseph Marx, der Alnar und seine Tätigkeiten in Wien näher beobachtet hatte, berichtet: damals „suchte mich ein junger türkischer Kapellmeister namens Hasan Ferit auf [...] und wollte sich in Musiktheorie weiterbilden. Während seiner Studien an der Wiener Meisterschule schrieb er [die Musik zu] einem nationalen Tonfilm [Marx bezieht sich damit auf ‘Straßen von Istanbul’], der in Paris fertiggestellt wurde, und komponierte das erste türkische Singspiel mit nationalen orientalischen Volkstypen [er bezieht sich auf ‘Yalova Lied’], das in İstanbul unter seiner Leitung mit größtem Erfolg aufgeführt und über 25 Mal wiederholt wurde,... Ferit hat die Meisterschule mit ausgezeichnetem Erfolg absolviert [...]“[180].

II. 2. 3. Tätigkeit als Dirigent im In- und Ausland

Nach seiner erfolgreichen Musikausbildung in Wien, kehrte Alnar 1932 in die Türkei zurück und nahm die Stelle als Dirigent im „Istanbuler Stadttheater“ auf. Gleichzeitig begann er, im „Städtischen Konservatorium von Istanbul“ Musikgeschichte und später Komposition zu unterrichten. Im „Istanbuler Stadttheater“ leitete er auch einige „Musicals“, die er selbst komponiert hatte. Unter diesen befanden sich „Yalova Lied“ und „Sari Zeybek“, das er nach seiner Rückkehr in Istanbul (1932-1933) schrieb[181]. 1936 zog Alnar nach Ankara, wo er seine Tätigkeit als Kompositionslehrer und Klavierbegleiter im „Staatlichen Konservatorium“ fortsetzte.
Gleichzeitig betätigte er sich als Assistentdirigent von Ernst Prätorius im „Orchester des Staatspräsidenten“. In den Jahren als Assistent von Prätorius begann er, zusätzlich in Zusammenarbeit mit Carl Ebert die ersten Opern vorzubereiten und aufzuführen, z. B. die Oper „Bastien und Bastienne“ von Mozart, erstmals mit einem türkischen Libretto, von Carl Ebert am 21. Juni 1940 aufgeführt. Da es das erste türkische Libretto einer westlichen Oper war, erweckte es große Aufmerksamkeit und wurde seitens des Publikums gut aufgenommen[182]. Daraufhin wurden 1940 der 2. Akt der Oper „Madame Butterfly“ und 1941 der 2. Akt der „Tosca“ von Puccini mit türkischen Libretti mit Erfolg aufgeführt. Alnar hatte Carl Ebert bei diesen Opernaufführungen viel geholfen[183].
Nach dem Tod von Prätorius 1946 wurde er zum Leiter vom „Orchester des Saatspräsidenten“ ernannt. Nachdem er diese Tätigkeit 6 Jahre lang fortgeführt hatte, mußte er es aus gesundheitlichen Gründen aufgeben und

---

[179] Alnar, ebda. S.33.
[180] Joseph Marx, „Meine Berufung nach Istanbul“, in: J.Marx, Ges. Aufs. „Betrachtungen eines romantischen Realisten“, Wien (1947), S.501f.
[181] Vgl. Ahmet Say, (Lexikon der Musik), Artikel „Alnar“, Bd.1, S.49
[182] Vgl. C. M. Altar, (Geschicte der Oper), Bd.4, S.281; auch Safinaz Rizeli (1991), S.4.
[183] C. M. Altar, S.281f.

kehrte wieder zu seiner Lehrtätigkeit zurück, er unterrichtete Komposition, Formenlehre und Orchestrierung. 1955 trat er die Stelle als Musikdirektor der „Staatsoper und Ballett“ an, gab jedoch nach einer Weile diese Arbeit auf und zog nach Wien. In den verschiedenen Städten von Europa leitete er als Gastdirigent Konzerte wie zum Beispiel das „Wiener Sinfonieorchester“, „Wiener Rundfunkorchester“, „Münchener Philharmonieorchester“, „Rundfunkorchester Stuttgart“, „Sinfonieorchester Athen“ und „Rundfunkorchester Sofia“[184].
Nach langem Aufenthalt in Wien kehrte Alnar 1964 nach Ankara zurück und ließ sich dort nieder. Er führte sein künstlerisches Leben in Ankara weiter. Als Gastdirigent leitete er das „Sinfonieorchester des Staatspräsidenten“ und das „Opernhaus Orchester“. Sein gesundheitlicher und seelischer Zustand wurde mit der Zeit noch schlechter und hinderte ihn auch an diesen Tätigkeiten. Aus diesem Grund war Alnar derjenige, der die wenigsten Werke der „Türkischen Fünf“ schuf. Am 17. April 1967 (dem 40. Jahr seiner weiteren Musikausbildung in Wien, also dem Beginn seiner künstlerischen Karriere) war er der Solist seines Kanunkonzerts, und als Dirigent leitete er das „Sinfonieorchester des Staatspräsidenten“, wo er seine Werke präsentierte. In der letzten Zeit leitete er, wenn es seine Gesundheit zuließ, ab und zu als Gastdirigent Konzerte und Opernaufführungen[185]. Alnar starb 1978 im Alter von 72 Jahren in Ankara.

II. 2. 4. Alnars Komponistendasein und seine wichtigsten Werke

Nach Hayrettin Akdemir, Komponist und Musikethnologe, sind der europäische und der türkische Stil in Alnars Komposition nicht zusammengewachsen. Es zeigt sich bei manchen Komponisten deutlich das Streben nach Verschmelzung der divergierenden Stile. In den Bearbeitungen mancher neuerer Komponisten stellt man im Gegenzug dazu die Tendenz zu bewußter Desintegration mehrerer musikalischer Ebenen fest. So läßt sich die Kompositionsweise Alnars weder als absichtsvolle Desintegration noch als der -vielleicht mißlungene- Versuch einer Stilverschmelzung interpretieren. Sie steht dazwischen. Sie ist weder mit dem Maß der einen noch der anderen Stilrichtung zu messen[186].
Nach Ruhi Ayangil[187] gehört Alnar zu den Modernen der traditionellen türkischen Musik, und im Vergleich zu den zeitgenössischen türkischen Komponisten besitzt er ein geradezu klassisches Musikverständnis[188].

---

[184] Safinaz Rizeli, ebda.
[185] Ebda.; auch Önder Kütahyalı, (1981), S.111.
[186] Vgl. Hayrettin Akdemir, „Die neue türkische Musik“, (1991), S.185f.
[187] Ruhi Ayangil (*1953), lernte wie Alnar mit 10 Jahren „Kanun“ spielen. Später erhält er von Cemal Reşit Rey Klavier- und Harmonieunterricht. Obwohl er nie Alnars Schüler war, spielt er „Kanun“ nach seinem Stil. Nach Alnars Tod spielte Ayangil als Solist in vielen Aufführungen des Kanunkonzerts im Inland und auch im Ausland. Vgl. Safinaz Rizeli, (1991), S.42.

Als Komponist hatte Alnar in seinen Werken den Makamen der traditionellen türkischen Musik mehr Platz gegeben als die anderen Komponisten der „Türkischen Fünf". Alnar unterscheidet sich von den anderen vier Komponisten der Gruppe vor allem dadurch, daß er besondere Kenntnisse der traditionellen türkischen Musik hatte und daß diese Kenntnisse seine Werke fast immer stark beeinflußten. Er war der einzige Komponist der „Türkischen Fünf", der seine ersten Musikerfahrungen mit der türkischen Musik und mit dem „Kanun" machte. Dadurch komponierte er seine ersten Werke in dieser Art. Das Studium in Wien war für ihn ein Wendepunkt, und es begann ein musikalischer Neuanfang. Er hatte zwar bereits in der Türkei Harmonie und Kontrapunkt gelernt und komponierte ein paar kleine Stücke. Nachdem Alnar 1927 in Wien Schüler von Joseph Marx geworden war, richtete er sich völlig nach der mehrstimmigen Musik. Schon im zweiten Jahr der Ausbildung orientierte er sich an der Orchestrierung[189]. Seine ersten Werke in dem Bereich erschuf er während seiner Ausbildung in Wien, wie z.B. die „Türkische Suite" 1928, Trio „Phantasie" 1928 und „Suite" für Violine und Klavier 1930. Alnars bekannteste Werke, die er später schrieb, sind: „Präludium und zwei Tänze" für Orchester 1935, das „Cellokonzert" 1942 und das „Kanunkonzert" 1944-1951, die letzte Bearbeitung war 1958.
In der Musik Alnars sind in erster Linie die Makame der traditionellen Musik vorherrschend. Er verwendete die Makame nicht auf sehr abstrakte Weise, sondern beließ sie fast originalgetreu. Seine Orchestrierung ist im Vergleich zu den anderen Mitgliedern der „Türkischen Fünf" relativ schlicht und einfach. Die Form seiner Werke basiert auf den bekanntesten Musikregeln, die Melodien und Rhythmen hauptsächlich auf der türkischen Musik. Die Melodie spielt eine große Rolle und beherrscht das Werk vollkommen. Als Komponist hatte Alnar die Regeln der türkischen Musik mit den Regeln der zeitgenössischen Musik verknüpft und erzielte damit großen Erfolg. Dadurch, daß Alnar mit der einstimmigen, aber doch sehr melodischen, traditionellen türkischen Musik aufwuchs, hatte er einige Vorteile. Somit beherrschte er die modale Musik sehr gut und nutzte dieses Wissen bei der Komposition von mehrstimmiger Musik. Diese oben genannten Besonderheiten sind seine Stilmerkmale, und er berücksichtigt diese bei der Orchestrierung und harmonischen Form seiner Werke. Alnar interessierte sich auch für die Volksmusik und verwendete diese Elemente in seiner Musik. Eines dieser Werke, das oft gespielt und beliebt war, ist „Präludium und zwei Tänze".

II. 2. 4. 1. „Präludium und zwei Tänze" *für Orchester*:

Die Jahre zwischen 1932-1936 in Istanbul, in denen Alnar als Dirigent und Lehrer tätig war, waren für ihn eine fruchtbare Phase. Er konnte in dieser

---

[188] Ebda. S.40.
[189] Vgl. E. Okyay, „Ferid Alnar - Longa'dan Konçertoya" (F. Alnar, von Longa zu Konzert), (1999), S.43.

Phase seine Kenntnisse, die er in Wien erworben hatte, anwenden. Das wichtigste Werk der Istanbuler Jahre war ohne Zweifel „Präludium und zwei Tänze“ 1935. Mit diesem Werk begann für Alnar ein Reifeprozeß als Komponist. Auch „Acht Stücke für Klavier“, das er im selben Jahr geschrieben hatte, zählt zu seinem Reifeprozeß. Die Uraufführung von „Präludium und zwei Tänze“ fand unter der Leitung von Oswald Kabasta, bei dem Alnar 1930 Dirigierunterricht bekam, vom Wiener Sinfonieorchester am 3. April 1935 in Wien statt. Im gleichen Programm wurden auch Reys Werke aufgeführt Dieses Ereignis faßt Alnar mit diesen Worten zusammen:

> 1935 wurde ich mit Cemal Reşit Rey zusammen nach Wien eingeladen. Nach der erfolgreichen Uraufführung von „Präludium und zwei Tänze“ unter der Leitung von meinem Professor Kabasta beschloß die Universal Edition, die Noten des Werkes zu drucken. Von diesem Zeitpunkt an wußte ich, wie dankbar ich meinem Kompositionslehrer, Professor Marx, war. Er hatte mir damals gesagt: Sie sind auf dem Weg, zum nationalen Komponisten ausgebildet zu werden, sie sollten darauf achten, daß sie nicht unter die Einflüsse der westlichen Musikstile geraten[190].

Das Werk fand in Wien große Anerkennung, und in den Medien las man nur gute Kritiken, wie unter den Titeln „*Die türkischen Musiker in Wien*“ oder „*Moderne türkische Musik*“. Ein Kritiker erzählte von zwei unterschiedlichen Einflüssen der westlichen Musik in der zeitgenössischen türkischen Musik: Wiener Schule und Französische Schule. „Präludium und zwei Tänze“ brachte Alnar weltweit Ruhm und wurde öfter im Ausland[191] aufgeführt[192].
Die Orchestrierung, die Form und der harmonische Aufbau des Werkes weisen impressionistische Eigenschaften auf.

1.Präludium *(Andante tranquillo)*: Im Präludium werden zwei unterschiedliche Themen aufgestellt. Das zweite Thema zeigt eine sich nach und nach entwickelnde Struktur, die ständig transformiert wird. Das *Präludium* kann man (auch in Sonatenform behandeln) in 3 Teile unterteilen:

1. Teil (1-31)	(Exposition) =	*1. Thema (1-14)* *Überleitung (14-21)* *2. Thema (22-26)* *Überleitung (27-31)*
2. Teil (32-65)	(Durchführung) =	*Verarbeitung der Themen aus der Exposition (32-65)* Kadenz (66-70)
3. Teil	(Reprise) =	*(71-83)*

[190] Ebda. S.52f. (eigene Übersetzung)
[191] „Präludium und zwei Tänze“ wurde in den späteren Jahren in Städten wie Berlin, Königsberg, Madrid, Budapest, Kopenhagen, Paris, München, Warschau, Prag, Edinburg, Riga, Genf, Lugano, Athen, Birmingham, Baden Baden, Stuttgart, Montreal, Tokyo, Manchester, Wien aufgeführt. Ebda. S.58.
[192] Ebda. S.58f.

Abbildung 2: Das Facsimile der 1. Seite von „Präludium und zwei Tänze“

Das Werk beginnt mit dem 1. Thema, das abwechselnd von Posaunen und Oboen und Klarinetten eingeführt wird. Ab T. 10 hört man eine Variante des 1. Themas im Makam *Hicaz* in Oboen und Klarinetten.

Beispiel 41: Das Hauptthema, das von den Posaunen gespielt wird.

Bespiel 42a: Das erste Thema steht ab T. 10 auf dem Makam Hicaz über dem Ton (e).

Bespiel 42b: Der auf den Ton (e) übertragene Hicaz-Makam in der türkischen Musik[193].

Die Überleitungspassage in T. 14-21 führen zum 2. Thema des Präludiums, Cello, Oboe, Flöte und Klarinette wechseln sich ab. Die von Cello und Oboe nacheinander gespielten Passagen in T. 14-15 stehen auf dem Makam *Karcığar* über dem Ton (gis).

Beispiel 43a: Die vom Cello gespielten Überleitungspassagen auf dem Makam Karcığar.

Beispiel 43b: Der auf den Ton (gis) übertragene Makam-Karcığar in der türkischen Musik[194].

[193] Vgl. Zeki Yılmaz, „Türk Musikisi Dersleri“ (Lehrbuch der Türkischen Musik), İstanbul (1994) S.91f.
[194] Vgl. Zeki Yılmaz, ebda. S.109f.

Die vom Cello gespielten Passagen stehen in T. 18 im Makam *Karcığar* über dem Ton (g) und wenden sich in T. 19 dem Makam *Saba* über dem Ton (g) zu. Auch die Klarinetten-Passage in T. 20 steht im Makam *Saba* über dem selben Ton (g).

Beispiel 44a: Die Cello-Passage in T. 18 (Karcığar)-19 (Saba).

Beispiel 44b: Der auf den Ton (g) übertragene Makam-Saba in der türkischen Musik[195].

Das wie Volksmusik wirkende 2. Thema, das durch die Entfaltungen und Transformationen auf die ganze Form des Präludium wirkt, wird ab T. 22 von den Oboen im Makam *Hüseyni* über dem Ton (g) eingeführt. Ab T. 25 wiederholt es sich in den Flöten eine Oktave höher und ändert sich melodisch nach dem ersten Kopfmotiv.

Beispiel 45a : Das 2.Thema in Oboe.

Beispiel 45b: Das nach dem 1. Kopfmotiv melodisch geänderte 2. Thema in Flöte.

[195] Vgl. Kemal Ilerici (Türkische Musik und ihre Harmonie aus kompositorischer Sicht), Istanbul (1970), S. 224f.

Beispiel 45c: Der auf den Ton (g) übertragene Makam-Hüseyni in der türkischen Musik[196].

Der Durchführungsteil beginnt ab T. 32 im Horn. Das Material des 2. Themas wird hier in rhythmischer und melodischer Hinsicht verarbeitet: wie z.B. ab T. 40 in den 1. und 2. Violinen, ab T. 48 in den Oboen und im Fagott, ab T. 50 in den Klarinetten, währenddessen begleiten die Streicher, Flöte und Klarinette in kontrapunktischer Weise.

Beispiel 46: Das Thema, mit dem der Durchführungsteil beginnt, im Horn.

Ab T. 52 wird eine neue Melodie eingeführt, in Form eines Dialogs zwischen Streichern und Bläsern. Der Teil der neuen Melodie in T. 52-53 bei den Streichern basiert auf der *Hicaz-Quint* über dem Ton (g) und in T. 58-61 in Oboen und 1. Violinen auf dem Makam *Hicaz* über dem Ton (c).

Beispiel 47: Die Melodie im Makam Hicaz in Oboe.

Ab T. 66 wird vom Solofagott eine fünftaktige *Kadenz* eingeführt, deren Melodie auf neuem Material basiert. Nach der Kadenz kehrt schließlich das 1. Thema wieder, um den Satz (Präludium) zu einem sanften Schluß zu bringen.

Beispiel 48: Der 1. Takt der Einleitung, die vom Solofagott eingeführt wird.

2. Zwei Tänze *(Allegro scherzando)***:** Der *Allegro scherzando-Satz* besteht aus zwei unterschiedlichen Tänzen, die bis zum Ende des Teils hintereinander zu hören sind. Es ist möglich, den Satz in drei Teile zu teilen:

---

[196] Vgl. Ebda. S.1ff.

- **1.Teil** (1-94), in dem der erste und zweite Tanz eingeführt wird,
- **2.Teil** (95-254), eine Durchführung, in der die Materialien von beiden Tänzen verwendet werden,
- **3.Teil** (255-454), den man als eine Reprise betrachten kann.

Der Allegro scherzando-Satz beginnt mit einer 33 taktigen langen Einleitung. In den ersten vier Takten erklingt ein Vorspiel, in dem die Begleitmaterialien der nachfolgenden Takte der *Zwei Tänze* vorgestellt werden. Die eigentliche Einleitung beginnt in T. 10 mit einer Melodie in der *Karcığar-Quint* über dem Ton (d) in den Klarinetten, während das Fagott mit einer Melodie in der *Nikriz-Quint* über dem Ton (f) begleitet.

Beispiel 49: Erste Halbsatz der Melodie der Einleitung in der Karcığar-Quint auf (d).

In den letzten vier Takten der Einleitung spielt die zweite Klarinette eine chromatische Überleitungspassage, die zum 1. Tanz führt. Der 1. Tanz (Abschnitt-A), der auf dem Makam *Hicaz* über dem Ton (d) steht, wird ab T. 34 von den Violinen eingeführt, und daran schließen sich in T. 38 die erste Flöte und erste Oboe an. Währenddessen spielt das ganze Orchester *forte* den harmonischen Hintergrund. Das Thema des ersten Tanzes besteht aus zwei unterschiedlichen Sätzen, die im Gegensatz zueinander stehen: Vordersatz (34-41), Nachsatz (42-47). Die beiden Sätze bilden die *a-Periode.*

Beispiel 50a: Der erste Satzmotiv des Vordersatzes der *a-Periode* im Makam Hicaz, der aus zwei Satzmotiven besteht.

Bespiel 50b: Der Nachsatz der *a-Periode*, der auch in Makam Hicaz steht.

Nach viertaktiger chromatischer Überleitungspassage der Klarinetten beginnt die *b-Periode* in T.52 und führt zum 2.Thema. In melodischer Hinsicht besteht die *b-Periode* aus zwei unterschiedlichen Sätzen: Vordersatz (52-59), der auf dem Makam *Hicazkar* über dem Ton (g) steht und Nachsatz (60-67), der auf dem Makam *Karcığar* über dem Ton (d) steht.

Beispiel 51a: Der Vordersatz der *b-Periode.*

Beispiel 51a1: Der auf den Ton (g) übertragene Makam-Hicazkar in der türk. Musik[197].

Bespiel 51b: Der Nachsatz der *b-Periode.*

Beispiel 51b1: Der auf den Ton (d) übertragene Makam-Karcığar in der türk. Musik[198].

Der zweite Tanz (Abschnitt-B), *Moderato marciale e pesante*, besteht aus einem langsamen Tanz (in T. 74-86) und einem schnelleren Tanz (in T. 87-94) und wird im 9/8 Takt „*Aksak*"-Rhythmus gespielt. Obwohl sie Alnar selber schuf, weisen beide Tänze hinsichtlich der Melodie und Rhythmik *Zeybek*[199]-Eigenschaften auf. Der aus zwei *Perioden* bestehende langsame Teil des 2. Tanzes beginnt mit der *1.Periode* (74-80), er wird von Viola und

[197] Vgl. Zeki Yılmaz, ebda. S.154.

[198] Vgl. Ebda. S.109f.

[199] Der Zeybek ist eine der bestimmenden Gattungen der türkischen Volksmusik und eine beliebte Art von Volkstänzen, die im westlichen und südlichen Gebieten der Türkei verbreitet ist. Der Zeybek, der als Befreier der Heimat angerufen wird, berührt mit den Knien den Boden beim Tanzen und das Zeybeklied wird von der türkischen Langhalslaute ‚saz' begleitet. Das Zeybek-Lied steht im 9/8 oder 9/4 Takt, der türkisch ‚aksak' genannt wird. Die Untergliederung des ‚aksak' ist nicht symmetrisch und weicht von der des europäischen 9/8 Taktes ab. Er gliedert sich statt in 3+3+3 Achtel in 2+2+2+3 Achtel. Vgl. Hamit Çine, „Zeybek Oyunlarımız" (Unsere Zeybek-Tänze), o.O. und J., S.2-20.

Cello eingeführt. In melodischer Hinsicht steht der Vordersatz (74-78) der ersten *Periode* in einer *Segah*-artigen Skala über dem Ton (dis) und wendet sich ab dem Nachsatz (78-80) -in der 3/8 Gruppe des 9/8 Taktes- in T. 78 dem Makam *Rast* über dem Ton (h) zu.

Beispiel 52a: Die wie der Makam Segah wirkende Melodie des Vordersatzes.

Beispiel 52a1: Der auf den Ton (dis) übertragene Makam-Segah in der türk. Musik[200].

Die Melodie der ersten *Periode* entspricht viel eher dem Stil der traditionellen türkischen Musik.

Beispiel 52b: Die Melodie des Nachsatzes auf dem Makam Rast.

Beispiel 52b1: Der auf den Ton (h) übertragene Makam-Rast in der türk. Musik[201].

Die zweite *Periode* (in T. 80-87), deren Vordersatz von Oboe und Flöte und Nachsatz von Klarinette und Fagott gespielt werden, ist die Wiederholung der ersten *Periode*. Der mit einem Auftakt in T. 86 beginnende schnellere Teil des 2.Tanzes (Abschnitt-B) wird von Flöten, Klarinetten und Violinen eingeleitet. Das ganze Orchester begleitet im *fortissimo* und führt zum 2. Teil des *Allegro Scherzando-Satzes*. Dem Tonmaterial der zweiten *Periode* liegt der Makam *Nikriz* über dem Ton (e) zugrunde und wendet sich, wie bei der *1.Periode*, -in der 3/8 Gruppe des 9/8 Taktes- in T. 92 dem Makam *Rast* über dem Ton (h)

[200] Vgl. Zeki Yılmaz, ebda. S.226.
[201] Vg. Ebda. S.85f.

zu. Der *Rast* endet in T.94 nicht mit dem Basiston auf (h), sondern mit der zweiten Stufe (cis).

Beispiel 53a: Der auf den Ton (e) übertragene Makam-Nikriz in der türk. Musik[202].

Beispiel 53a1: Die Melodie der zweiten Periode auf dem Makam *Nikriz*.

Bespiel 53b: Der letzte Teil der Melodie der zweiten Periode steht auf dem Makam-Rast[203] auf (h).

Der zweite Teil (95-314), der gleichzeitig die Durchführung bildet, beginnt nach einer achttaktigen Einleitung. Die Materialien vom ersten Tanz (Abscnitt A) und zweiten Tanz (Abschnitt B) werden hier verarbeitet: wie z.B. ab T. 103 die Melodie vom 1. Tanz (A) (der Nachsatz der *zweiten Periode*) in den ersten Violinen (die Violinen spielen als Umkehrung die Melodie), ab T. 127 die Melodie vom ersten Tanz (der Vordersatz der *zweiten Periode*) in Oboe und erster Violine, ab T. 143 die Melodie vom ersten Tanz (der Nachsatz der *ersten Periode)* in Flöte und Oboe, ab T. 159 die Melodie vom ersten Tanz (der Vordersatz der *ersten Periode*) in Flöte, Oboe und Klarinette, ab T. 219 die Hauptmelodie des schnelleren Tanzes vom zweiten Tanz (B) in Oboe und Klarinette (jetzt im 2/4 Takt statt 9/8 Takt), ab T. 235 die Melodie der Einleitung in der Klarinette, im zweiten Fagott und in den Streichern außer den Violinen.

Im 255. Takt kehrt der 1. Tanz (A) noch einmal wieder, diesmal vier Töne höher, und damit beginnt die Reprise. Der von Klarinetten (ab T. 287) gespielte Nachsatz der zweiten *Periode* vom zweiten Tanz führt zum langsamen Teil (T. 301) des 2. Tanzes (B). Ab T. 308 hört man den schnelleren Teil von (B) im ganzen Orchester. Im 314. Takt taucht plötzlich das 1. Thema (Hauptmelodie) des *Präludiums* im Cello und im Kontrabaß

---

202 Vgl.Kemal Ilerici, S.194f.

203 Siehe Bsp. 53b, der Makam-Rast auf (h).

wie eine Erinnerung auf. Das rhythmische und melodische Gewebe des 1. Themas wird hier verdichtet (siehe Bsp. 14).

Beispiel 54: Das 1.Thema des Präludiums.

Es folgt das 2. Thema des *Präludiums* ab T. 321 in der Flöte und führt zu dem Teil, den man als eine Coda bezeichnet. Die Coda beginnt in T. 326 in der ersten Violine mit einer Melodie, die aus dem 1. Satz der *1. Periode* des 1. Tanzes (A) abgeleitet ist. Die Melodie der Coda steht im Makam *Hicaz* über dem Ton (d) wie die Melodie des 1. Satzes der *1. Periode* vom 1. Tanz (A). In der Coda werden die Materialien vom 1. und 2. Tanz in rhythmischer und melodischer Hinsicht verarbeitet und variiert (Bsp.55). Der energische Einsatz des ganzen Orchesters ab *Presto* in T. 378 verstärkt die Spannung und es erreicht bald einen Höhepunkt. Die Coda bringt das Werk zu einem glänzenden und kraftvollen Schluß.
Das Werk endet mit einem Schlußakkord (g 4-5), der auf dem makameigenen Tonmaterial basiert. Da die viertaktige Melodie in Hörner und Posaunen vor dem Schluß im Makam *Hicaz* auf (g) steht, besteht der Schlußakkord aus den in Quarten geschichteten Tönen (d-g-c) des Makams. Der Grundton (g) wird im Schlußakkord verdoppelt.

Bsp.55: Die Melodie der Coda.

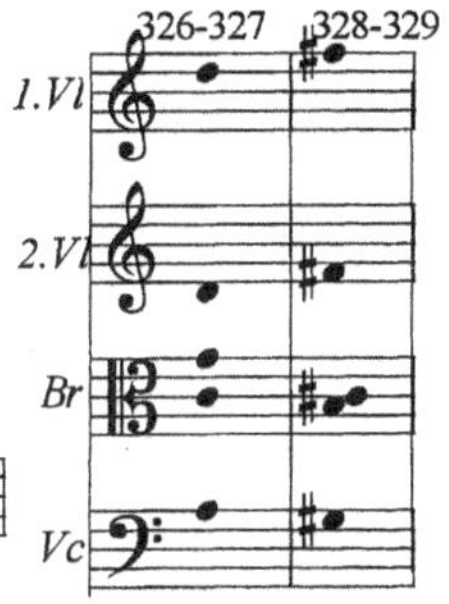

Bsp.56: Die in den Akkorden zu Quarten geschichteten Töne bei den Streichern in T.326-330.

Alnar verwendet solche Akkorde, die aus der Schichtung von Quarten bestehen, an vielen Stellen. Als Beispiel: die Coda beherrschen meist die Akkorde in Quarten geschichteter Töne; die Melodie in T. 326-330 steht im Makam *Hicaz* auf (d) und der Akkord in der Begleitung, der die 1. Stufe vom

Makam bildet, in T. 326-327 enthält die Töne (a-d-g-c). Der die 3. Stufe bildende Akkord in T. 328-329 enthält die Töne (gis-cis-fis-h). (Bsp.16-siehe oben)
Einige Mitglieder der „Türkischen Fünf" verwendeten solche Akkorde, die auf dem makameigenen Tonmaterial basieren. Aus solchen in Quarten geschichteten Tönen entwickelte Alnars Schüler Kemal Ilerici später ein Harmoniesystem, die *Quartenharmonie*.

II. 2. 4. 2. Kemal Ilerici und sein „Quartenharmonie"-System

Im Laufe der Entwicklungen in der neuen türkischen Musik, die mit den „Türkischen Fünf" beginnt, versuchte der 1910 geborene Komponist Kemal İlerici[204] ein Harmoniesystem zu schaffen, das für die türkische Musik geeignet ist. Er entwickelte sein System, das er als *Quartenharmonie* bezeichnet, erstmals im Jahre 1944. Nachdem İlerici seine Untersuchungen jahrelang im Unterricht seinen Schülern vermittelt hatte, wurden sie 1970 als Buch unter dem Titel *Bestecilik Bakımından Türk Müziği ve Armonisi* (Türkische Musik und ihre Harmonie aus kompositorischer Sicht) in Istanbul publiziert. Sein System beeinflußte meist die Komponisten der zweiten Generation, u.a. verwendeten vor allem so bekannte Komponisten wie Muammer Sun (1932) und Ilhan Baran (1934) İlericis Harmoniesystem in ihren Werken. Diese zweite Generation, zu der auch Bülent Tarcan (1914-1991), Sabahattin Kalender (1919), Nevit Kodallı (1924), Cenan Akın (1932) zu zählen sind, wollte eine Synthese auf der Grundlage des Systems Ilericis und der westlichen Musik mit Bartók als Vorbild erreichen. Ilerici komponierte selber auch seine sämtlichen Werke in diesem Harmoniesystem. Durch sein System wollte İlerici eine national-türkische Klanglichkeit erschaffen. 1954 wurde Ilerici für ein Jahr als Stipendiat nach Paris geschickt. Durch diese Gelegenheit machte er sein System und die ‚Aksak'-asymmetrischen Taktarten der türkischen Musik den Komponisten, wie z.B. Rene Leibowitz, Olivier Messiaen (siehe Abbildung 3), Darius Milhaud, Félix Raugel, C. Gabriel d'Alençon, Marc Pincherle, G. Lioncourt, Tony Auben, Pierre Capdevielle, J. Chailley und M. Despard, bekannt[205]. Er wählt den Makam *Hüseyni* (Bsp.57) als Mittelpunkt, da er der populärste ist und einen besonderen nationalen Charakter hat[206]. Hinzu kommt die Möglichkeit, aus

---

[204] Der Komponist und Lehrer Kemal Ilerici (1910-1987) begann 1934 im ‚Städtischen Konservatorium von Istanbul' bei H. Ferid Alnar und A. Adnan Saygun Harmonie zu lernen. Ferner erhielt er privat bei Suphi Ezgi traditionelle türkische Musik. Ab 1938 führte Ilerici seine Ausbildung im ‚Staatlichen Konservatorium von Ankara' weiter, wo er wieder Alnars Schüler war. 1945 absolvierte er sein Studium im Fach Komposition mit dem Diplom. Ilerici entwickelte ein Harmoniesystem, das auf der türkischen Musik basiert. Vgl. Ahmet Say, Artikel „Ilerici", in: „Müzik Ansiklopedisi" (Lexikon der Musik), Ankara (1985), Bd.3. S.649f.
[205] Vgl. Kemal Ilerici (Türkische Musik und ihre Harmonie aus kompositorischer Sicht), Istanbul (1970) S.II-XVII.
[206] Vgl. Ebda., (1970) S.1f.

ihm alle andere Makame abzuleiten und alle melodischen und harmonischen Probleme in diesem Makam zu lösen. Auf jeder Stufe des Makams wird ein Akkord gebildet (Bsp.57a) und jeder Akkord hat eine bestimmte Funktion:

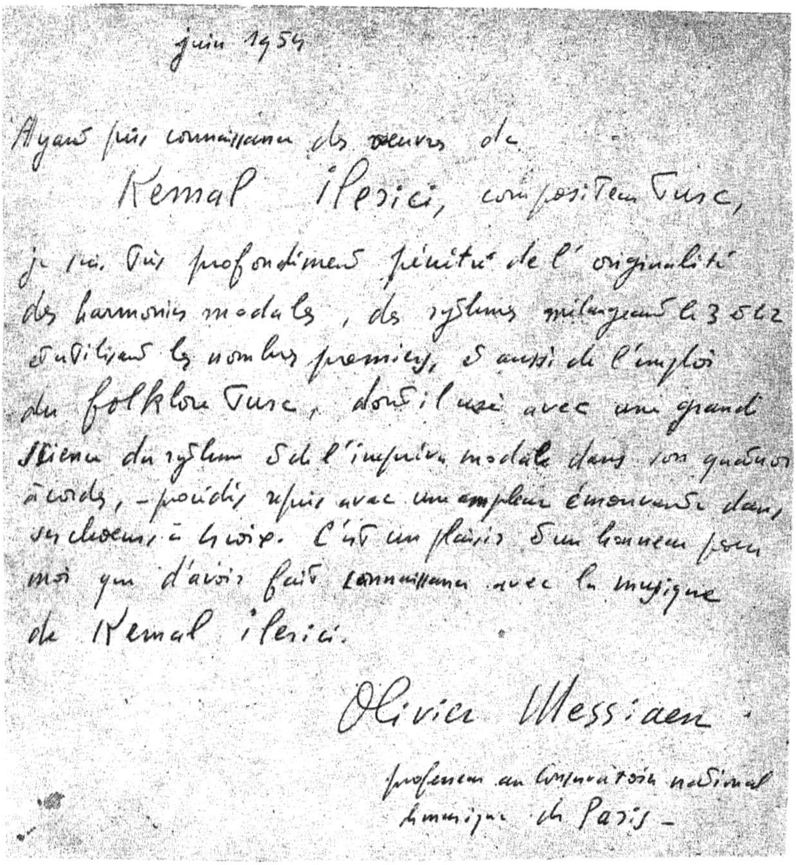

Juin 1954

Ayant pris connaissance des œuvres de Kemal İlerici, Compositeur Turc, je me suis profondément pénétré de l'originalité des harmonies modales, des rythmes mélangeant le 3 et le 2 et utilisant les nombres premiers et aussi de l'emploi du folklore Turc, dont il use avec une grande science du rythme et de l'imprévu modale dans son quatuor à cordes; procédé repris avec une ampleur émouvante dans ses chœurs à 4 voit. C'est un plaisir et un honneur pour moi que d'avoir fait connaissance avec la musique Kemal İlerici.

Signé: Olivier MESSIAEN
Professeur au Conservatoire National
de Musique de Paris.

Abbildung 3: Der Brief von Olivier Messiaen[207]

[207] Kemal Ilerici (1970), S. XVIf.

I. Stufe: Durak *(Tonika)*
II. „ : Alt Güçlü *Yardımcısı (Hilfssubdominante)*
III. „ : Güçlü *(Dominante)*
IV. „ : Alt Durak Yardımcısı *(untere Hilfstonika)*
V. „ : Üst Durak Yardımcısı *(obere Hilfstonika)*
VI. „ : Üst Güçlü *(Subdominante)*
VII. „ : Güçlü Yardımcısı *(Hilfsdominante)*[208]

Bsp.:57

Bsp.:57a

Im Prinzip besteht der Akkord aus der Schichtung von Quarten und innerhalb solcher Akkordschichtungen muß der Grundton immer in der Mitte stehen (Bsp.57b). İlerici unterscheidet die Funktionen der Stufen zwischen Haltetönen: der Reihenfolge nach V., I., IV. und (VIII). Stufe und zwischen weiterführenden Tönen: der Reihenfolge nach II., VI. III., und VII. Stufen[209] (Bsp.57c).

Bsp.: 57b

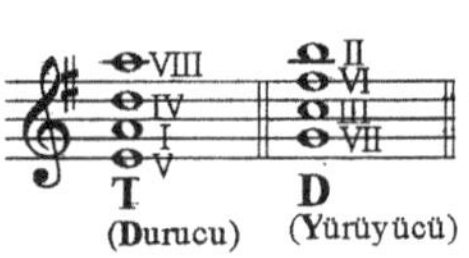

Bsp.:57c

Der aus den Haltetönen bestehende Akkord (türkisch genannt *Durucu Uygu; uygu=Akkord*) und der aus den weiterführenden Tönen bestehende Akkord (*Yürüyücü Uygu*) bilden die Basis sämtlicher Ableitungen. Der *Durucu Uygu* bedeutet Tonika und der *Yürüyücü Uygu* bedeutet Dominante in seinem System (Bsp.57c). Die Akkorde treten nicht immer in Quarten geschichtet auf. Er hat auch die Regeln entwickelt, die Erscheinungsweise eines Akkordes

[208] Vgl. H. Akdemir, „Die neue türkische Musik“, (1991), S.392.
[209] Vgl. Ebda., S.28f. u. S.35f.

zu variieren. Die in Quarten geschichteten Akkorde können auch in seiner Grundstellung und in sämtlichen Umkehrungen auftreten (Bsp.57d-e-f). Ein solcher Akkord kann mehr als drei oder vier verschiedene Töne enthalten, ohne zu zerfallen(Bsp.57e)[210].

Bsp.:57d

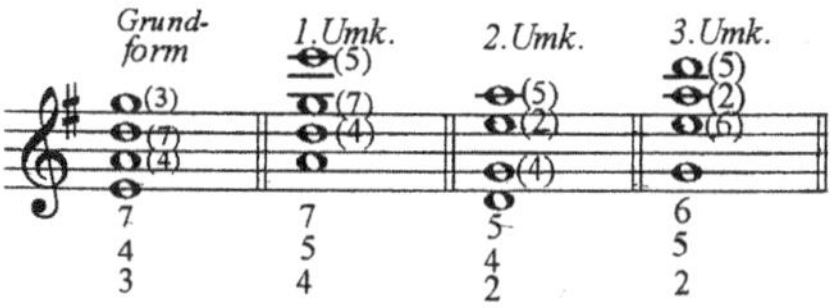

Bsp.:57e

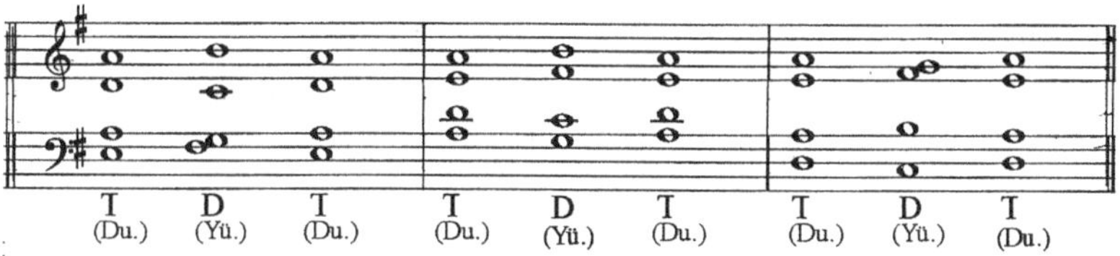

Bsp.:57f

* * *

II. 2. 4. 3. „Konzert für Cello und Orchester" (1942):

Das Cellokonzert bedeutete in Alnars Komponistendasein einen weiteren Schritt. David Zirkin[211], ein in der Zeit bekannter Cellist, forderte Alnar auf, ein Cellokonzert zu komponieren. Alnar widmete sein Werk Zirkin, mit dem er auch lange in Verbindung blieb. Die Uraufführung wurde mit großem Erfolg Anfang 1943 unter der Leitung von Alnar in Ankara verwirklicht, wobei Zirkin der Solist war[212]. Nach dem Konzert erntete Alnar sehr positive Kritiken. Eine dieser Kritiken schrieb Feyha Talay:

---

[210] Ebda. S.32.

[211] David Zirkin (1906-1949), der jüdische Cellist wurde in Haifa geboren. In jungen Jahren wurde er ins Konservatorium nach St. Petersburg geschickt. Mit 10 Jahren gab er sein erstes Konzert als Solist in Rußland. Auch in vielen verschiedenen Städten Europas gab er Konzerte. Zirkin ließ sich im Jahr 1923, in dem die türkische Republik gegründet wurde, in die Türkei nieder. 1935 nahm er die Stelle als Cellist im „Symphonieorchester des Staatspräsidenten" an. Zwei Jahre später wurde er als Lehrer zum „Staatlichen Konservatorium Ankara ernannt, wo er auch bis zu seinem Lebensende arbeitete. Vgl. Ahmet Say, (Lexikon der Musik), Artikel „David Zirkin", Bd.4, S.1277.

[212] Vgl. Erdoğan Okyay, „Ferid Alnar-Longa'dan Konçertoya" (F.Alnar-von Longa zu Konzert), (1999), S.78.

> Wenn man Alnars Cellokonzert von der türkischen Musik her betrachtet, so ist dieses Werk bis jetzt das gelungenste. Man hörte während der Aufführung Einflüsse der verschiedenen Makame, wie Nikriz, Suzinak, Maye, Hicaz, die die Hörer sehr gerne hören wollten. Mit diesem Werk erfüllte er alle Erwartungen, und bewies, daß man die türkische Musik kennen sollte, um die nationale Musik zu schaffen. Obwohl das Werk in technischer Hinsicht schwer ist, achtete Alnar dabei auf die Cellotechniken. Das Cellokonzert besteht aus drei Teilen, wobei beim 1. Satz die Kadenz zu lang geraten und die Orchestrierung etwas schwach ist. Der 2. Satz wurde in der Weise geschrieben, daß das Cello seinen brillanten und imponierenden Klang zeigt. Der schönste Teil des Werkes ist der letzte Satz. Hier wurden die Rhythmen meisterhaft aufgeteilt, obwohl sie sehr schwer zu spielen sind. Die Partitur ist sehr reich an technischen und melodischen Elementen. Zirkin hat es mit großem Erfolg gespielt[213].

Dr. Paul schrieb in der Zeitung „Türkische Post" eine ganz andere Kritik:

> „[...] Das Werk zeigt, ganz allgemein überblickt [sic] den Komponisten auf dem Wege zu einer rein musikalisch wie psychologisch überaus interessanten Verschmelzung türkischer und mitteleuropäischer Stilelemente. [...] Wohl mag man sich ein oder zwei Teilmotive lang versucht fühlen, dies sei doch ganz in europäischem Stile, aber gleich darauf und, was das Wesentlichste ist, unmerklich sich daraus entwickelnd und organisch daraus hervorgewachsen folgen Motive von türkisch - nationalem Gepräge. (Man könnte vielleicht, das Verhältnis der beiden Stilquellen am besten damit bezeichnen, wenn man sagte, daß Alnars neues Werk nicht so sehr aus europäischem und türkischen Material zusammengefügten Bauwerke als mit einem auf europäischem Boden gewachsenen Baume zu vergleichen wäre). Dies zeigt sich immer wieder, in allen Sätzen, auch im dritten, obwohl dieser auf einem rein türkischen Thema und in einer echt türkischen Taktart aufgebaut ist. Es zeigt sich harmonisch in der Entwicklung eines neuartigen Dreiklangbegriffes, nämlich mit der Quarte (die nach Aussage des Komponisten dem türkischen Musikempfinden als Konsonanz gilt) statt der Terz, wobei aber diese „türkischen Dreiklänge" dann ganz in europäischem Sinne zum Aufbau der musikalischen Form eingesetzt werden. Es zeigt sich aber ebenso in melodischen und rhythmischen Verlauf der Themen. [...] Der Orchestersatz ist außerordentlich durchsichtig, ja fast dünn zu nennen; jedoch hat der Komponist die Instrumente durchweg artgemäß behandelt und ihnen dabei manche pastellfeine Farbe von eigenartiger Klangschönheit abgewonnen. [...] und als solches darf sich auch Ferid Alnars neues Werk als interessanter und wertvoller Beitrag in die internationale Violoncelloliteratur einreihen"[214].

---

213 Ebda. S.82f. (eigene Übersetzung)

214 Die Kritik von Dr. Paul erschien unter dem Titel ‚Ferid Alnars Cellokonzert uraufgeführt" am 13.01.1943 in der Zeitung „Türkische Post" in Istanbul.

Warum Alnar dieses Werk für Cello komponiert hatte, erklärte er mit diesen Worten: *„Das Cello ist ein Instrument, das hervorragend die Melodien ausdrücken kann und der Stimme des Menschen in der Klangfarbe ähnelt“*[215]. Durch das Cellokonzert gewann Alnar den CHP[216]-Kunstpreis.

Das Cellokonzert besteht aus drei Sätzen: *1-Moderato, 2-Largo non troppo, 3-Allegro con brio.*

1. Satz *(Moderato)*: Der erste Satz ist in der Sonatenhauptsatzform geschrieben:

Exposition = *Hauptthema (1-24)*
Überleitungsgruppe (25-56)
Seitenthema (46-61)
Durchführung = *(62-106) Verarbeitung des Materials aus der Exposition.*
Reprise = *(107-171)*

Das Werk beginnt mit einem im ersten Takt vom ganzen Orchester zweimal gespielten Akkord (a 4-5-7), der auf dem makameigenen Tonmaterial des Hauptthemas basiert. Das Hauptthema steht im Makam *Hicaz* auf (a). Der Akkord (a 4-5-7) besteht aus den in Quarten geschichteten Tönen (e-a-d-g) die Grundstellung auf der 1. Stufe vom *Hicaz* auf (a). Er tritt hier in der 1. Umkehrung (a-d-e-g) auf und der Grundton (a) wird verdoppelt.

Beispiel 58: Die Erscheinungsweise des Akkordes (a 4-5-7) in der Streicher.

Ab T. 2 wird das Hauptthema (Abschnitt-A) von dem Solocello im 4/4 Takt eingeführt, während die Streicher ohne 1. Violinen von *pp* den harmonischen Hintergrund spielen.

[215] Ebda. S.80.
[216] CHP= von Atatürk gegründete „Republikanischen Volkspartei“ (CHP).

Beispiel 59: Das Hauptthema, das von dem Solocello eingeführt wird.

Das Hauptthema besteht aus zwei Perioden (a und b). Nach dem zweitaktigen Schlußanhang wiederholt das ganze Orchester in T. 12-14 den Vordersatz von der a-Periode. Die Übergangstakte führen zur b-Periode, die symmetrisch acht Takte andauert.

Abschnitt A = a-Periode: *Vorspiel* (1) *Vordersatz* (2-5) *Nachsatz* (6-9) *Schlußanhang* (10-11)

b-Periode: *Vordersatz* (17-20) *Nachsatz* (21-24)

Beispiel 60: b-Periode (Vordersatz).

Die Überleitungsgruppe in T. 25-46 beginnt mit dem Motiv im Solocello, die aus dem Hauptthema abgeleitet ist. Sie dauert mit den neuen Materialien in Form eines Dialogs zwischen dem Solocello und Orchester an.
Das Seitenthema (Abschnitt-B) im 5/4 Takt, dessen Melodie sich in der Oboe in T. 54 dem Makam *Hüseyni* auf (g) zuwendet, wird ab T. 47 über einem Orgelpunkt in den Hörnern vom Fagott im Dialog mit dem Solocello eingeführt. Fagott, Oboe, Flöte und Klarinette wechseln sich ab.

Abschnitt B = *Vordersatz* (46-51) *Mittelsatz* (52-57) *Nachsatz* (58-61)

Beispiel 61: Die zwei Takte des Seitenthemas.

Die Durchführung beginnt in T. 62. Das Material des Hauptthemas wird verarbeitet und von Flöten, Oboen und Violinen gespielt. Das Tonmaterial der Durchführungsmelodie in T. 62-66 basiert auf dem Makam *Karcığar* auf (fis) und wendet sich in T. 66-69 dem *Hicazkar* auf (h) zu.

Beispiel 62a: Die Melodie der Durchführung ab T. 62 im *Karcığar* auf (fis).

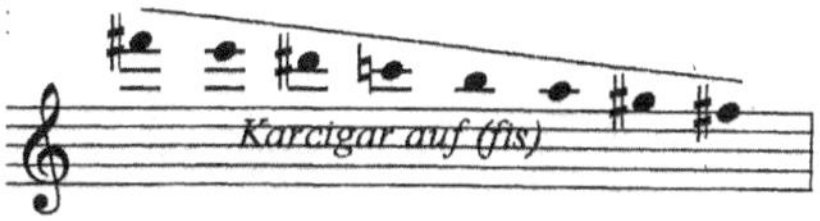

Beispiel 62a1: Der auf den Ton (fis) übertragene Makam-*Karcığar* in der türk. Musik[217].

Bespiel 62b : Die Melodie der Durchführung ab T. 66 im *Hicazkar* auf (h).

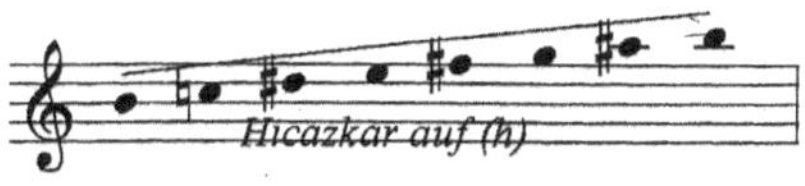

Beispiel 62b1: Der auf den Ton (h) übertragene Makam-*Hicazkar* in der türk. Musik[218].

Ab T. 70 beginnt der zweite Abschnitt der Durchführung in Oboe, Violinen und Viola, die Melodie steht im *Karcığar* auf (cis). Ab T. 83 hört man den dritten Abschnitt im Solocello im Dialog mit Klarinette im *Karcığar* auf (gis). Das Solocello präsentiert in der Durchführung kadenzartige virtuose Spielfiguren.

Die Reprise beginnt in T. 107, das Hauptthema wird von Holzbläsern gespielt. Die Überleitungsgruppe erscheint in T. 130 im Solocello, diesmal einen Ton höher. Das Seitenthema kehrt in T. 151 über einem Orgelpunkt im Solocello

---

[217] Vgl. Zeki Yılmaz, ebda. S.109f.

[218] Ebda., S.154.

und in den Hörnern und in der Oboe wieder und zeigt sich ab T. 160 in zweistimmig kontrapunktischer Weise im Solocello.

Beispiel 63: Das Seitenthema in der kontrapunktischen Weise.

Nach einer langen Kadenz vom Solocello (ab T. 169) endet der 1. Satz zum Schluß mit einer zweitaktigen Melodie in der Hicaz *Quint* auf (a), die vom ganzen Orchester gespielt wird. Der Schlußakkord (a 4-5) besteht aus den in Quarten geschichteten Tönen (e-a-d), und der Grundton (a) wird verdoppelt.

Beispiel 64a: Die Schlußmelodie des 1. Satzes und Hicaz-Quint auf (a)

Beispiel 64b: Der Schlußakkord des 1. Satzes.

2. Satz *(Largo non troppo)*: Der zweite Satz ist in komplizierter dreiteiliger Form geschrieben: **(A B A)**

A =	*Einleitung*	*a-Periode*	*b-Periode*	
(1-42)	*(1-8)*	*(9-24)*	*(25-42)*	
B =	*a-Per.*	*a1-Per.*	*b-Per.*	*(der Teil im Charakter einer Durchführung)*
(43-133)	*(43-51)*	*(50-59)*	*(60-70)*	*(71-133)*

A = (134-156)

CODA (157-177)

Zu Beginn des 2. Satzes tragen die Streicher eine achttaktige Choral-artige Einleitung vor, die meist aus der Schichtung von Quarten-Akkorden besteht. Nach der Einleitung wird das Thema die *a-Periode* des Abschnitts (A) vom Fagott eingeführt (1.Halbsatz 9-16) und vom Solocello wiederholt (2.Halbsatz 17-24). In melodischer Hinsicht basiert die *a-Periode* auf dem Makam *Kürdi* auf (f).

Beispiel 65a: 1.Halbsatz (9-16) des Abschnitt (A) in Fagott.

Beispiel 65b: Der auf (f) transponierte Makam *Kürdi* in der türkischen Musik[219].

Ab T. 25 wird die *b-Periode*, die aus dem Vordersatz (25-28), Mittelsatz (29-34) und Nachsatz (35-42) besteht, vom Solocello im Dialog mit der Viola eingeführt und führt zum Abschnitt (B).
Wenn man mit dem 1.Satz vergleicht, enthält der 2. Satz, *largo non troppo,* mehr tonale Zentren als der 1. Satz. Ein Beispiel dazu ist der Abschnitt (B), dessen Thema nach einem E-Dur Akkord in T. 43 mit einer Melodie in E-Dur in Flöte und 1. Horn beginnt. Das Thema *a-Periode* in Fagott und Horn wird vom Solocello in T. 50-59 wiederholt.

Beispiel 66: Das Thema des Abschnitt (B) in E-Dur in Flöte.

Ab T. 60 wird die *b-Periode* vom Solocello im Dialog mit Flöte und Klarinette eingeführt. Der Teil im Charakter einer Durchführung, in dem die Materialien vom Abschnitt (A) und (B) verarbeitet werden, beginnt in T. 71

[219] Vgl. Zeki Yılmaz. S.115.

im Solocello und den Streichern. Das Thema des Abschnitts (A) taucht ab T. 134 in Flöte, Oboe und Violinen wieder auf, und damit beginnt die Reprise. Die Soloklarinette beginnt in der Coda ab T. 157 mit dem Thema vom Abschnitt (B). Schließlich kehrt das Thema aus dem Abschnitt (A) wieder, um den Satz zu einem sanften Schluß zu bringen. Der 2. Satz endet mit einem F-Dur Akkord in den Streichern.

3. Satz *(Allegro con brio)*: Der letzte Satz im 9/8 Takt-‚*Aksak*' ist der bekannteste Teil des Werkes. Die Stimme des Soloinstruments (Cello) ist in melodischer und rhythmischer Hinsicht sehr charakteristisch geschrieben und erfordert teilweise Virtuosität in den Spielfiguren, die aus der türkischen Musik entwickelt sind. Der Satz ist in Form eines Rondos geschrieben, enthält drei Themen, die wie folgend auftauchen:

A (1-34), **B** (35-64), **A1** (65-74), **C** (75-108), **A2** (109-192).

Das erste Thema (A), das Thema des Rondos oder Kehrreims, das im Verlauf des Satzes wie eine Erinnerung auftaucht, besteht aus drei Perioden:

A =	*a-Periode*	*b-Periode*	*a1-Periode*
	(1-12)	(13-26)	(27-34)

Das Thema des Rondos beginnt nach einer viertaktigen Einleitung in Bläsern und Streichern in T.5 und wird vom Soloinstrument eingeführt. Das Thema des Rondos, dessen Melodie im Makam *Hicaz* auf (a) steht, wird in T. 9-12 vom ganzen Orchester wiederholt.

Beispiel 67: Das Thema des Rondos im Soloinstrument.

In der *b-Periode* in T. 13-26 hat das Soloinstrument die Spielfiguren im 16teln. Die Wiederholung der *a-Periode* führt zum zweiten Thema (B). Das zweite Thema wird in T. 35 vom Soloinstrument eingeführt und besteht aus drei Teilen: 1.Teil (35-44), 2. Teil (45-52) und 3. Teil (53-64). Die Melodie des 2. Teils in T.45-48 im Soloinstrument basiert auf dem Makam *Nikriz* auf (es) und des 3. Teils in T. 53-56 im Soloinstrument in der Flöte und Klarinette auf dem Makam *Hicaz* auf (e) und in T. 57-64 im Horn und im Soloinstrument auf dem Makam *Hüzzam* auf (cis).

Beispiel 68: Die Melodie des 2. Teils im Makam *Nikriz* auf (es).

Beispiel 68a: Der auf den Ton (es) übertragene Makam-Nikriz in der türk. Musik[220].

In T. 65-74 (A1) erklingt das erste Thema als Kehrreim im ganzen Orchester. Das dritte Thema (C) wird von der Klarinette und vom Fagott in T. 75 eingeführt (1.Halbsatz der *a-Periode*) und besteht aus drei *Perioden* und einer Überleitungspassage:

a-Periode:	1.Halbsatz (75-78)	2.Halbsatz (79-82)
b-Periode:	1.Halbsatz (83-86)	2.Halbsatz (87-90)
c-Periode:	1.Halbsatz (91-94)	2.Halbsatz (95-98)
Überleitungspassage:	1.Halbsatz (99-101)	2.Halbsatz (102-108)

Beispiel 69: Die Melodie vom dritten Thema (C), 1.Halbsatz.

Die *b-Periode* wird in T. 83 von der Viola eingeführt (1.Halbsatz), den 2. Halbsatz spielt das Soloinstrument. Der 1. Halbsatz der *c-Periode* in T. 91-94 im Soloinstrument wird aus dem ersten Thema (A) des Rondos abgeleitet und der 2. Halbsatz ist die Wiederholung des 2. Halbsatz der *b-Periode*. Im 1. Halbsatz der Überleitungspassage wird der 1. Halbsatz der *c-Periode* vom

[220] Vgl. Kemal Ilerici, (1970) S.194f.

Soloinstrument einen Halbton höher wiederholt und im 2. Halbsatz wird der 1. Halbsatz der *a-Periode* verarbeitet.

Beispiel 70: Die Melodie der *bPeriode*, 1.Halbsatz.

Der Teil (A2) in T. 109-193 zeigt in sich einen Durchführungscharakter. In dieser Hinsicht werden hier alle drei Themen des Rondos verarbeitet. Der energische Einsatz des Orchesters ab T. 172 verstärkt die Spannung. Bald erreicht die Spannung den Höhepunkt und damit endet das Werk mit einem kraftvollen Abschluß.

* * *

II. 2. 4. 4. „Konzert für Kanun[221] (Zither) und Streicher“:

Das Kanunkonzert plante Alnar schon früher, aber erst 1944 begann er es niederzuschreiben, 1951 vollendete er das Werk. Die Uraufführung wurde am 23. September 1951 vom Wiener Sinfonieorchester im Wiener Rundfunk verwirklicht, wobei Alnar selbst der Solist war. Es wurde gleichzeitig von dort übertragen. Das Kanunkonzert ist sein bekanntestes Werk, und er war der erste Komponist in der Welt[222], der für das Kanun ein Konzert schrieb. Später änderte Alnar den dritten Teil und vollendete so 1958 das Stück. Im selben Jahr wurde das Kanunkonzert in seiner letzten Form, in Begleitung des Streichquartetts in der österreichischen Botschaft von Ankara aufgeführt. Hierbei war Alnar wiederum der Solist.[223] Das Kanunkonzert spielte bei der Entwicklung der Spieltechnik des Instrumentes eine wichtige Rolle. Da Alnar ein virtuoser Kanunspieler war, verwendete er schwierige Techniken für das Kanun in seinem Werk. Zum Beispiel: *Legato mit lückenlosen Tremoli, Glissandi, Arpeggien, Vibrato und sogar Akkorde.*[224]

---

[221] Das Kanun (Zither) ist ein klassisches türkisches Instrument und wird in der traditionellen türkischen Musik gespielt.

[222] Ein zweites Kanunkonzert wurde nach Alnar von einem sowjetischen Komponist, Khatschatur Avedisyan geschrieben. Nach Ruhi Ayangil (siehe Fußnote 187 in diesem Kapitel), der als Solist Alnars Konzert in vielen Aufführungen im Inland und auch Ausland gespielt hat, ist Alnars Konzert noch umfangreicher. Vgl. Ayhan Sarı, „Evrensel Müzik Yaşamında İlk Kanun Konçertosu“ (Das erste Kanunkonzert in der internationaler Musik), in ‚Orkestra‘ Nr.177 (1988), S.47.

[223] Vgl. Erdoğan Okyay, (1999), S.134.

[224] Vgl. Ayhan Sarı, (1988), S.45.

1. Satz *(Moderato)*: Der erste Satz ist in einer Sonatenhauptsatzform geschrieben:

Exposition = *Hauptthema (1-19)*
Überleitungspassage (20-23)
Seitenthema (24-35)
Schlußpassage (36-41)

Durchführung = *Verarbeitung der Themen in der Exposition (42-73)*

Reprise = *(74-108)*

Das Werk beginnt mit dem Hauptthema im 4/4 Takt, das vom ganzen Orchester als *unisono* eingeführt wird. Das Hauptthema im Makam *Rast* auf (f) besteht aus einer *Periode*, die zwei Sätze hat: 1.Vordersatz (1-4), 2.Nachsatz (4-8). Nach der Einführung der *Periode* im ganzen Orchester, wird sie in T. 9-19 vom Kanun wiederholt. Der 2. Satz (in T. 12-19) zeigt einen Durchführungscharakter und wird im Dialog mit den Violinen gespielt.

Beispiel 71: Das Hauptthema, das im Makam Rast auf (f) steht.

Beispiel 71a: Der auf den Ton (f) übertragene Makam-Rast in der türk. Musik[225].

Die Überleitungspassage in T. 20-23, deren Melodie im Makam *Hicazkar* auf (c) steht, führt zum Seitenthema.

Beispiel 72: Die Melodie der Überleitungspassage, die im Makam *Hicazkar* steht.

225 Vgl., Kemal Ilerici (1970), S.141.

Beispiel 72a: Der auf den Ton (c) übertragene Makam-Hicazkar in der türk. Musik[226].

Das Seitenthema wird in einer *Nivavend*-artigen Leiter (Makam ähnlich) auf (h) in T. 24 vom Kanun eingeführt und seine Melodie wird ab T. 28 von Viola und Cello imitiert. Die vom Kanun gespielte absteigende Melodie in T. 31 steht im Makam *Hicaz* auf (a) und endet nicht mit dem Grundton (a) des Makams, sondern mit der 2. Stufe (b).

Beispiel 73: Die Melodie des Seitenthemas im Kanun.

Beispiel 74: Die absteigende Melodie im Makam *Hicaz* auf (a).

Beispiel 74a: Der auf den Ton (a) übertragene Makam-*Hicaz* in der türk. Musik[227].

Nach einer sechstaktigen Schlußpassage, in der das Kanun die von der ersten Violine und Viola gespielten Melodie imitiert, beginnt der Durchführungsteil in T. 42. Am Beginn der Durchführung wird das ursprüngliche Motiv des Hauptthemas durch die Imitation ausgestellt: in T.42-43 in der Viola, in T. 44 in der 2.Violine, in T. 45 in der 1. Violine und in T. 46 wieder in der 2. Violine. In T. 51- 57 verarbeitet das Kanun die Melodie der Schlußpassage, deren Melodie auf dem Makam *Hüseyni* auf (a) basiert.

---

[226] Vgl. Zeki Yılmaz, S.154.
[227] Ebda., S. 92f.

Beispiel 75: Die Melodie auf dem Makam *Hüseyni.*

Beispiel 75a: Der auf den Ton (a) stehende Makam-Hüseyni in der türk. Musik[228].

Ab T. 61 wird das Material des Seitenthemas wieder vom Kanun verarbeitet. Das Hauptthema kommt in T. 68 zurück und wird imitierend behandelt. Die Reprise beginnt in T. 74 mit dem Hauptthema, diesmal wird der zweite Satz der ersten Periode im Unterschied zur Exposition variert. Das Seitenthema taucht ab T. 94 wieder auf. Nach einer langen Kadenz vom Kanun ab T. 103 ertönt die sechstaktige Melodie der Schlußpassage in T.36-41 wieder, diesmal einen Ton tiefer auf (c) und bringt den 1. Satz mit Tremolo als *unison* auf (f) zum Schluß.

2. Satz *(Lento non troppo)*: Der zweite Satz ist in einer dreiteiligen Form geschrieben. **(A B A)**

A	**B**	**A1**
(1-40)	(41-75)	(76-107)

Der Satz beginnt mit einer „*Taksim*“[229]-artigen Melodie (das Thema des Abschnitts A) im Makam *Saba* auf (a), das vom Cello im Dialog mit dem Kanun im langsamen Tempo gespielt wird.

Beispiel 76: Das Thema des Taksims im Makam *Saba* im Cello.

[228] Vgl. Zeki Yılmaz, S.106f.

[229] Der„Taksim“, der eine der instrumentalen Gattungen der türkischen traditionellen Musik ist, ist eine improvisierte Instrumentalstimme, die vor einem komponierten Stück gespielt wird und in die Makam-Atmosphäre des nachfolgenden Stückes hineinleitet. Vgl. Tahsin Incirci, „Musik der Türkei/Türk Müziği“ (1982), S.21f.

Beispiel 76a: Der Makam-Saba auf (a) in der türk. Musik.[230]

Ab T. 23 wiederholt die 1. Violine das Thema des Taksims im gleichen Makam im Dialog mit dem Cello. Nach dem Überleitungsteil in T.29-40 wird Abschnitt B vom Kanun eingeführt. Das Thema des Abschnitts B beginnt im Makam *Hicaz* auf (d), während die Streicher mit dem Akkord (d 4-5) begleiten, und wendet sich in T.47-48 dem Makam *Hicazkar* auf (d) zu.

Beispiel 77: Das Thema des Abschnitts B im Makam *Hicaz* im Kanun.

Beispiel 77a: Der auf den Ton (d) übertragene Makam-Hicaz in der türk. Musik[231].

Ab T. 49 wiederholt das Kanun das Thema des Abschnitts B. Diesmal steht das Thema in einer *Uşşak* wirkenden Leiter auf (d) und die Streicher begleiten mit dem gleichen Akkord (d 4-5).
Die Reprise (Abschnitt A1) beginnt in T.76 mit dem Taksim im Kanun, im gleichen Makam wie zum Beginn. Ab T.99 kommt der Taksim ein letztes Mal in der 1. Violine und bringt den Satz zu einem ruhigen Schluß.

3. Satz *(Allegro poco moderato)*: Wie der erste Satz ist dieser Satz auch in Sonatenform geschrieben.

Exposition =	*1. Thema (1-32)*
	2. Thema (33-68)
	Schlußgruppe (69-124
Durchführung =	*Verarbeitung des Material aus der Exposition und neues Material (125-224)*
Reprise =	*(225-288)*

[230] Vgl. Kemal Ilerici, S.224f.
[231] Ebda., S.199f.

Der dritte Satz beginnt mit einer viertaktigen Einleitung, die von den Streichern ohne Kontrabaß als *unisono* gespielt wird und zum ersten Thema führt. Das erste Thema wird in T. 5 vom Kanun eingeführt. Währenddessen begleiten die Streicher mit den Akkorden, die aus den in Quarten geschichteten Tönen bestehen. Die Melodie des ersten Themas beruht auf der türkischen Volksmusik und besteht aus zwei Perioden: *a-Periode* (5-12) und *b-Periode* (21-29). Die *a-Periode* wird in T. 13-19 vom Kanun wiederholt.

Beispiel 78: Das vom Kanun eingeführte erste Thema.

Das zweite Thema im Makam *Nikriz* auf (f) wird nach einer viertaktigen Überleitungspassage vom Kanun in T.33 eingeführt und besteht aus zwei Perioden: *a- Periode* (33-41) und *b-Periode* (49-61). Die *a-Periode* wird in T.41-49 von den Violinen wiederholt. Wie beim ersten Thema besteht die Begleitung des zweiten Themas auch aus den in Quarten geschichteten Tönen.

Beispiel 79: Das zweite Thema im Makam *Nikriz*

Die b-Periode begleiten die Streicher mit den gemischten Akkorden: wie z.B. h-Moll in T.49 und 51, in Quarten geschichteten Tönen (gis-cis-fis) -Grundstellung- in T. 53 und 55, (cis-fis-h) in T. 57 und 59. Die Schlußgruppe in T.69-125 führt zur Durchführung, in der die Materialien aus der Exposition und neue Materialien (ab T.137 u. 153) verarbeitet werden.

Das erste Thema erscheint wieder mit Variationen in T. 225 in der ersten Violine und wird sofort an das Kanun weitergegeben. Damit beginnt die Reprise. Die Melodie des ersten Themas in der Reprise basiert diesmal auf dem Makam *Segah* auf (a). Zum Abschluß (in T.257) taucht plötzlich das Hauptthema des Werkes auf, wie am Anfang im Makam *Rast* auf (f). Das rhythmische und melodische Gewebe das Hauptthemas wird hier vergrößert (siehe Bsp.80). Es wird vom ganzen Orchester gespielt und endet auch so.

Beispiel 80: In rhythmischer und melodischer Hinsicht vergrößerte Hauptthema.

II. 2. 5. Verzeichnis der Werke

Werke für Gesang und Orchester:
„Drei Lieder" für Sopran und Orchester, 1948

Orchesterwerke:
„Romantische Ouvertüre", 1932
„Präludium und zwei Tänze", 1935
„Türkische Suite", 1936
„Istanbul- Suite", 1937-1938

Konzerte:
Konzert für Cello und Orchester, 1943
Konzert für Kanun (Zither) und Streicher, 1944-1951

Begleitmusik: (Incidental music)
„Yalova Türküsü", 1932
„Sarı Zeybek", 1932
„Musik für Goethes Faust", 1944

Kammermusik:
Trio „Phantasie", 1929
„Suite" für Violine und Klavier, 1930
„Streichquartett", 1933

Filmmusik:
„Istanbul Sokakları", 1931
„Namık Kemal", 1949
„Halıcı Kız", 1953

Traditionelle türkische Musik:
„Kelebek Zabit",einstimmige Operette, 1922 (Alnars erste Komposition)
„10 Saz Semaisi", 1926
„Beyati Araban Peşrev", 1927
„Beyati Araban Saz Semaisi", 1927
„Segâh Peşrev", 1927[232]

[232] Alle diese Angaben finden sich: Evin İlyasoğlu, „25 Türk Bestecisi" (Twenty-Five Turkish Composers), Istanbul (1989), S.28.

II. 2. 6. Ausgewählte Diskographie

„Präludium und zwei Tänze"
(Radiosinfonieorchester Moskau – Leitung: Hikmet Şimşek)
RAKS-Turkey 9713661 (SD 05) (1993)

„Acht Türkische Stücke für Kavier in Suitenform"
(Solist: Vedat Kosal)
PHIL. LIP VERLAG Gmbh – München (1997)

„Konzert für Kanun (Zither) und Streicher"
„Suite für Violine und Klavier"
„Klaviertrio"
(Solisten: Cihat Askin – Violine, Mehru Ensari – Klavier,
Gülgün Akagün Sarisözen – Cello, Tahir Aydogdu – Kanun;
Anatolisches Sreichquartett)
YESA YS 005-Turkey (2000)

II. 3. Ulvi Cemal Erkin

Erkin war nicht nur Komponist, sondern auch Dirigent und hervorragender Pianist. Er war der einzige Komponist, dessen Werke alle in der Türkei aufgeführt wurden. Viele seiner Kompositionen wurden aber auch im Ausland aufgeführt. Bei jeder Aufführung erweckten seine Werke wie die 'Sinfonietta', die '2. Sinfonie', das 'Violinkonzert' und das 'Klavierkonzert' Aufmerksamkeit und Bewunderung. Die Inspirationsquelle seiner Werke waren die einfachen türkischen Melodien, mit denen er harmonische Kompositionen schuf. In seinen Werken spielte der rhythmische Aufbau eine wichtige Rolle und er verwendete oft die „Aksak" (hinkende) Rhythmen der türkischen Musik. Eine weitere Besonderheit Erkins war, daß er auch ein guter Klavierlehrer war. Während seiner Lehrertätigkeit unterrichtete er viele Schüler, von denen eine große Anzahl später im türkischen Musikleben bekannt wurden[233]. Erkin, der 1971 Staatskünstler wurde, erhielt auch von der fransözischen Regierung die Auszeichnung „Légion d'honneur"[234]. Nach 1960 bekam er die Aufgabe, die Erziehung von außergewöhnlich musikbegabten Kindern zu leiten. Zusammen mit seiner Frau Ferhunde Erkin, die ebenfalls eine gute Pianisten war, gab Erkin auch im Ausland Konzerte und dirigierte dabei seine eigenen Werke[235]. Nach der Gründung der „Staatsoper Ankara" übersetzte er zusammen mit Necil Kazim Akses zahlreiche bekannte Opern, ins Türkische. Einige dieser Werke hießen:

[233] Vgl. Koral Çalgan, „Duyuşlar"-U. C. Erkin", (1991). S.179.
[234] Evin İlyasoğlu, (1989), S.22.
[235] Vgl. Gültekin Oransay (1965), S.35ff.

'Fidelio', 'Manon', 'Carmen', 'Aida', 'Il barbiere di Siviglia', 'La Bohéme', 'Faust', 'Salome', 'La Sonnambula', 'Porgy und Bess', 'Cavalleria Rusticana Othello'[236].

II. 3. 1. Kurze Biographie

Ulvi Cemal Erkin wurde am 14. März 1906 in Istanbul geboren. Sein Vater Mehmet Cemal war während des Osmanischen Reiches als Beamter tätig. Seine Mutter, die eine ausgebildete Hausfrau war, spielte Klavier und sprach französisch. Ulvi Cemal war der jüngste von den drei Brüdern. Da sein Vater ein vielbeschäftigter Mann war, übernahm die Mutter die ganze Verantwortung bei der Erziehung ihrer drei Söhne. Da im Haus die Mutter Klavier und die Brüder Feridun und Adnan[237] Geige spielten, beeinflußte diese musikalische Atmosphäre den jungen Ulvi Cemal sehr. Durch seine

---

[236] Vgl. Fehamettin Özgüç, in: 'Filarmoni Dergisi' Nr.76 (Nov. 1972), S.5ff.

[237] Seine Brüder Feridun und Adnan hatten die Musik nicht zu ihrem Beruf gemacht. Feridun Cemal absolvierte sein Jurastudium in Paris und bekam später die Position des Botschafters im Außenministerium in der Türkei. 1962-1965 wurde er Außenminister. Adnan Cemal arbeitete nach seinem Studium zuerst als Bankbeamter und nachher als freier Unternehmer. Vgl. Koral Çalgan, „U. C. Erkin'e Armağan" (Gabe an U. C. Erkin), (1991), S.8.

Mutter, orientierte er sich am Klavier und erhielt den ersten Klavierunterricht von ihr. Seinen ersten regelmäßigen Klavierunterricht bekam Ulvi Cemal mit sieben Jahren von einem Franzosen namens Mercenier. Damals war Mercenier durch einige seiner Werke in Istanbul als Komponist und Pianist bekannt. Auch nach seiner Einschulung in die Grundschule nahm Ulvi Cemal weiterhin bei Mercenier Klavierunterricht. Später wechselte er seinen Lehrer und begann beim Italiener Adinolfi Unterricht zu nehmen. Adinolfi, der vorher in Izmir lebte, zog nach Istanbul und wurde dort zu einem der bekanntesten Klavierlehrer. Er unterrichtete in Istanbul zahlreiche Schüler, die später berühmt wurden, wie zum Beispiel Ulvi Cemal Erkin[238]. Durch Adinolfi machte Ulvi Cemal in kurzer Zeit am Klavier große Fortschritte. Ihm wurde bewußt, wie wichtig diese Sache für ihn war, und war ein sehr disziplinierte Schüler. Nach seiner Mittleren Reife besuchte er das französischsprachige Galatasaray Gymnasium, wo er auch als Schüler erfolgreich war. Zur dieser Zeit schenkte das Galatasaray Gymnasium der westlichen Musik mehr Aufmerksamkeit, und in dieser Hinsicht spielten die Musiklehrer dieser Schule, die Brüder Seyfettin und Sezai Asal eine große Rolle, da sie ihre Musikausbildung in Österreich absolviert hatten. In der Schule wurde ein kleines Streichorchester gegründet, und man veranstaltete Konzerte, um das Interesse der Schüler zu wecken. Außerdem gründete man mit den Schülern Quartette oder Quintette, die verschiedene Kammermusikwerke von Haydn, Mozart und Schubert spielten[239]. Durch solche Aktivitäten lernte Erkin viele Werke von zahlreichen Komponisten kennen. Seine Musikliebe stärkte sich und er lernte disziplinierter. Außerhalb der Schule, in seiner Freizeit, beschäftigte er sich mit Freunden in Bakırköy bei Istanbul, wo er geboren wurde und aufwuchs, auch mit Musik und brachte so im Laufe der Zeit ein Ensemble hervor, in dem auch andere Musiker aus anderen Bereichen der Stadt mitwirkten. Dieses Ensemble versammelte sich zweimal in der Woche im Hause des reichen Bankiers Suat, der selbst ein Amateur-Musiker war, um die Werke von verschiedenen Komponisten zu spielen. In diesem Ensemble befanden sich außer Erkin auch Mahmut Ragip Gazimihal, Feridun Cemal Erkin und Mercenier, die sich später in verschiedenen Bereichen profilierten[240]. Der Musikwissenschaftler M. R. Gazimihal äußerte sich 1935 in einer Zeitschrift dazu, welche Fortschritte sie mit dieser Zusammenarbeit gemacht hatten: „Bei dieser Zusammenarbeit bearbeiteten und spielten wir zweimal in der Woche zahlreiche Werke von Verdi, Bizet, Gaunod, Haydn, Mozart, Beethoven, Chopin und Liszt. Unsere ersten Grundkenntnisse der Musikkultur gewannen wir bei unserer Zusammenarbeit“[241].

---

[238] Vgl. Koral Çalgan, „Duyuşlar-U. C. Erkin“, (1991), S.20.
[239] Vgl. Nadir Nadi, „Dostum Mozart“ (Mein Freund Mozart), Istanbul (1986), S.17f.
[240] Koral Çalgan, „Duyuşlar“, S.23.
[241] Ebda S.23f.

II. 3. 2. Pariser Konservatorium und „Ecole Normale de Musique“

Als das Osmanische Reich zugrunde ging und 1923 die türkische Republik von Atatürk gegründet wurde, war Ulvi Cemal Erkin 17 Jahre jung und besuchte das Gymnasium. Mit dieser Neugründung gingen viele Reformen einher, sodaß auch im Musikbereich gewaltige Veränderungen vollzogen wurden. Der Staat ermöglichte zum Beispiel musikalisch begabten Schülern, nach einer erfolgreich abgelegten Prüfung in Form eines Wettbewerbes ihre Ausbildung in den verschiedenen europäischen Städten wie Paris, Berlin, Prag, Budapest als Künstler oder Lehrer fortzuführen[242]. Der erste dieser Wettbewerbe wurde 1925 vom Erziehungsministerium durchgeführt. Einer dieser drei Gewinner war der 19 jährige Erkin, der nun seine Ausbildung in Paris fortführen wollte. Da er im Galatasaray Gymnasium Französisch gelernt hatte, hatte er keine Sprachprobleme. Um aber auf akademischem Niveau Klavier spielen zu können, mußte er viel üben. Deshalb nahm er zunächst in Paris anderthalb Jahre privaten Klavierunterricht, um sich auf die Aufnahmeprüfung des Konservatoriums vorzubereiten. Trotz dieser schwierigen Aufnahmeprüfungen erreichte Erkin sein Ziel und wurde in das Pariser Konservatorium aufgenommen[243].

An diesem Konservatorium studierte Erkin bei verschiedenen Lehrern, von denen er unterschiedlich profitierte. Zunächst nahm er bei Jean Batalla Klavierunterricht und bei seinem Assistenten Beduin Klavier- und Harmonieunterricht. Später bekam er von Isidor Philipp und Camille Decreus Klavierunterricht, von Jean Gallon Harmonielehre und von dessen Bruder Noel Gallon Kontrapunktunterricht. Später wechselte Erkin die Schule und führte seine Ausbildung in der „Ecole Normale de Musique“ fort. In der neuen Schule arbeitete Erkin weiterhin mit Jean Gallon und von Nadia Boulanger[244] erhielt er Kompositionsunterricht[245]. Boulanger war für Erkin die wichtigste Lehrerin, von der am meisten profitieren konnte. Erkin beendete seine fünfjährige Ausbildung im Pariser Konservatorium und in der „Ecole Normale de Musique“ erfolgreich und erhielt sein Abschlußdiplom. Erkins damalige erfolgreiche Abschlußprüfung und Leistungen in der Schule wurden 1930 in der Juli Ausgabe der Zeitschrift „Monde Musical“, mit Lobausdrücken berichtet[246].

---

[242] Vgl. das Kapitel, I. 3.

[243] Vgl. Koral Çalgan, (Gabe an Erkin), S.11f.

[244] Nadia Boulanger ist eine der bekanntesten Kompositionslehrerinnen des 20. Jahrhunderts. Sie war Schülerin von Gabriel Fauré, und als erste weibliche Dirigentin gab sie 1937 mit dem „Londoner königlichen Philharmonieorchester“ zahlreiche Konzerte und 1938 leitete sie das „Philharmonieorchester New York“, das „Sinfonieorchester Boston“ und das „Sinfonieorchester Philadelphia“. In Amerika war sie viele Jahre als Kompositionslehrerin tätig. Nadia Boulanger unterrichtete viele bekannte Komponisten wie Aaron Copland, Jean Françaix, Conrad Beck, Darius Milhaud, Igor Markevitch, Walter Piston, Lea Pregor und Roy Harris und türkische Komponisten wie Ulvi Cemal Erkin, Mithat Fenmen, Nevit Kodallı sowie die Pianistin Idil Biret. Vgl. MGG, Bd.15, Artikel „N. Boulanger“, S.1005f.; ferner Koral Çalgan, (Duyuşlar), S.29f.

[245] Vgl. Ahmet Say, (Lexikon der Musik) Artikel „Erkin“, Bd.2, S.483.

[246] Koral Çalgan, (Gabe an Erkin), S.12.

Erkin kehrte 1930, nach seiner erfolgreichen Ausbildung in Paris, nach Ankara zurück. Im September desselben Jahres begann er, im Musiklehrerseminar von Ankara als Klavier- und Harmonielehrer zu arbeiten. Zu dieser Zeit befand sich die Türkei im zeitgenössischen Musikbereich noch in den Anfängen. Man hatte nicht die nötigen Musikeinrichtungen gegründet. Damals war es für die neu ins Leben gerufene junge türkische Republik sehr wichtig, gut ausgebildete Musiker wie Erkin zu haben. Von den „Türkischen Fünf", die ihre Ausbildung im Ausland vollendeten, gingen Cemal Reşit Rey und Hasan Ferit Alnar nach ihrer Rückkehr nach Istanbul und Ulvi Cemal Erkin, Ahmet Adnan Saygun und Necil Kazim Akses nach Ankara, um dort die zeitgenössische türkische Musik weiter zu entwickeln und zu verbreiten[247]. Mit Beginn seiner Lehrertätigkeit in Ankara fing zugleich auch sein aktives Engagement der Verbreitung der mehrstimmigen Musik an. Überdies trat er als Pianist mit einem Orchester oder als Klavierbegleiter für Solisten auf oder er spielte seine eigenen Stücke, um sich bekannter zu machen[248].

II. 3. 3. Heirat mit Ferhunde Erkin

Erkin heiratete am 29. September 1932 die Pianistin Ferhunde Erkin[249]. Seit dieser Heirat war nun seine Ehefrau Ferhunde, die auch die beste Interpretin seiner Klavierstücke war, die Inspirationsquelle seiner Werke. Neben ihrer Tätigkeit als Klavierlehrerin gab sie mit ihrem Man in In- und Ausland oftmals Konzerte. Bei solchen Konzerten spielte sie meistens die Werke ihres Mannes, um die türkischen Komponisten bekannt zu machen. Ihr interessantestes Konzert, daß sie gab, fand am 18. Oktober 1943 während Bombenangriffen auf Berlin statt. Das Klavierkonzert wurde hier unter der Leitung von Fritz Zaun vom *„Städtischen Orchester Berlin"* aufgeführt und der bekannte deutsche Pianist Wilhelm Kempf gratulierte ihr. In den Medien erhielt sie anerkennende Kritiken. Im selben Jahr noch (1943) bekam Ulvi Cemal Erkin für das „1. Klavierkonzert" eine Auszeichnung der „Republikanischen Volkspartei" (CHP)[250].

---

[247] Koral Çalgan, „Duyuşlar", S.30ff.
[248] Vgl. Koral Çalgan, „Gabe an Erkin", S.13.
[249] Ferhunde (Atak) Erkin wurde 1909 in Istanbul geboren, bekam ihren ersten Klavierunterricht bei Anesti und später bei dem damals bekannten Lehrer Hege. In Ihrem ersten Konzert in Istanbul, spielte sie die F-Dur Romanze von Beethoven. 1928 bekam F. Erkin ein Stipendium der „Alexander von Humboldt Stiftung" und wurde die Schülerin von Otto Weinreich im Leipziger Konservatorium. 1931 machte sie ihre Abschlußprüfung und kehrte nach Ankara zurück, wo sie U. C. Erkin heiratete. Vgl. Ahmet Say, Bd.2, Artikel „Ferhunde Erkin", S.481f.: ebenso Koral Çalgan (Duyuşlar), S.131f.
[250] Ebda.

II. 3. 4. Andere Tätigkeiten

Da Erkin eine besondere Zuneigung zum Konservatorium verspürte, war er von 1949-1951 der Direktor dieser Einrichtung. Außerdem leitete er lange Jahre das „Orchester des Konservatoriums“ und das „Opernorchester Ankara“. Als Klavierlehrer im „Gazi Institut“ war er 25 Jahre tätig. Nach der Gründung des „Staatlichen Konservatorium Ankara“ von 1936-1937, wurde Erkin zum Leiter der Klavierabteilung ernannt. In seiner 42 jährigen Klavierlehrertätigkeit bildete er zahlreiche Pianisten, die später im Musikleben der Türkei eine wichtige Rolle spielen sollten, heran[251]. In den 60er Jahren nahm er die Aufgabe auf sich, musikalisch begabte Kinder zu erziehen und diese Tätigkeit zu beaufsichtigen. Nach 1964 war er einige Zeit in der Abteilung der westlichen Musiksendungen im Türkischen Rundfunk (TRT) tätig. 1971 ging Erkin in Pension. Aber mit einer Sondergenehmigung führte er seine Tätigkeit im Konservatorium weiter[252]. In Zusammenarbeit mit Necil Kazim Akses übersetzten sie viele berühmte Opern und erweiterten somit das Repertoire des Opernhauses Ankara; sie spielten bei der Wahl und bei der Inszenierung von bekannten Opern eine bedeutende Rolle[253]. Während seines Künstlerdaseins erhielt Erkin in In- und Ausland Auszeichnungen und Medaillen. Am 12. April 1950 erhielt er die Medaille der „Palme Académique“ vom frazösischen Erziehungsministerium, am 21. März 1959 die Medaille „Légion d’honneur“ der frazösischen Regierung, mit dem Rang „Ritter“, am 27. Dezember 1963 die Medaille „Ordine Al Merito della Repubblica Italiano“, im Rang „Ufficiale“, in Italien, am 23. Dezember 1970 die Medaille „Légion d’honneur“ der französischen Regierung, mit dem Rang „Officier“[254]. 1971 wurde Erkin „Staatskünstler“ in der Türkei[255]. Zu Beginn der 70er Jahre verschlechterte sich Erkins Gesundheit. Am 15. September 1972 starb er in Ankara.

II. 3. 5. Die Kompositionen Erkins

Nach dem Komponisten Veysel Arseven ist Erkin derjenige der „Türkischen Fünf“, der sich am häufigsten mit den Elementen der türkischen Volksmusik beschäftigt hat, sie in seinen Werken bearbeitete. Somit gehört Erkin zu den Komponisten, die in ihren Werken am stärksten die nationale türkische Musik präsentierten. Er benutzte die charakteristischsten der „Aksak“- Rhythmen und die schönsten Töne der Volksmusik in seinen Werken[256].

---

[251] Ahmet Say, (Lexikon der Musik), Artikel „Erkin“, Bd. 2, S.484.
[252] Koral Çalgan, (Duyuşlar), S.179f.
[253] Ebda., S.160f.
[254] Ebda., S.180f.
[255] Ebda., S.179,.
[256] Vgl. V. Arseven, „U. C. Erkin“, in: „U. C. Erkin‘e Armağan“ (Festschrift Erkin), Ankara 1991, S.183f..

Der Komponist Bülent Tarcan berichtete in seinem Kommentar über Erkins Schaffen: „Erkin war ein Komponist, der mit leichteren türkischen Melodien harmonische Kompositionen schuf, die man sich sofort und leicht einprägen könnte“[257]. Erkin verwendete auch die Makame der traditionellen türkischen Musik deutlich oder abstrakt in seinen Werken. Daß er die Elemente der türkischen Volksmusik und die Makame der traditionellen Musik gut beherrschte und meisterhaft verstand, sie einzusetzen, war eine charakteristische Besonderheit seines Komponierens. Erkin konnte die Eigenschaften der Volks- und traditionellen Musik in Beziehung auf Melodie, Rhythmen und Harmonie gut miteinander verknüpfen. Über seine ersten Werke las man damals in den Medien des öfteren Kritiken, wie z.B., daß er im Einfluß der *Spätromantik* und des *Impressionismus* seine Stücke schuf[258]. Nach Önder Kütahyalı erkennt man in Erkins Werken tatsächlich den Impressionismus von Debussy und Ravel[259]. Da Erkin seine Musikausbildung in Frankreich bekommen hatte, war es selbstverständlich, daß er von französischen Komponisten beeinflußt wurde.

Nach der ersten Phase, in der ihn die Impressionisten Debussy und Ravel beeinflußt hatten, entwickelte er mit der Zeit seinen eigenen Stil und erreichte eine bestimmte Reife. Die Verwendung der charakteristischsten „Aksak“-Rhythmen (hinkende Taktarten), der aus den makameigenen Tönen bestehenden Akkorde, die Suche nach originalen türkischen Harmonien und seine improvisierte Spielweise, die er durch die türkische Musik erworben hatte, sind seine bestimmenden Stilmerkmale[260]. Meistens stehen die ersten Teile seiner Sonaten, Konzerte und Sinfonien unter dem Einfluß der westlichen Musik; die anderen Teile basieren auf Elementen der türkischen Volksmusik. Obwohl Erkin in seinen Werken meistens die klassische Form benutzte, folgten auch gelegentlich gemäß seinem Stil Abweichungen. Die langsamen Sätze beinhalten die Charakteristik der Trauerlieder, die lebendigen letzten Sätze dagegen die Charakteristik der *Köçekçe*[261] oder *Horon*[262] Musik[263].

Seine ersten Werke, „Zwei Tänze[264]“ für großes Orchester 1930 und „Wiegenlied, Improvisation und Zeybek Lied[265]“ für Violine und Klavier

---

[257] B. Tarcan, „Türk Kuartetleri“ (Türkische Quartette), in: ‚Orkestra‘ Nr. 71 (1969), S.6.

[258] Vgl. Koral Çalgan, „Duyuşlar-U.C.Erkin“, (1991), S.112.

[259] Vgl. Ö. Kütahyalı, „Çağdaş Müzik Tarihi“ (Geschichte der zeitgenössischen Musik), Ankara 1981, S.107.

[260] Vgl. Fehamettin Özgüç, „U. C. Erkin“, in: (Festschrift Erkin), 1991, S.185.

[261] Siehe Fußnote 277.

[262] „Horon“ ist ein charakteristischer Volkstanz am östlichen Schwarzmeergebiet der Türkei, dessen Begleitmusik im 7/8 Takt sehr schnell gespielt wir.

[263] Fehamettin Özgüç, ebda.

[264] „Zwei Tänze“ besteht aus zwei verschiedenen Stücken und wurde am 6. März 1931 unter der Leitung von Zeki Üngör vom „Sinfonieorchester des Staatspräsidenten“ in Ankara“ uraufgeführt. Vgl. Koral Çalgan, „Duyuşlar-U.C.Erkin“, (1991), S.192.

[265] Das Stück komponierte Erkin zuerst als zweiteiliges Stück in Paris und fügte 1932 in Ankara den letzten Teil „Improvisation“ hinzu. Die Uraufführung von „Wiegenlied, Improvisation und Zeybek Lied“ wurde komplett 1932 in Ankara von Erkin und vom bekannten türkischen Violinisten Necdet Remzi Atak, der seine Musikausbildung in Deutschland gemacht hatte, verwirklicht. Vgl. Ebda.

1929-1932 komponierte Erkin in den letzten Jahren seines Studiums in Paris. 1931 schrieb er „Beş Damla“ (Fünf Tropfen) für Klavier, das aus fünf kleinen Stücken besteht.

II. 3. 5. 1. „Beş Damla“ (Fünf Tropfen), *fünf leichte Stücke für Klavier*:

„Beş Damla“ wurde unter Pianisten sehr beliebt und im In- und Ausland[266] gespielt. Die Uraufführung wurde von Erkin am 7. November 1931 im Offizierskasino in Sivas verwirklicht, und die Partitur wurde im gleichen Jahr in Istanbul veröffentlicht. Durch die Veröffentlichung seines Werkes machte er sich unter den jungen Musikern einen Namen. Kein anderes Klavierstück wurde in dieser Zeit so bekannt wie Beş Damla[267]. Im Ausland erfuhr das Werk große Aufmerksamkeit und erntete auch zahlreiche Kritiken, wie z. B. vom französischen Musikkritiker M. Eugene Borrel:

> Erkin hat ein gutes Musikverständnis, er hat eine ähnliche Harmonie wie bei unserem Chant Gregorien versucht. Es ist weder in Dur oder Moll, es ist ein Stück, das sich an die modale Musik anlehnt[268].

Der sowjetische Musikkritiker A. Veprik schrieb in der Zeitung „Izvestia“ 2.November 1933 eine andere Kritik:

> Beim harmonischen Aufbau hat Erkin sich Mühe gegeben. In technischer Hinsicht weisen einige Takte impressionistische Einflüsse auf[269].

Im „Leipziger Konzert - Anzeiger“ schrieb Sigfrid Walter Müller folgendes:

> Erkin ist ein Aufmerksamkeit weckender Komponist der zeitgenössischen türkischen Musik, Beş Damla beeinhaltet die Stimmenwelt der östlichen Musik mit all seiner Schönheit[270].

Als Beispiel wird hier der 1., 2., und 5. Teil behandelt.

Der 1. Teil, *Çok Canlı (Animato)*:
Der 1. Teil von Beş Damla steht in dreiteiliger Form (ABA).

A (1-39) **B** (40-49) **A** (50-79)

Das erste Thema (A) besteht aus zwei Perioden und einer Überleitungs-passage:

---

[266] Im Ausland wurde es beispielsweise 1931-1935 in Berlin, Wien, Budapest, Warschau, Bukarest und Moskau oftmals gespielt und erfuhr große Aufmerksamkeit. Vgl. Gültekin Oransay, (1965), S.35f.

[267] Koral Çalgan (Festschrift Erkin), S.44.

[268] Ebda., S.45. (eigene Übersetzung)

[269] Ebda., S.44. (eigene Übersetzung)

[270] Ebda., S.44f.

a-Periode (1-16) :	Vordersatz (1-4)	Nachsatz (5-8)	
b-Periode (17-32):	Vordersatz (17-20)	Mittelsatz (21-24)	Nachsatz (25-29)
Überleitungspassage	(33-39).		

Das Klavierstück beginnt im 3/8 Takt auf der rechten Hand. Die Melodie des Vordersatzes in T.1-4 klingt wie ein natürliches *e-Moll.*

Beispiel 81: Die Melodie im Vordersatz der *a-Periode*

Die Antwort auf den Vordersatz erfolgt in den tiefen Tönen in T. 5-8 als *ff.* Die *a-Periode* wiederholt sich in T. 9-16. Deren Melodie in T. 17-20 (V.S.) wie ein natürliches *h-Moll* wirkende *b-Periode* hat inhaltlich die gleichen Materialien wie *a-Periode.* Die Überleitungspassage in T. 33-39 führt zum zweiten Thema (B).
Das zweite Thema (B) hat eine *Periode,* die aus einem Vordersatz und Nachsatz besteht, und eine *Hüseyni* auf (g) beruhende *Überleitungspassage.* Der Vordersatz steht im zweiten Tetrachord *Hüseynis* auf (a) (s.Bsp. 81a, 82).

b-Periode (40-48) =	Vordersatz (40-43)	Nachsatz (44-47)	Überleitungspassage (48-49)

Bespiel 81a: Der Makam Hüseyni auf (a) und auf (g).

Im Vergleich zum ersten Thema enthält das zweite Thema die unterschiedlichen Taktarten, z.B. steht der Vordersatz im 5/8 Takt-‚*Aksak*', der Nachsatz in den 5/8 und 3/8 Takten und die Überleitungspassage in den 6/8 und 4/8 Takten. Die langsame Überleitungspassage bildet im Verlauf des Stücks in rhythmischer und melodischer Hinsicht einen anderen Charakter.

Beispiel 82: Die Überleitungspassage in T. 48-49

Ab T. 50 kehrt das erste Thema (A) wieder, diesmal als eine erweiterte Reprise. Zum Vergleich des vorherigen Themas (A) wird die Melodie der *a-Periode* in T. 50-57 nur von vertikalen Quarten begleitet. Der Teil endet mit einem kräftigen Schluß in *ff*, der wie am Anfang aus (e-h-e) Tönen besteht.

Der 2 .Teil, *Ağır (Lento)*:
Der *Lento*-Teil im Makam *Hüseyni* auf (h) ist in einer dreiteiligen Form geschrieben (ABA) und steht im 3/4 Takt.

A (1-8) **B** (8-15) **A** (16-29)

Das erste Thema (A) besteht aus einer *Periode*, die sich wiederholt. Bei der Wiederholung wird die Stelle in T. 7-8 der rechten Hand eine Oktave höher gespielt. Das Baßthema im ersten Takt der Begleitung, das man als *Basso ostinato* bezeichnen könnte, dauert in der ganzen Periode.

Beispiel 83.Das erste Thema im Makam Hüseyni auf (h) (Vordersatz).

Das zweite Thema (B), das rhythmisch verändert ist, besteht aus einer zweisätzigen Periode: Vordersatz (9-11) und Nachsatz (12-16). Die beiden Sätze stehen über dem gleichen *Basso ostinato*.

Beispiel 84: Das erste Satzmotiv des Vordersatzes.

Die erweiterte Reprise über dem *Basso ostinato*, deren Melodie von den in Quarten geschichteten Tönen begleitet wird, beginnt in T.16. Wie z.B. (cis-fis-h) in T.16-17, die Grundstellung des Akkords auf der 5. Stufe vom *Hüseyni* auf (h). Er tritt hier in der 1. Umkehrung (fis-h-cis) auf und der Grundton (fis) wird verdoppelt. Der *Lento* Teil endet mit dem Schlußanhang in T. 26-29.

Der 5. Teil, *Sakin (Moderato)*:
Wie die anderen Teile, steht auch der *Moderato*-Teil in dreiteiliger Form (ABA).

A (1-18)	**B** (19-24)	**A** (25-38)

Das erste Thema (A) im *Allabreve*-Takt besteht aus zwei Perioden und einer Überleitungspassage:

a-Perode (1-4) =	Vordersatz (1-2)	Nachsatz (3-4)
b-Periode (5-8) =	Vordersatz (5-6)	Nachsatz (7-8)
Überleitungspassage (17-18).		

In melodischer Hinsicht basiert das erste Thema (A) ursprünglich auf dem Makam *Hicaz* auf (d) und wird in T. 9-17 wiederholt. Der Ton (cis) in der Melodie der a-Periode vertritt den Makam *Hicazkar* auf (d). Obwohl die Periode wegen (c♮) in der Leiter, im *Hicaz* endet, wirkt auch der *Hicazkar* auf die Melodie. Das Baßthema in der Begleitung zeigt, wie im zweiten Teil, einen *Basso ostinato*-Charakter.

Beispiel 85a: Der Vordersatz der a-Periode im Makam Hicaz auf (d)

Beispiel 85b: Die auf den Ton (d) übertragenen Makame-Hicaz und Hicazkar.

Die Überleitungspassage in T. 17-18, deren Melodie im Makam *Hicaz* auf (d) steht, führt zum zweiten Thema (B). Das zweite Thema im *Hicaz* auf (g) besteht aus einer Periode und Überleitungspassage. Die Periode beginnt im 11/16 Takt und wendet sich in T. 22 dem 8/16 und in T. 24 wieder dem 11/16 Takt zu.

Beispiel 86: Der Vordersatz der Periode in T.19-20.

Das Tonmaterial der dreitaktigen Überleitungspassage in T. 25 basiert auf dem Makam *Saba* auf (a) und in T. 26-27 *Saba* auf (d).

Beispiel 87a: Die Überleitungspassage im Makam Saba in T. 25

Beispiel 87b: Der Makam Saba auf (a).

Das erste Thema (A) taucht in T. 28 wieder auf, und damit beginnt die Reprise ohne Wiederholung. Der Schlußanhang in den letzten drei Takten beendet den Teil in einem sanften Schluß.

*   *   *

Erkin komponierte 1934, mit 28 Jahren, das einteilige Stück „Bayram“ (das Fest) für das große Orchester. Mit diesem Werk machte er in seiner Künstlerlaufbahn den ersten wichtigen Schritt. Denn durch die Uraufführung unter seiner Leitung in Ankara dirigierte Erkin zum ersten Mal ein Sinfonieorchester und „Bayram“ war sein erstes sinfonisches Stück, das im

Ausland aufgeführt wurde[271]. Nach dem Erfolg von „Bayram" begann er 1935, sein einziges „Streichquartett" zu schreiben, das er in einem Jahr vollendete. Der Hauptbestandteil des Werkes basiert auf der türkischen Musik, bzw. auf Aksak-Rhythmen, der Makame und der Quartenharmonie. Bei diesem Werk richtete Erkin sich mehr nach den typisch lebendigen Rhythmen und Melodien der Volksmusik des Nord-Ost-Gebietes der Türkei. Bei der Uraufführung[272] 1938 befand sich auch der bekannte französische Pianist und Dirigent Alfred Cortot[273], der von diesem Stück sehr angetan war. Cortot kam 1938 in die Türkei, um ein Konzert zu geben. Mit Erkin zusammen besichtigte er das neu gegründete „Staatliche Konservatorium Ankara", wo er Erkins Streichquartett erstmalig bei der Probe vor der Uraufführung hörte. Cortot teilte ihm seine Gedanken mit und empfahl, ein Klavierkonzert zu komponieren[274]. Daraufhin begann Erkin eines seiner wichtigsten Werke, sein „Klavierkonzert", zu komponieren. 1942 vollendete er das Werk und widmete es seiner Frau Ferhunde Erkin, die in den Uraufführungen seiner Klavierwerke die Solistin war. Das Klavierkonzert besteht aus vier Sätzen: *1. Allegro, 2. Andante, 3. Scherzo 4. Andante, Allegro* und wurde 1951 in Wien bei der *‚Universal Edition'* veröffentlicht. Nach der Uraufführung in Ankara wurde das Werk auch öfter im Ausland aufgeführt[275].

Eines seiner beliebtesten Werke „Köçekçeler[276]" für Orchester komponierte Erkin Anfang 1943. In diesem Stück integrierte er die gespielten oder gesungenen lebhaften Melodien der Köçekçe-Tänze auf eigene Art und verwendete die Melodien der drei Köçekçe-Tänze[277], die in Makamen *Karcığar*, *Gerdaniye* und *Hicaz* stehen. Öfter greift er jedoch in diesem Stück auf Volkstanzmusik zurück, die im Makam *Karcığar* steht.

---

[271] „Bayram" wurde am 11 Mai 1934 unter der Leitung von Erkin vom „Sinfonieorchester des Staatspräsidenten" in Ankara uraufgeführt. Am 23. Und 24. Juli desselben Jahres wurde das Werk in Baku unter der Leitung von Zeki Ünger vom „Moskauer Philharmonieorchester" aufgeführt. Vgl. Koral Çalgan, (Festschrift Erkin), S.18.

[272] Die Uraufführung des Werkes fand am 22-23 April 1938 in Ankara statt und zehn Tage später wurde es im Rundfunk Ankara aufgeführt. Das Streichquartett wurde später vom „Schlesischen Quartett" im Deutschland und vom „Czechoslowenska Quartett" im Prager Rundfunk aufgeführt und gleichzeitig gesendet. 1948 erschien es als Schallplatte. Vgl. Koral Çalgan, „Duyuşlar", S.196f.

[273] Siehe Fußnote „Alfred Denis Cortot", Kapitel C.R.Rey-„Instantanés".

[274] Vgl. Koral Çalgan, (Festschrift Erkin), S.19.

[275] Das Klavierkonzert wurde am 11. März 1943 unter der Leitung von Prätorius vom „Sinfonieorchester des Staatspräsidenten" in Ankara uraufgefürt, wobei Ferhunde Erkin die Solisten war . Vgl. K. Çalgan, „Duyuşlar", S.200f. Die Erstaufführung im Ausland fand am 18. Oktober 1943 während eines Bombenangriffs auf Berlin statt. Das Klavierkonzert wurde hier unter der Leitung von Fritz Zaun vom *„Städtischen Orchester Berlin"* aufgeführt. Hierbei war die Solistin wieder Ferhunde Erkin. Ebda., S.131f.

[276] Die Uraufführung von „Köçekçeler" fand am 1. Februar 1943 unter der Leitung von Ernst Prätorius vom „Sinfonieorchester des Staatspräsidenten" in Ankara statt. Im Ausland wurde es am 2. Juli 1947 und am 9. September in Prag, 1949 in der Schweiz und später noch in anderen Ländern aufgeführt. Vg. G. Oransay (1965) S.37f.

[277] Köçekçe-Tänze (Köçek= Tanzknabe, als Frau gekleideter Tänzer) werden von als Frauen gekleideten Männern meistens bei Hochzeiten getanzt. Viele Lieder aus der Marmara-Region, besonders aus Trakien, stehen in Form Köçekçe. Einige Komponisten wie Erkin haben für ihre Instrumentierung Interesse gezeigt. Köçekçe-Tänze in verschiedenen Makamen stehen meist im beweglichen, lebhaften 9/8 Takt-‚Aksak'.

In der Zeit, da Erkin sich intensiv mit dem modalen und rhythmischen Bau der türkischen Musik beschäftigte, begann er seine „1. Sinfonie" zu komponieren und vollendete sie am 10. Februar 1946. Im Hinblick auf Kompositionstechnik und Orchestration ist die 1. Sinfonie eines seiner Meisterwerke. Der erste Satz *Allegro aperto* ist in der Sonatenhauptsatzform geschrieben. Am Anfang des Satzes hört man in den tiefen Schlaginstrumenten dreimal ein rhythmisches Motiv, das aus zwei Sechszehnteln und einem Achtel besteht. Das Haupt- und Seitenthema wandern zwischen zwei kontrastierenden -hohen und tiefen- Instrumentengruppen hin und her, als würden zwei verschiedene Gedanken aufeinander prallen. Aber am Ende entsteht eine Harmonie zwischen diesen Gedanken und so endet der erste Satz[278]. Der zweite Satz *Adagio* steht in einer dreiteiligen Liedform, und im Vergleich zum ersten Satz ist der zweite Satz ein vollkommener Kontrast, also lyrisch und entspannend. Im ersten und dritten Teil des Satzes haben Englischhorn, Oboe, Flöte und Kontrafagott wichtige Solostellen. In der Coda wird das Hauptthema ein letztes Mal von Altoboe und Kontrafagott eingeleitet[279]. Der dritte Satz ist ein *Scherzo* im 3/8 Takt. Das ganze Scherzo basiert auf einem bedeutungsvollen rhythmischen Motiv, das auch später erweitert wird. Das erste Thema des Satzes wird nach einer achttaktigen Einleitung von der Klarinette im gleichen rhythmischen Stil eingeführt. Bei der Erweiterung des Themas folgt auch der gleiche rhythmische Aufbau. Das zweite Thema wird von Pikkolo und Flöte in einem schnellen Tempo eingeleitet. Nach dem *Trio*, das an die *Tarantella* erinnert, gelangt man zum Scherzo zurück. Die Coda, in der man das erste Thema hört, bringt den Satz zu einem kraftvollen Schluß in *ff*[280]. Der letzte Satz *Moderato-Allegro non troppo, Allegro* beginnt mit einer langsamen Einleitung und führt zum ersten Thema. Das erste Motiv im langsamen Tempo wird von Klarinette und Fagott in *unisono* eingeführt. Nach der Erweiterung des ersten Themas wird das zweite Thema im *Allegro*-Charakter präsentiert. Zwei Gedanken, der eine gesetzt und ruhig, der andere das Gegenteil, führen miteinander eine Auseinandersetzung. Doch endet die Sinfonie in einem heftigen Finale mit Tremoli der Streicher und Pauken[281].

Die Uraufführung der 1. Sinfonie plante man so, daß sie unter der Leitung von Ernst Prätorius vom „Sinfonieorchester des Staatspräsidenten" durchgeführt werden sollte. Wegen des plötzlichen Todes von Prätorius am 26. März 1946, übernahm aber Erkin die Uraufführung seines Werkes. Sie wurde am 26. April 1946 unter seiner Leitung von diesem Orchester in Ankara verwirklicht[282]. Dieses Konzert wurde dem verstorbenen Prätorius

---

278 Vgl. Halil Bedii Yönetken, „Yeni Bir Türk Senfonisi" (Eine neue türkische Sinfonie), in: Festschrift Erkin, S.81f.

279 Ebda., S.82.

280 Ebda., S.82f.

281 Ebda., S.83.

282 Auch im Ausland wurde 1. Sinfonie erstmals unter seiner Leitung am 9. Mai 1947 vom „Philharmonieorchester Prag" auf dem „1947 Prager Frühling Musikfestival" in Prag aufgeführt. Die

gewidmet, der für die Förderung der zeitgenössischen türkischen Musik einen bedeutenden Beitrag geleistet hatte. Das Programm enthielt nur Werke Erkins: *1. Sinfonie*, *Klavierkonzert* und *Köçekçeler*[283]. Auf Rat von Hindemith kam Prätorius[284] in die Türkei, um das „Sinfonieorchester des Staatspräsidenten" auf ein besseres Niveau zu bringen und um das Repertoire zu erweitern. Außerdem bemühte er sich, die zeitgenössische türkische Musik bekannt zu machen, indem er öfter die Werke der türkischen Komponisten in die Programme integrierte. Gemäß seinem Wunsch wurde Prätorius in der Türkei beerdigt. Seine Ehefrau blieb in der Türkei und spendete seine Bibliothek den Musikeinrichtungen wie Konservatorien und Ausbildungsstätten für Musiklehrer[285].

II. 3. 5. 2. „Violinkonzert":

Erkin, der als Komponist mit einigen seiner wichtigen Werke wie dem *Klavierkonzert, Köçekçeler* und der *1. Sinfonie* einen großen Durchbruch erzielte, begann im Juli 1946 das auch zu seinen erfolgreichsten Werken gehörende *Violinkonzert* zu komponieren und vollendete es im April 1947. Die Uraufführung fand am 2. April 1948 mit dem Violinisten Lico Amar[286] unter der Leitung von Erkin durch das „Sinfonieorchester des Staatspräsidenten" im „Ankara Opernhaus" statt, wo auch gleichzeitig die Eröffnung des Opernhauses gefeiert wurde. Das Werk wurde im Ausland erstmals am 22. Februar 1950 mit dem deutschen Violinisten Wolfgang Schneiderhan unter der Leitung von Rudolf Moralt von den „Wiener Symphonikern" im Wiener Rundfunk aufgeführt[287]. Das Violinkonzert fand im Ausland große Anerkennung, und man las gute Kritiken in den Medien, wie z. B. in der „Süddeutschen Zeitung" München:

Aufführung des Werkes unter seiner Leitung auf einem solchen Musikfestival, zu dem die bekannten Dirigenten wie Ernest Ansermet, Leonard Bernstein, Rafael Kubelik, Charles Munch, George Singer und Vaclac Talich eingeladen wurden, bedeutete für Erkin und für die zeitgenössische Musik einen guten Erfolg und großen Fortschritt. Vgl. K. Çalgan „Duyuşlar-U.C.Erkin", S.137f.

283 Ebda., S.134f.

284 Siehe das Kapitel I. 3. 1.

285 Vgl. Koral Çalgan, (Duyuşlar), S.135.

286 Lico Amar (1882-1959) wurde in Budapest geboren. Nach dem Studium an der Budapester Nationalakademie und an der Hochschule für Musik in Berlin Violine, trat er 1912 als Sekundarius in das Marteau-Quartett ein. 1915 wurde Amar zum Konzertmeister des Berliner Philharmonischen Orchesters gewählt. 1921 gründete er mit Walter Caspar, Paul Hindemith und Maurits Frank das „Amarquartett", das vor allem zeitgenössische Werke präsentierte. 1929 löste sich das Quartett auf. 1934 erhielt Amar die türkische Staatsangehörigkeit und 1938 eine Stelle als Violinlehrer am Konservatorium in Ankara,wo er eine Violin- und Kammermusikklasse leitete. Er unterrichtete auch Schulmusik im „Gazi Institut" und bildete zahlreiche Violinisten und Pädagogen heran. Nach seiner Pensionierung 1957, kehrte Amar nach Deutschland zurück und nahm eine Stelle als Violinlehrer an der Staatlichen Hochschule für Musik Freiburg an, wo er bis zu seinem Tod noch arbeitete. Vgl. Heinrich Lindlar, „Amar, Lico (Licco)", in: MMG, Bd.15, S.173f.

287 Vgl. K. Çalgan, „Duyuşlar-Erkin", S.150f.

„[...] Für den Eifer der türkischen Komponisten sprach das Violinkonzert des sechzigjährigen Ulvi Cemal Erkin: ein solid gebautes Stück Spätromantik, apart folkloristisch im rhythmisch delikaten Finale, mit Aufwand instrumentiert (Sibelius-nachher Dialog zwischen Sologeige und Baßtuba), thematisch ansprechend in der Wahl gesangvoller Melodien, orchestral und harmonisch auf Rimsky-Korssakow und Sibelius ausgerichtet. Hemdsärmeligkeiten und Völkerschau wie bei Khatschaturian, kein Türkenblut und Türkentum mit Fez, mehr die Äußerung eines welterfahrenen, kultivierten Herrn der unter anderem auch Türke ist. Eine bessere Interpretin als die ernsthafte, überdurchschnittliche Geigerin Suna Kan wird sich für Erkins Konzert kaum finden lassen. Sie musizierte mit starkem Engagement und ebensoviel Tonkultur. [...] Die alten türkisch-deutschen Sympathien erfuhren musikalische Vertiefung“ [288].
K. Sch. (14 Oktober 1966)

Eine ganz andere Kritik von der „Magyar Nemzet“ Budapest, 8 Okt. 1966:

{...] Die ersten beiden Sätze von Erkins Violinkonzert wurden im Stil der deutschen Romantik komponiert. [...] Zum Unterschied der ersten beiden Sätze hört man im letzten Satz des Werkes die typisch charakteristische türkische Musik, die den Zuhörer hinreißt und zum Toben bringt. [...][289].

Das Violinkonzert beruht vollkommen auf den Melodien und Rhythmen der Volksmusik und auf Makamen der traditionellen Musik und gehört zu seinen Meisterwerken. Nach dem Kritiker Rıza Muhsin ist das Werk in einem vollständig türkischen Charakter geprägt und spiegelt auch verschiedenste Eigenschaften des Landes wieder[290]. Das Violinkonzert hat die Form des klassischen Konzertes und besteht aus drei Sätzen: *1. Allegro giusto 2. Adagio, 3. Allegro con fuoco.*

1. **Satz** *(Allegro giusto)*: Der erste Satz, den der Makam *Kürdi* beherrscht, steht in der Sonatenhauptsatzform:

Exposition =	*Hauptthema:* *(1-6o)*	*Solo* *(5-44)*	*Tutti* *(45-60)*
	Überleitungsgruppe: *(61-75)*	*Solo* *(61-66)*	*Tutti* *(67-74)*
	Seitenthema: *(75-94)*	*Solo* *(75-82)*	*Tutti* *(83-93)*

[288] Die Kritik von *K. Sch.* Erschien unter dem Titel ‚Türkische Musik im Präzisionsverfahren‘ am 16. Okt. 1966 in der „Süddeutsche Zeitung“, S.11.
[289] Ebda., S.154. (eigene Übersetzung)
[290] Vgl. Rıza Muhsin, „Genç bir solist ve kompozitörümüze dair“ (über eine junge Solistin und einen jungen Komponist), in: (Festschrift Erkin), S. 120f.

Schlußpassage (94-100)

Durchführung = *Verarbeitung der in der Exposition vorgestellten Themen und Motive (101-201)*

Reprise = *(202-334)*

Der erste Satz, *Allegro giusto,* beginnt mit dem Tremolo der Pauke in der Einleitung und das Crescendo gipfelt in einem kräftigen *Fortissimo.* Der Anfangsakkord in T. 2 besteht aus den in Quarten geschichteten Tönen (b-e-a-d) des Makams *Kürd* auf (a). Nach der viertaktigen Einleitung wird das Hauptthema (Abschnitt A) über dem Orgelpunkt des Waldhorns auf (a) von der Solovioline in tiefer Lage, *sul (g),* im 5/4 Takt -und danach in den Takten 4/4 und 2/4- eingeführt. Das Hauptthema im *Kürdi* auf (a) besteht aus drei Teilen:

Beispiel 88a: Das Hauptthema im Makam Kürdi auf (a)[291].

Beispel 88b: Der auf den Ton (la) übertragene Makam Kürdi in der türk.Musik.

Abschnitt **A,** 1. Teil = *Einleitung* (1-4) *a-Periode* (5-10) *a1-Periode* (11-14) *Schlußanhang* (15-23)

2. Teil = a (24-28) b (29-33) c (34-38) d (39-41) e (42-44)

3.Teil = *a-Periode* (45-51) *a1-Periode* (52-61)

In T. 11-14 wird das Hauptthema *(a1)* von der Solovioline zweistimmig wiederholt. Der aus Terzen bestehende Schlußanhang führt zum zweiten Teil.

[291] Vgl. Zeki Yılmaz, S.115f.

Im zweiten Teil, *Bravoure-Teil,* in T. 24-44, der mit den aus Sechzehnteln bestehenden rhythmischen Abschnitt (a) ein ganz anderes Aussehen als der erste Teil hat, präsentiert die Solovioline virtuose Spielfiguren. Den Teil kann man in fünf kleinere Teile unterteilen: *a, b, c, d ,* und *e*. Im dritten Teil in T. 45-61 wird das Hauptthema vom ganzen Orchester wiederholt.
Die Überleitungsgruppe in T. 61-75 beginnt mit einem absteigenden Motiv im *Kürdi* auf (fis) in der Solovioline, das aus dem Hauptthema abgeleitet ist und führt zum Seitenthema.

Beispiel 89: Das Motiv der Überleitungsgruppe.

Das Seitenthema (Abschnitt B) im ersten Tetrachord des *Kürdis* auf (e) wird in T. 75 von der Solovioline im 4/4 Takt eingeführt, und seine Melodie wird in T. 79-83 als zweistimmig im Dialog mit den Flöten wiederholt. Das Seitenthema besteht aus zwei Perioden und einer Schlußpassage.

Abschnitt (B) =	*a-Periode*	*a1-Periode*	*Schlußpassage*
	(75-82)	(83-93)	(94-100)

Beispiel 90: Die ersten zwei Takte der Melodie des Seitenthemas.

Nach der Wiederholung der Melodie des Seitenthemas vom ganzen Orchester im ersten Satz der a1-Periode, in der die Solovioline mit dem *Tremolo* begleitet wird, imitiert die 1. und 2. Oboe die Melodie im Dialog mit der Solovioline im zweiten Satz der Periode (in T. 87-93). Die siebentaktige Schlußpassage, deren Melodie aus dem Seitenthema abgeleitet ist, wird in T. 94 vom ganzen Orchester eingeleitet.
Die Durchführung beginnt mit der Imitation des ursprünglichen Motivs des Hauptthemas in Waldhorn im Dialog mit der Solovioline. Es wird imitiert: in T. 101-103 im *Kürdi* auf (c), in T. 104-106 im *Kürdi* auf (es), in T. 107-113 im *Kürdi* auf (ges). Ab T. 113 beginnt der erste Abschnitt der Durchführung, das ursprüngliche Motiv wird von der Solovioline durch die Imitation vorgestellt. Der zweite Abschnitt in T. 128-135 wird vom ganzen Orchester gespielt. Im dritten Abschnitt in T. 135-164 verarbeitet die Solovioline das Material des Hauptthemas: wie z.B. ab T. 135 im *Kürdi* auf (gis), ab T. 141

im *Kürdi* auf (cis). Im vierten Abschnitt in T. 164-199 wird das Material des Seitenthemas verarbeitet: ab T. 164 im ersten Tetrachord des *Kürdis* auf (fis) in der 1. Oboe, ab T. 168 im *Kürdi* auf (a) in der 2. Oboe, ab T. 172 *Kürdi* auf (a) in der Flöte, ab T. 176 *Kürdi* auf (a) in der Solovioline. Ab T. 189 besteht die Durchführung im Dialog mit der Solovioline und dem ganzen Orchester. Nach der Durchführung beginnt die Kadenz, obwohl üblicherweise die Kadenz am Ende des ersten Satzes präsentiert wird. In dieser Hinsicht sieht man die Ähnlichkeiten zwischen Mendelssohns und Erkins Violinkonzert. Auch bei der formalen Gestaltung von Mendelssohns Violinkonzert steht die Kadenz zwischen der Durchführung und der Reprise des Kopfsatzes. Und wie bei Mendelssohn verzichtet Erkin auch auf die klassische Themenaufstellung durch das Orchester in seinem Werk. Nach einer kurzen Einleitung des Orchesters führt die Solovioline das Hauptthema ein[292].
Nach einer langen Kadenz von der Solovioline, in der die Materialien des Haupt- und Seitenthemas behandelt werden, beginnt die Reprise in T. 202, das Hauptthema wird im 5/4 Takt in T. 202-208 von der Viola und dem Cello und ab T. 208 von der Solovioline im *Kürdi* auf (a) gespielt.

Bespiel 91: Das Hauptthemas in der Reprise, die von der Viola gespielt wird.

Die Überleitungsgruppe erscheint in T. 258 in der Solovioline, diesmal vier Töne tiefer im *Kürdi* auf (cis). Das Seitenthema taucht ab T. 272 in der Solovioline im *Kürdi* auf (gis) wieder auf. Das Hauptthema ertönt ab T. 291 in der Solovioline ein letztes Mal, und im Dialog mit dem Orchester bringt sie den 1. Satz auf (a) zu einem kraftvollem Schluß in *fff*.

2. Satz *(Adagio)*: Der zweite Satz ist in erweiterter dreiteiliger Form geschrieben. (ABA)

A =	*a-Periode*	*a1-Periode*	*a2-Periode(Einsatz der Solovioline)*	*b-Periode*
(1-50)	(1-11)	(12-22)	(23-36)	(37-50)

B =	*a-Periode*	*a1-Periode*	*Überleitungspass.*	*b-Periode*	*b1-Periode*
(51-83)	(51-58)	(59-66)	(67-72)	(73-76)	(77-83)

A = (84-134)

---

[292] Vgl. Ö. Kütahyalı, „Erkin'in Keman Konçertosu Üzerine" (über Erkins Violinkonzert), in: ‚Orkestra', Nr. 152 (1986), S.7f.

Der Satz beginnt in den Streichern, das Thema wird zunächst von den 2.Violinen vorgetragen. Das Thema des 2. Satzes ist auch im Makam *Kürdi* ähnlich wie das Hauptthema, beginnt aber durch die Modulation diesmal auf (gis) (Bsp.92a-b). Eine auf dem makameigenen Tonmaterial basierende durchgehende Baßlinie in Vierteln, die die Kontrabässe und Celli im *Pizzicato* spielen, begleitet den ganzen Abschnitt (A).

Beispiel 92a: Das von der 2.Violine gespielte Thema.

Beispiel 92b: Der auf (gis) transponierte Makam *Kürdi* in der türkischen Musik[293].

Dieser Aufbau in den Streichern am Anfang wird von den Holzbläsern (ohne Fagott) in der *a1-Periode* wiederholt, das Thema wird hier von der Oboe und den Klarinetten eingeführt. In der *a2-Periode* wird das Thema von der Solovioline im Dialog mit den Waldhörnern präsentiert. Die *b-Periode* im Charakter einer Durchführüng über der durchgehenden Baßlinie zeigt sich in den Klarinetten, Trompeten und Hörnern und führt zum Abschnitt (B).
Der Abschnitt (B), dessen Thema von der Solovioline eingeführt wurde, bildet einen Kontrast zum Abschnitt (A). Die Holzbläser spielen den Hintergrund. Das Thema wird in der *a1-Periode* (59-66) wiederholt.

Bespiel 93: Das Thema des Abschnitts (B) in der Solovioline.

Nach einer sechstaktigen Überleitungspassage wird in der *b-Periode* eine neue Violinmelodie eingeleitet, die auch in der *b1-Periode* wiederholt wird.
Die Musik wird ruhiger in der Schlußpassage (81-83), denn die Reprise, und damit das Thema des Satzes taucht wieder auf, im gleichen Aufbau, wie der Satz begonnen hat. Die *b-Periode* im Charakter einer Durchführung in T. 120-134 bringt den Satz zu einem sanften Schluß.

[293] Vgl. Zeki Yılmaz, S.115.

3. Satz *(Allegro con fuoco)*: Erkin schrieb den Schlußsatz des Violinkonzerts, der klassischen Form entsprechend, in Form eines Rondos. Der Satz enthält vier Themen:

(Exposition)						*(Durchführung)*			
A		**B**		**A1**		**C**		**D**	
(1-30)		(31-68)		(69-106)		(107-140)		(141-194)	
Solo	**Tutti**	**Tutti**	**Solo**	**Solo**	**Tutti**	**Solo**	**Tutti**	**Solo**	**Taksim**
(1-17)	(18-30)	(31-42)	(43-54)	(69-85)	(86-100)	(107-119)	(124-136)	(141-155)	(161-194)

(Reprise)						
A2		**B1**		**A3**		**CODA**
(195-233)		(234-267)		(268-304)		(305-324)
Solo	**Tutti**	**Tutti**	**Solo**	**Solo**	**Tutti**	**Solo**
(195-211)	(212-224)	(234-244)	(245-256)	(268-284)	(285-296)	(305-324)

Das Hauptthema des Rondos, oder Refrain, besteht aus zwei Perioden:

A= *Vorspiel* (1-4), *a-Periode* (1-17), *a1-Periode* (18-30).

Das Hauptthema in einem einfachen rhythmischen Aufbau (2/4 Takt), der sehr schnell gespielt wird, basiert auf dem Makam *Nikriz* auf (g) und wird nach einem viertaktigen Vorspiel von der Solovioline eingeführt (Bsp.94a). Währenddessen begleitet das ganze Orchester (ohne Flöten) mit Akkorden, die auf makameigenen Tonmaterial basieren. Die Akkorde enthalten die Töne, die grundsätzlich den *Nikriz* bilden: in T. 1-9 (g-a-cis-d), in T. 10 (es-cis-g-a) und in T. 14 (es-g-cis-b) (Bsp.94b).

Beispiel 94a: Das Hauptthema des Rondos in der Solovioline ab T. 5 (nach dem Vorspiel).

Beispiel 94b: Der Makam Nikriz auf (g) in der türk. Musik[294].

[294] Vgl. Zeki Yılmaz, S.179f.

Das Hauptthema wird in der *a1-Periode* von den Flöten und Klarinetten in der Begleitung vom ganzen Orchester wiederholt. Das zweite Thema (B), dessen Melodie im *Kürdi* auf (g) steht, wird in T. 31 von der 1. Oboe im 2/4 Takt eingeleitet, 1. Oboe und 1. Klarinette wechseln sich ab. Das Thema hat zwei Perioden, die sich wiederholen, und eine Überleitungspassage:

B = *a-Periode* (31-42), *a1-Periode* (43-54), *Überleitungspassage*(55-68).

Beispiel 95: Die Melodie des zweiten Themas in der 1. Oboe.

Die Solovioline spielt die Überleitungspassage, deren Melodie aus dem zweiten Thema abgeleitet ist, und führt zum ersten Thema. In T. 69 taucht das erste Thema (A1) in der Solovioline als Refrain auf, diesmal durch die Modulation im *Nikriz* auf (a). Das dritte Thema (C), das ab T. 107 in der Solovioline erklingt, besteht aus zwei Perioden und zwei Überleitungspassagen:

C = *a-Periode* (107-119) *1.Überleitungspassage* (120-123),
a1-Periode (124-136) *2.Überleitungspassage* (137-140).

Das Thema im *Kürdi* auf (a), das von dem Soloinstrument eingeführt wird, wiederholt sich nach einer viertaktigen Überleitungspassage in der *a1-Periode,* die Flöten und die Klarinetten wechseln sich ab.

Beispiel 96: Das Thema (C) in der Solovioline.

Die zweite Überleitungspassage führt zum vierten Thema (D). Das vierte Thema, *Molto Sostenuto,* hat eine *Taksim*-artige Periode, eine Überleitungspassage und einen *"Taksim"*[295]-Teil:

D = *a-Periode* (141-155), *Überleitungspassage* (156-160),
Der „Taksim"-Teil (161-194)

[295] Der Taksim ist eine improvisierte Instrumentalstimme in der trad. türk. Musik. Siehe Fußnote 229.

Eine *Taksim*-artige Melodie in der *a-Periode* wird von der Solovioline in einer ruhigen Begleitung der Violinen und Viola eingeführt. Das Tonmaterial der Melodie basiert auf dem Kürdi auf (c). Die fünftaktige Überleitungspassage in den Oboen, Klarinetten und Fagotten führt zum *Taksim*-Teil. Hier präsentiert die Solovioline einen *Taksim* (improvisierte Instrumentalstimme) in den 2/4, 3/4, 3/16 und 5/16 Taktarten, die Streicher (ohne Kontrabässe) begleiten mit Tremolos. Die Grundlage für das Tonmaterial dieses Taksims ist mit dem *Nikriz* auf (c) gegeben.

Beispiel 97a: Die Takte 167- 170 des Taksims im Nikriz auf (c) in der Solovioline.

Beispiel 98b: Der auf den Ton (c) übertragene Makam-Nikriz in der türk. Musik.[296]

Der Refrain (A2) im *Nikriz* auf (a) wird diesmal im 7/16 Takt wiederholt, der am Schwarzen Meer der Türkei sehr verbreitet ist.

Beispiel 99: Das Thema des Refrains (A2) im 7/16 in T. 200-201.

Das zweite Thema (B1) wird im 7/16 Takt mit Variationen in der 1. Flöte, 1. Oboe, 1. Klarinette und dann der Solovioline wiederholt. Der energische Einsatz des Orchesters verstärkt die Spannung bei der letzten Wiederholung des Refrains (A3) ab T. 268 und kündigt das nahe Ende an. Die Coda, in der die Solovioline die *Nikriz*-Leiter auf (a) in vier Oktaven präsentiert, beginnt in T. 305 und beendet das Werk in *fff*.

[296] Vgl. Kemal Ilerici, S. 194f.

Beispiel 100: Die Nikriz-Leiter auf (a) in vier Oktaven in der Solovioline in T. 309-312.

Erkin begann 1948 seine „2. Sinfonie" zu schreiben und beendete sie am 30. April 1951. Aber die Orchestrierung dieses Werkes konnte er wegen seiner weiteren Beschäftigungen erst 1958 zu Ende bringen. Die 2. Sinfonie ist eines seiner Werke, die öfter im Ausland aufgeführt wurde. Die Uraufführung[297] folgte ebenfalls im Ausland, in Deutschland, und die Zweitaufführung[298] fand in Frankreich statt. Erstmal wurde die 2. Sinfonie in der Türkei am 13. Februar 1962 von Henry Swoboda vom „Sinfonieorchester des Staatspräsidenten" in Ankara aufgeführt.

Die 2. Sinfonie beruht vollkommen auf der türkischen Musik. Der 1.Satz *Allegro* steht in der Sonatenhauptsatzform. In melodischer und rhythmischer Hinsicht beherrschen die Elemente der traditionellen türkischen Musik das Hauptthema, und die Elemente der Volksmusik das Seitenthema. Der zweite Satz *Adagio* basiert auf dem Makam *Segah*. Das von den Celli und Kontrabässen präsentierte zehntaktige Thema des Satzes ist eine Passacaglia, in der das Baßthema gelegentlich auch in andere Stimmen überwechselt. Der letzte Satz Allegro *„alla Köçekçe"*[299] im beweglichen 9/8 Takt-‚*Aksak*' ist in Form eines Rondo geschrieben.

Im weiterem Verlauf seines Schaffens komponierte Erkin 1959 die „Sinfonietta" für Streicher, 1966 die „Konzertante Sinfonie" für Klavier und Orchester, sein letztes Werk „Symphonic Movement" für großes Orchester entstand im Jahre 1969.

* * *

II. 3. 5. 3. „Sinfonietta" *für Streicher*:

Die *Sinfonietta* für Steicher, die er zwischen 1951 und 1959 schrieb, hatte Erkin eigentlich für die Schülerorchester der Konservatorien komponiert. Aber als er das Werk vollendet hatte, stellte sich heraus, daß es zu schwer für die Schüler war. Vor allem der 1. Satz ist so anspruchsvoll, daß ein

---

[297] Die 2. Sinfonie wurde am 2. Juli 1958 unter der Leitung von Karl Oehring vom „Münchener Philharmonieorchester „ in Deutschland uraufgeführt und gleichzeitig im Bayrischen Rundfunk gesendet. Ebda., S.162.

[298] Die Zweitaufführung wurde ein Jahr nach der Uraufführung 1959 unter der Leitung von Erkin mit dem „Rundfunksinfonieorchester Frankreich" verwirklicht. Das Werk wurde im Jahr1963 wiederum unter seiner Leitung in Moskau und Baku aufgeführt. Dadurch wurde die 2. Sinfonie in den Anfangsjahren hauptsächlich im Ausland aufgeführt. Ebda.

[299] Siehe Fußnote 96, Köçekçe-Tänze.

professionelles Orchester es ohne intensive Probe nicht so einfach spielen kann. Aus dem Grunde wurde dieses Werk ausschließlich von professionellen Orchestern aufgeführt, und es avancierte zum eindrucksvollsten und meist gespielten Werk. Die Uraufführung wurde am 6. Mai 1966 unter der Leitung von Gotthold Ephraim Lessing[300] vom „Sinfonieorchester des Staatspräsidenten" in Ankara für die Rundfunkaufnahme verwirklicht[301]. Die Erstaufführung für das Publikum fand am 17. Februar 1967 mit demselben Dirigenten und Orchester wieder in Ankara statt. Die Aufführungen im Inland und in den verschiedenen Städten Europas brachten ihm positive und interessante Kritiken ein. Hier einige dieser Kritiken:

> [...] Ich bin stolz darauf, das ich Erkins lebhafte Sinfonietta entdeckt habe. Sie hat einen dynamischen 1. Satz, einen langsamen 2. Satz, in dem die melodischen Linien gut miteinander verbunden sind und sie enthält ein von der östlichen Folklore inspiriertes Finale {...] *Claude Pascal (Le Figaro, Paris 8 Juli 1978)*[302].

> {...] Im Konzert des Ankara Kammerorchesters gestern Abend hat man gesehen, daß die Türken in der westlichen Musik, und auch in der Komposition mit uns die gleiche Linie erreicht haben. Erkins Sinfonietta, die als zeitgenössische Musik zu betrachten ist, stützt sich auf die westliche Musik und beinhaltet dabei die Farben der türkischen Musik [...] *J. van Voorthuysen (Den Haag 1 August 1978)*[303].

> [...] In Erkins Sinfonietta, die aus drei Sätzen besteht, sind die schönsten Melodien und Rhythmen der türkischen Folklore vereint. Dieses Werk beweist, daß unser Nachbar, die Türkei, eine eigene Kompositionsrichtung hat, aus dem wir was lernen können [...] *Liliane Markova Tschervenkova (Bulgarien-Filibe 20 September 1979)*[304].

> [...] Erkin hatte seine Musikausbildung wie viele andere der türkischen Musiker in Paris. Seine Rolle in der türkischen Musik läßt uns an Smetana erinnern. Erkin ist einer der Musiker, der den Grundstein für die türkische Nationalmusik gelegt hat. Er verstand es meisterhaft, die klassische Mehrstimmigkeit mit den harmonischen, melodischen und rhythmischen Elementen der türkischen Musik in einer interessanten Art und Weise zu vereinigen [...] *Svet V. Obrazech (Prag 23 November 1979)*[305].

---

[300] Gotthold Ephraim Lessing (1903-1975), deutscher Dirigent und Pianist, wurde in Wattenscheid geboren. Nach seiner Tätigkeit als Konzertpianist orientierte er sich an der Orchesterleitung. 1937 wurde Lessing zum Generalmusikdirektor in Baden-Baden ernannt und gründete dort das „Rundfunk Sinfonieorchester". 1948 wurde er zum Generall Musik Direktor in Lübeck gewählt. 1956 erhielt Lessing eine Stelle als Professor an der Hochschule für Musik in München. 1963-1971 leitete er das „Sinfonieorchester des Staatspräsidenten" in Ankara. Während seiner Tätigkeit als Orchesterleiter hat Lessing für die Förderung der zeitgenössischen türkischen Musik einen bedeutenden Beitrag geleistet.

[301] Vgl. Koral Çalgan „Duyuşlar", S.165f.

[302] Ebda., S.167. (eigene Übersetzung)

[303] Ebda., (eigene Übersetzung)

[304] Vgl. Koral Çalgan, (Festschrift Erkin), S.32. (eigene Übersetzung)

[305] Ebda., (eigene Übersetzung)

Abbildung 4: Das Facsimile der ersten Seite des 2. Satzes

Nach Hayrettin Akdemir steht die Sinfonietta unter dem Einfluß der späteren neoklassischen Kompositionen *Strawinskys*, Stücke *Bartoks,* wie Divertimento für Streichorchester (1939), die als Muster dienen können, und mancher Werke *Prokofjews*[306].
Die Sinfonietta besteht aus drei Sätzen: *1. Allegro, 2. Adagio, 3. Allegro.* Als Beispiel wird hier der 2. Satz behandelt.

2. Satz *(Adagio)*: Der in der Art einer *Elegie* gestaltete Satz hat seinen Hauptcharakter aus der traditionellen türkischen Musik. Der Satz ist in einer dreiteiligen Form geschrieben. (ABA)

A	**B**	**A**
(1-30)	(31-96)	(97-119)

Die Form des ersten Abschnitts (A) ist eine vierstimmige *Fuge*, die der Makam *Segah* beherrscht. Das Fugenhema (1.Themeneinsatz-*Dux*) im Makam *Segah* auf (e) wird von den Celli und Kontrabässen in den Takten 3/4 und 4/4 *con sordino* eingeführt.

Beispiel 101a: Das Hauptthema im Segah auf (e) im Cello.

Beispiel 101b: Der auf den Ton (e) übertragene Makam Segah in der türk. Musik[307].

Die Viola antwortet (2.Themeneinsatz-*Comes*) dem *Dux* im *Segah* auf (h) ab T. 5, wie in der Fugenform vorgeschrieben fünf Töne höher. Der *Dux* spielt währenddessen den Kontrapunkt.

Beispiel 102: Die Quintbeantwortung in der Viola.

Ab T. 9 erklingt das Thema (3.Themeneinsatz-*Dux* in der Oktave) im *Segah* auf (e) in der zweiten Violine, und die Quintbeantwortung (4.Themeneinsatz-

---

306 Vgl. Hayrettin Akdemir, „Die neue türkische Musik", S.151f.
307 Vgl. Zeki Yılmaz, S.226.

Comes) der ersten Violine im *Segah* auf (h) erfolgt ab T. 13, also in der Oktave der Quinte. Damit ist die erste Exposition der vierstimmigen Fuge abgeschlossen. Nach der Exposition erklingt bei den Streichern ein viertaktiges *Zwischenspiel*, in dem das Thema entwickelt wird und führt zur zweiten Exposition. Das Thema (*Dux*) wird hier ab T. 21 von der ersten Violine und der Viola eingeführt, und diesmal im *Segah* auf (f). Die Antwort (*Comes*) der Celli und Kontrabässe erfolgt im *Segah* auf (c). Die kurze zweite Exposition führt zum Abschnitt (B).
Der Abschnitt (B) steht in einer *Fugenähnlichen* Form und besteht aus den mit einem Auftakt beginnenden Thema, das imitierend hintereinander zu hören ist. Im Vordergrund steht die fugenartige Behandlung des Themas. Der erste Themeneinsatz erklingt in der zweiten Violine (in T. 31) (Bsp.103a) über dem Orgelpunkt in den Celli und Kontrabässen. Die erste Violine begleitet mit der liegenden Stimme. Der Makam *Segah* im Abschnitt (A) wendet sich hier dem *Hicazkar* auf (g) zu (Bsp.103b).

Beispiel 103a: 1. Themeneinsatz in der 2. Violine.

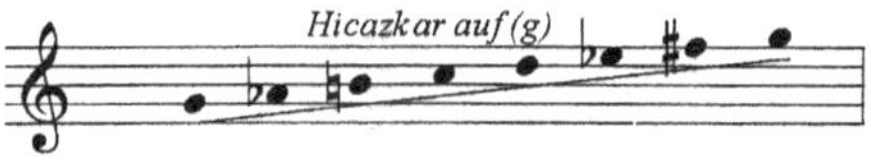

Beispiel 103b: Der auf den Ton (g) übertragene Makam-Hicazkar in der türk. Musik[308].

Der zweite Themeneinsatz, der im gleichen Makam steht wie der erste, beginnt in T. 33 in der Viola. Währenddessen spielt die zweite Violine den Kontrapunkt (Bsp. 104). Die Celli, Kontrabässe und die erste Violine liefern dieselbe Begleitung wie beim ersten Themeneinsatz.

Beispiel 104: Der 2. Themeneinsatz und die Gegenstimme.

Den dritten Themeneinsatz führt die erste Violine ein in T. 38. Das Thema steht im *Hicazkar* auf (b) und wendet sich ab T. 43 dem *Hicazkar* auf (a) zu.

[308] Ebda., S. 154.

Ab den dritten Themeneinsatz entsteht die *Engführung,* in der die 3. und 4. Themeneinsätze in kurzen Zeitabständen eingesetzt werden, ehe die Themen zu Ende gespielt sind.
Nach dem *Zwischenspiel* in T. 45-49 beginnt der zweite Teil des Abschnitts (B). Der zweite Teil hat vier Themeneinsätze, die im Quartabstand beginnen:

-Der erste Einsatz mit (es) im Cello in T. 49,
-der zweite Einsatz mit (as) in der Viola in T.51,
-der dritte Einsatz mit (des) in der zweiten Violine in T. 53 und
-der vierte Einsatz mit (ges) in der ersten Violine in T. 55.

In T. 58 beginnt der dritte Teil de Abschnitts (B). Ab T. 61 trägt das Cello ein neues Thema (das vierte Thema der Fuge) vor über einem Orgelpunkt im Kontrabaß, während die Violinen und Viola mit den *ostinato*-Figuren begleiten. Das neue Thema im Cello steht im Makam *Kürdi* auf (b).

Beispiel 105a: Das von Cello vorgetragene Thema im Kürdi auf (b).

Beispiel 105b: Der auf den Ton (b) übertragene Makam-Kürdi in der türk. Musik[309].

Die Überleitungspassage in T. 80-96, in der über einem Orgelpunkt chromatische *repetitiv*-Figuren gespielt werden, führt zur Reprise. Nach der Generalpause erklingt das erste Thema der Fuge in den Celli und Kontrabässen in T. 97, und damit beginnt die Reprise (Abschnitt A). Sie beginnt in der gleichen Weise, wie die Fuge am Anfang begonnen hat:

-Der erste Einsatz-*Dux* (Thema) beginnt mit (e),
-der zweite Einsatz-*Comes* (Thema in der Quinte) mit (h),
-der dritte Einsatz-*Dux* (Thema in der Oktave) mit (e) und
-der vierte Einsatz-*Comes* (Thema in der Oktave der Quinte) mit (h).

Nach diesen Themeneinsätzen spielen die Celli und Kontrabässe in T. 113-115 und Viola in T. 115-117 das Kopfmotiv des Fugenthemas weiter, währenddessen begleiten die anderen Streicher mit den kleinen wiederholenden Figuren. Der zweite Satz endet mit den Schlußakkorden in den letzten drei Takten.

---

[309] Ebda., S.115.

II. 3. 6. Verzeichnis der Werke

Werke für Gesang und Orchester:
„Bülbül ve Ayın Ondördü" für Sopran und kleines Orchester, 1932
„Sieben Volkslieder" für Baßbariton und Orchester, 1936-1939

Chorwerke:
„Zweistimmige Volkslieder", Zehn Stücke, 1936
„Sieben Volkslieder" für gemischte Chor, 1943
„Zehn Volkslieder" für gemischte Chor, 1963

Werke für Gesang und Klavier:
„Sieben Volkslieder", 1936

Orchesterwerke:
„Zwei Tänze" für großes Orchester, 1930
„Bayram" für großes Orchester, 1934
„Köçekçeler", 1943
„1. Sinfonie", 1944-1946
„2. Sinfonie",1948-1951
„Symphonic Movement" für großes Orchester, 1968-1969
„Symphonic Episodes" (unvollendet), 1970-1971

Konzerte:
„Klavierkonzert", 1942
„Violinkonzert", 1947

Werke für Soloinstrumente und Orchester:
„Konzertino" für Klavier und Orchester, 1932
„Konzertante Sinfonie" für Klavier und Orchester, 1966

Kammermusik:
„Streichquartett", 1935-1936
„Quintett" für Klavier, zwei Violinen, Viola und Cello, 1943
„Sinfonietta" für Streicher, 1951-1959

Werke für Soloinstrumente:
„Beş Damla" für Klavier, sieben leichte Stücke für Kinder, 1931
„Duyuşlar", elf Stücke für Klavier, 1937
„Sonate" für Klavier, 1946
„Sechs Präludien" für Klavier, 1965-1967

Werke für Violine und Klavier:
„Ninni, Improvisation und Zeybek-Lied", 1929-1932

Bühnenwerke:
„Karagöz“, 1940
„Keloğlan“ ‚Ballettmusik, 1950[310]

Opernübersetzungen:

Pietro MASCAGNI, „Cavalleria Rusticana“	U. C. Erkin - F. Turkay
Georges BIZET, „Carmen“	U. C. Erkin - N. K. Akses
Charles GOUNOD, „Faust“	U. C. Erkin - N. K. Akses
Giuseppe VERDI, „Aida“	U. C. Erkin - N. K. Akses
Gioacchino ROSSINI, „Il barbiere di Siviglia“	U. C. Erkin - N. K. Akses
Giacomo PUCCINI, „Il tabarro	U. C. Erkin - H. B. Yönetken
Giuseppe VERDI, „Othello“	U. C. Erkin - N. K. Akses
Richard STRAUS, „Salome“	U. C. Erkin - S. Ikesus
Ludwig von BEETHOVEN, „Fidelio“	U. C. Erkin - N. K. Akses[311]

II. 3. 7. Ausgewälte Diskogfaphie

„Köçekçeler“ Rhapsodie
(Philharmonisches Orchester Budapest – Leitung: Hikmet Şimşek)
HUNGAROTON HCD 31455 (1992)

„Sinfonia Concertante“ für Klavier und Orchester,
„2. Sinfonie“
(Philharmonisches Orchester Budapest – Leitung: Hikmet Şimşek,
Solistin: Verda Erman)
HUNGAROTON HCD 31528 (1992)

„Sinfonischer Satz“
(Radiosifonieorchester Moskau – Leitung: Hikmet Şimşek)
RAKS-Turkey 97113661 (SD 05) (1993)

„Komplette Werke für Klaviersolo“
(Solistin: Verda Erman)
HUNGAROTON HCD 31599 (1995)

„Sinfonietta“ für Streicher
(Northern Sinfonia of England – Leitung: Howard Griffiths)
KOCH/SCHWANN 3-1480-2 (1998),
(Düsseldorfer Kammerensemble – Leitung: Rengim Gökmen)
CARILLON 24.753 (1993)

---

[310] Alle diese Angaben finden sich: Ahmet Say, „The music makers in Turkey“, (1995) Artikel „Erkin“, S.62.
[311] Koral Çalgan, „Duyuşlar“ (1991), S.213.

II. 4. Ahmed Adnan Saygun

Ahmed Adnan Saygun ist der bekannteste unter den „Türkischen Fünf". Er ist einer der wenigen Komponisten, der alle musikalischen Gattungen gleichermaßen in seinen Werken verwirklichte. Zu dem ist Saygun ein bekannter Musikethnologe, ein Forscher der Volkskultur und Künste, ein wichtiger Musikpädagoge und Schriftsteller. Er unternahm 1936 zusammen mit Béla Bartók eine Forschungsreise in die Süd-Türkei (s. Kap. I.1.1.).
Gemäß seinen Aktivitäten prägte er das türkische Musikleben. Besonders mit der Aufführung des „Yunus Emre" Oratoriums 1947 in Paris erlangte er Weltruhm[312]. Ab 1947 wurden Sayguns Werke des öfteren im Ausland aufgeführt, und im selben Jahr noch wurde er zum Mitglied des „International Folk Music Council" gewählt, und in den weiteren Jahren bekam er verschiedene Auszeichnungen und erste Preise in der Türkei, Frankreich, Deutschland, Italien, England und Ungarn[313].
Seine Bewunderung für und Zuneigung zu Beethoven und dessen Gedanke „Der Mensch gegenüber dem Schicksal" in seiner 5. Sinfonie ist ein sehr oft behandeltes Thema in Sayguns Werken[314]. Diese Denkweise von Saygun begann erst mit seinen ersten Werken „Ağıtlar" (Trauerlieder) und „Sezişler" (Ahnungen). Mit „Yunus Emre" und „Kerem" erreichte er die Reife, mit der „3. Sinfonie" und „İnsan Üzerine Deyişler" kommen neue Dimensionen hinzu und in „Gılgamış" erreichte er seinen Höhepunkt[315].

[312] Vgl. Evin İlyasoğlu, „Twenty-Five Turkish Composers", Istanbul (1989), S.30.
[313] Vgl. Ebda. S.30f.
[314] Vgl. Gülper Refiğ (1991), S.4.
[315] Ebda.

II. 4. 1. Kurze Biographie

A. A. Saygun wurde am 7.September 1907 in Izmir geboren. Sein Vater Mehmet Celal war Lehrer für Mathematik. Durch den Einfluß seines Vaters, kam Saygun in frühen Jahren mit der Wissenschaft und den Künsten in Berührung. Schon mit 4 Jahren begann er mit seiner Schullaufbahn und wurde nach zwei Jahren vom Musiklehrer Ismail Zühtü[316] als begabter Musikschüler entdeckt und von ihm gefördert. Mit seiner in der Schule gegründeten Blaskapelle veranstaltete Ismail Zühtü bewußt Konzerte, um die Aufmerksamkeit der Leute auf die mehrstimmige Musik zu lenken. Und das mit Erfolg. Auch Saygun gehörte damals zu denjenigen, die von diesen Konzerten fasziniert waren[317]. Mit 10 Jahren nahm er am mehrstimmigen Chor, der von Ismail Zühtü gegründet und geleitet wurde, teil. Zühtü ermöglichte, daß begabte Schüler unentgeltlich unterrichtet werden konnten. Er lehrte Klavier, Geige, Cello usw. zu spielen und unterrichtete zugleich Musiktheorie und Notensingen . Zühtü hatte somit die ersten Schritte zur Gründung eines Konservatoriums getan[318]. Der kleine Saygun erinnerte sich daran, daß damals 5-6 Klaviere in dieser Schule zur Verfügung standen. Zühtü erklärte ihm die Grundkenntnisse der Musik[319] . Durch die Empfehlung seines Lehrers begann er im Alter von 12-13 Jahren beim Italiener Rossati Klavierunterricht zu nehmen. Mit 12 Jahren komponierte Saygun sein erstes Lied. Schon in diesem kleinen Stück tauchte der Gedanke „Schöpfung und das Schicksal des Menschens" auf, den er in seinen späteren Werken ausführlicher bearbeiten sollte[320].

Er lernte später bei Amelie Bonal französisch und begann Bücher auf französisch zu lesen. 1922 erreichte Saygun schon mit 15 sein Abitur. Im selben Jahr lernte er bei Macar Tevfik Bey[321] weiter Klavier. Unter der Aufsicht seines neuen Lehrers lernte er Tag und Nacht. Nach seinen ersten Kompositionsversuchen wollte Saygun nun in größeren Formen komponieren. Er erweiterte sein Wissen über die Harmonielehre durch einige französische Bücher, die er fand. Außerdem übersetzte er auch das Buch über „Harmonielehre und Kontrapunkt" von Ernst Friedrich Richter ins türkische, um seine Kenntnisse zu erweitern. Inzwischen erhielt Saygun von Hüseyin

---

[316] Ismail Zühtü (1877-1924), der Komponist und Musiklehrer, hatte sich bemüht vor der Gründung der türkischen Republik in verschiedenen Schulen von Izmir mehrstimmige Musik, Chöre und Blaskapellen einzuführen und zu verbreiten. Vgl. Ahmet Say, „Musik Ansiklopedisi" (Lexikon der Musik) Artikel „Ismail Zühtü", Bd.3. S.655f.

[317] Vgl. Fehamettin Özgüç (1987), S.18.

[318] Vgl. Gülper Refiğ(1991), S.2.

[319] Ebda.

[320] Ebda.

[321] Der Komponist und Klavierlehrer Macar Tevfik Bey (1850-1941), entstammt einer türkisch-italienischen Familie. Er wurde in Venedig geboren und erhielt seine Musikausbildung dort. In Ungarn und Bukarest war er als Klavierlehrer tätig. 1876 wurde er am Hofe des Sultans in Istanbul als Klavierlehrer eingestellt. 1879 ließ er sich in Izmir nieder und brachte dort viele Schüler hervor. Vgl.Gültekin Oransay, „Batı Tekniğiyle Yazan 60 Türk Bağdar" (60 türkische Komponisten, die mit westlicher Technik schreiben), Ankara (1965), S.11.

Saadettin Arel[322], der 1923 nach Izmir kam, für eine kurze Dauer Harmonielehre[323]. Da zu dieser Zeit der Beruf des Musikers in der Türkei noch nicht etabliert war, wollte Sayguns Vater, daß er eine schulische Ausbildung beendete und einen angesehenen Beruf erlernte. 1923 war die Zeit, in der das osmanische Reich zerbrach und die türkische Republik gegründet wurde. Saygun mußte fortan arbeiten und trat 1925 eine Stelle in Izmir als Angestellter in einer Bibliothek an und gab auch gleichzeitig Musikunterricht in den Grundschulen. Er nutzte seine Position in der Bibliothek aus und übersetzte die Artikel über Musik der 31 Bände „La Grande Encyclopédie" ins Türkische und faßte sie in 6 Bänden zusammen. Ferner übersetzte er auch Albert Keims Buch „Das Leben und die Werke Wagners"[324]. 1926 machte Saygun in Ankara sein Staatsexamen als Musiklehrer. Im gleichen Jahr wurde er zum Izmir Gymnasium als Musiklehrer berufen und war dort bis 1928 tätig. Inzwischen erhielt Saygun 1927 von einem Kapellmeister (Sabri Bey) eine Sinfoniepartitur von Schubert. Diese Partitur ermöglichte es ihm, eine andere musikalische Richtung einzuschlagen. Saygun komponierte im Stil Schuberts eine Sinfonie ohne Opuszahl[325].

II. 4. 2. Die Pariser Zeit und ihre Einflüsse

Durch die Direktive Atatürks wurden 1928 öffentliche Prüfungen durchgeführt, bei denen begabte Schüler entdeckt werden konnten. Saygun bestand diese Prüfung und wurde im selben Jahr noch, Herbst 1928, nach Paris geschickt[326]. Die erste Schule, die er dort besuchte, hieß „École Normale de Musique", und er kam in die Klasse von Nadia Boulanger. Doch sah Saygun, daß die Ausbildung in dieser Schule zu lange dauern würde, und er wechselte daher zu einer anderen Schule, der „Schola Cantorum"[327]. Die „Schola Cantorum" war damals eine der wichtigsten Musikhochschulen, an denen man eine gute Musikausbildung absolvieren konnte. Vincent d'Indy, ein bekannter Name und früherer Schüler César Francks, war der Rektor von „Schola Cantorum". Er unterrichtete Komposition und ermöglichte den Schülern durch die Werke von Palestrina, Vittoria, Bach und besonders von Beethoven, die großen Werke zu verstehen[328]. So sagte Saygun: „d'Indy ermöglichte mir, die tiefgründige Bedeutung der großen Werke zu verstehen"[329]. Vincent d'Indy hatte sich wirklich bemüht, seinen Schülern

[322] Siehe Fußnote, das Kapitel II. 2.
[323] Vgl. Fehamettin Özgüç (1987), S.19.
[324] Vgl. Gülper Refiğ (1991), S.4.
[325] Vgl. Fehamettin Özgüç (1987), S.19.
[326] Gülper Refiğ, S.4.
[327] Fehamettin Özgüç. S.19.
[328] Vgl. Denis-Armand Canal (1991), S.28.
[329] Ebda.

eine gute Technik zu geben, um ihnen die Fähigkeit zu vermitteln, jede Art der Musik zu analysieren. Er gab Bachs und Beethovens Werke als Beispiel für die alte und neue Musikart und analysierte sie mit seinen Schülern. Saygun lernte somit von d'Indy die Regeln und Techniken der Komposition der verschiedenen Epochen und den Aufbau der verschiedenen Musikarten kennen[330].

Zudem lernte er Kontrapunkt bei Paul le Flem, Orgel bei Edouard Souberbielle, Gregorianik bei Amédée Gastoue, Fuge und Harmonielehre bei Eugène Barrel[331]. Saygun lernte von seinem Lehrer Paul le Flem die Rolle und die Wichtigkeit des Kontrapunktes in der Struktur der Musik. Er erkannte, daß der Kontrapunkt die Grundbausteine der Werke bildet, und dieses Wissen beeinflußte seine Werke in positiver Weise, besonders in den langsamen Sätzen seiner Sinfonien[332] .Edouard Souberbielle brachte ihm die großen und wichtigen Werke der Orgelmusik bei. Souberbielle, der ein ausgezeichneter Lehrer gewesen war, machte Saygun mit den Werken von den großen und bekannten deutschen und französischen Meistern des 18. Jahrhunderts, wie Bach, Buxtehude, Clerambault oder Couperin bekannt. Außerdem lernte Saygun zu der Zeit die größten Orgelmeister Widor und Marchall, mit denen er später Freundschaft schließt, kennen[333]. Amédée Gastoue hatte viel dazu beigetragen, Saygun die schwer verständlichen Seiten der Gregorianik zu vermitteln. Die Gregorianik, die eine Modal- und Kirchenmusik ist, ist fähig, die hochheiligen Gefühle und Begeisterungen zu reflektieren. Die Gregorianik spielt für Saygun insofern eine bedeutende Rolle, als er sie mit traditioneller türkischer Musik, die auch eine „Modalmusik" ist, in seinen späteren Werken miteinbezogen hat[334]. In Eugène Borells Unterricht ging es hauptsächlich darum, die Musikanalysen, die Saygun schon damals von Vincent d'Indy erworben hatte, zu unterstützen. Durch seinen Lehrer Borell lernte er die modernen Komponisten wie Debussy, Ravel, Roussel und sogar Varese, kennen, durch die er sein Musikverständnis verstärkte[335]. Saygun nahm auch zusätzlich bei Eugène Borells Ehefrau Privatunterricht in Kontrapunkt. Sie half ihm, den ganzen Stoff ausführlich zu verstehen und sich für immer einzuprägen. Und ihr Unterricht war vielleicht noch nützlicher als die Paul le Flems[336].

Während der 3 Jahre in Paris machte Saygun sehr große Fortschritte. Er entwickelte und verbesserte auch seine intellektuellen Fähigkeiten und sein allgemeines Kulturbewußtsein. Damals wurden in Paris die Werke von Claude Débussy, Camille Saint-Saëns und Gabriel Faure, die vor kurzer Zeit gestorben waren, oft aufgeführt und von den Kritikern studiert. Außerdem

[330] Ebda.
[331] Ebda.
[332] Ebda.
[333] Ebda. S.29.
[334] Ebda.
[335] Ebda.
[336] Ebda.

war es für die Komponisten wie Paul Dukas, Maurice Ravel, Albert Roussel, Arthur Honegger, Gabriel Pierne und andere viele bekannte Komponisten, die damals in Paris und Umgebung lebten, die produktivste und künstlerische Zeit. Musiker vieler Länder trafen sich in Paris, denn diese Stadt war das Zentrum der internationalen Kultur und Künste. Die Teilnahme an verschiedenen Veranstaltungen beinflusste Saygun in seiner Entwicklung, und er selbst nutzte diese einmalige Gelegenheit gut aus[337]. Sayguns Musikausbildung in Paris, bedeutete für ihn gleichsam eine Neugeburt der Musik. Zum ersten Mal begann er seinen Werken in Paris eine „Opus"-Nummer zu geben. Sein Orchesterstück „Divertimento" op.1[338] schrieb er Ende 1930 für einen Wettbewerb in Paris. Dieses Werk des 24 Jahre jungen Komponisten Saygun wurde 1931 bei der „Großen Kolonial Ausstellung" von der Jury gewählt und vom „Orchester Colonne Konzerte" aufgeführt. Der Vorsitzende der Jury war der prominente Komponist Gabriel Pierne, der auch der Dirigent des Orchesters war und als Mitglied der „Académie de Beaux Arts" angehörte. Dieser erfolgreiche Wettbewerb und das Ergebnis waren für Saygun von großer Bedeutung[339].
Nachdem Saygun sein Werk der Jury vorgestellt hatte, mußte er bedauerlicherweise wieder in die Türkei zurückkehren, da seine Musikausbildung beendet war. Nach seiner Rückkehr 1931 lehrte er am Musiklehrerseminar in Ankara Kontrapunkt und Harmonie. Das Ergebnis des Wettbewerbs erfuhr er durch einen Brief von Gabriel Pierne und Henri Defosse, der auch der Lehrer von Cemal Reşit Rey war. Für die Uraufführung von „Divertimento" und um die Aufführungen seiner weiteren Werke, die er zu komponieren plante, zu besprechen, wurde Saygun nach Paris eingeladen. Da er aber das nötige Geld für diese Reise und für den Aufenthalt nicht aufbringen konnte, konnte er die Einladung nicht annehmen. „Divertimento" wurde 1931 in Paris uraufgeführt und gelangte 1933 in Warschau zu einer neuerlichen Aufführung[340].

II. 4. 3. Die Opern „Özsoy" und „Taşbebek"

Nach seiner Rückkehr nach Ankara 1931 war Saygun sehr aktiv. Neben seiner Tätigkeit als Harmonie- und Kontrapunktlehrer am Musiklehrerseminar, komponierte er sehr intensiv. Wichtige Werke, die er zwischen 1931 und 1936 schuf, sind folgende: Drei Stücke für das Orchester (1931-1933), „Die Toten" Suite für Orchester (1932), „Burlesque" für Klavier und Orchester (1933), „Quartett" für Klarinette, Tenorsaxaphon, 4 Pauken und Klavier

---

[337] Denis-Armand Canal, S.29.
[338] Sayguns erstes Meisterwerk „Divertimento" op.1, ein sätziges Stück für das große Orchester, besteht aus einem Thema mit 8 Takten, das von einem Tenorsaxophon gespielt wird. Obwohl das Stück in einer Sonatenform aussieht, erweitert sich das Thema mit den Variationen. Vgl. Gülper Refig, S.5.
[339] Denis-Armand Canal, S.29.
[340] Vgl. Fehamettin Özgüç, S.20.

(1933), „Manastır Lied" für Chor und Orchester (1933), „Kızılırmak Lied" für Sopran Solo und Orchester (1933), „Özsoy" Oper (1934), „Inci'nin Kitabı" (Incis Buch) 7 Stücke für Klavier, „Taş Bebek" (Das Steinerne Kind) Oper (1934), Sonate für Cello und Klavier (1935), Suite für Orchester (1936)[341].
Die Oper „Özsoy" op.9 nimmt in der zeitgenössischen türkischen Musikgeschichte einen besonderen Platz ein. Denn das lyrische Drama „Özsoy", das aus 3 Akten besteht, ist die erste türkische Oper, die aufgeführt wurde. Der Besuch des persischen Schah in der Türkei 1934 war nach Atatürks Meinung eine gute Gelegenheit, die neue türkische Gesellschaft und die republikanischen Reformen vorzustellen. Daraufhin beauftragte Atatürk den jungen Saygun, eine sagenhafte Oper zu schreiben, die eine auf einer alten Legende basierende türkisch-persische Freundschaft erzählt. Saygun hatte nur einen Monat Zeit bis zum Besuch des Schah. In dieser kurzen Zeit war es Saygun gelungen, die Oper zu komponieren. Und mit dem Sinfonieorchester des Staatspräsidenten, das damals das einzige Orchester von Ankara war, und mit dem Opernchor, den er mit großen Schwierigkeiten gegründet hatte, verwirklichte er die Proben. Am 19. Juni 1934 wurde die Oper „Özsoy" im „Ankara Halkevi" (Volkshaus von Ankara) vor Atatürk und vor dem persischen Schah mit Erfolg uraufgeführt[342]. Atatürk war mit Sayguns Leistung sehr zufrieden und ernannte ihn zum Dirigenten des Sinfonieorchesters des Staatspräsidenten.
Nach dem großen Erfolg der Oper „Özsoy", beauftragte Atatürk Saygun wiederum, eine Oper zu schreiben, deren Thema er erneut vorschrieb. Inhaltlich erzählt „Taşbebek" (Das Steinerne Kind) allegorisch die Entstehung des neuen Menschen der republikanischen Türkei. Somit komponierte Saygun im selben Jahr 1934, die lyrische Phantasie Oper „Taşbebek", die aus einem Akt besteht[343]. Am 27. Dezember 1934 wurde „Taşbebek" wiederum im „Ankara Halkevi" vor Atatürk mit Erfolg uraufgeführt.
Nach „Özsoy" war auch „Taşbebek" ein konkretes Beispiel für das, was Atatürk im Bereich der Musik bezweckt hat[344].

II. 4. 4. Sayguns Schaffen

Als Komponist respektierte Saygun sehr die modernen Musiktechniken und entsprechende musikalische Strömungen; er bediente sich dieser Neuerungen in seiner Musik, aber nur, sofern er es für den Inhalt seiner Werke für angemessen hielt. Aus diesem Grunde nannten ihn die Medien nach seinem Tode vereinfachend den *Romantiker* oder den *Impressionisten*[345].

---

341 Vgl. Gültekin Oransay, „Batı Tekniğiyle Yazan 60 Türk Bağdar" (60 türkische Komponisten, die mit westlicher Technik schreiben), Akara (1965), S.40f.
342 Vgl. C. M. Altar, „Opera Tarihi" (Geschichte der Oper), Artikel „Saygun", Bd.4. (1993), S.308f.
343 Ebda. S.311f.
344 Vgl. Gülper Refiğ, S.7f.
345 Vgl. Önder Kütahyalı, „Saygun'u anlamak" (Saygun Verstehen), in: ‚Orkestra' Nr.211 (März 1991), S.5.

Nach Önder Kütahyalı kann man sagen, daß Saygun, um sein Ziel zu erreichen, auf dem Wege des *Eklektizismus* war[346]. Allgemein galt, was sein Schüler, der Komponist Bülent Tarcan, sagte: „Saygun ist ein Künstler, dem kaum etwas gefällt, seine Selbstkritik war sehr hart“[347]. Diesem Standpunkt entsprechend war er bei der Komposition seiner Werke sehr sorgfältig und genau.
Der Komponist und Musikwissenschaftler Hayrettin Akdemir berichtete in seinem Kommentar über Sayguns Schaffen, daß Saygun der modernste Komponist und der größte Erfinder der „Türkischen Fünf“ ist. „Er schrieb in einem zukunftsorientierten, eigenen Stil. Dennoch ist sein Werk, auch in der Türkei, nicht sehr bekannt, dies gilt insbesondere für sein Spätwerk, da es keine deutlichen melodischen Charakteristika mehr gibt. Die Melodik ist zerstreut, bewegt sich aber trotzdem innerhalb der Makam-Regionen“[348].
Saygun war einer der wenigen Komponisten, der gleichermaßen in allen musikalischen Gattungen Werke komponierte. Ausgangspunkt seines Schaffens war die türkische Volks- und traditionelle Musik. Nach ihm sind die Melodien und Rhythmen der Volksmusik die geeignetsten musikalischen Materialien, um das bewegte Leben von heute auszudrücken. Er verwandte nämlich neben Volksmusik-Elementen auch die Makam-Elemente der traditionellen Musik in seinen Werken. Als Beispiel ist das „1. Klavierkonzert“ in den Makamen *Karcığar* und *Hüzzam* zu nennen. Nach Saygun ermöglicht die kontrapunktische Schreibweise, daß die Makame stärker auf die zeitgenössische Musik einwirken. Wenn man einige Töne, die die Makame bilden, harmonisch gleichzeitig spielt, dann entstehen daraus außerordentliche Klänge[349]. Saygun verstand es, die nationalen Musikwerte in eine internationale mehrstimmige Musik zu wandeln. Als ein zeitgenössischer Komponist brachte er durch seinen Stil neue Farben und Ideen in die türkische Musik der Gegenwart. Als er sich mit Makamen beschäftigte, ging seine Annäherung an das Thema bis zur antiken Zeit Anatoliens zurück. In seiner Musik konnte Saygun gleichzeitig die antiken und heutigen Makame verwenden, d.h. Vergangenheit und Gegenwart im gleichen Werk verbinden. Das „1. Streichquartett“ zum Beispiel, das im alten *Dor* (gemeint dorisch) ist, endet in seinem letzten Satz mit den neuen Makamen *Kürdi* und *Hicaz*. Immer wieder schuf Saygun mit seinem charakteristischen Stil neuartige Werke. Sein Ziel war, das jetzige Anatolien mit seiner Geschichte, der heutigen Lage und seiner Folklore und seinen Makamen bekannt zu machen[350].
Sayguns Werke sind in drei Phasen zu unterteilen. Die von 1930 bis 1946 komponierten Werke gehören zu seiner ersten Schaffensphase. Sie beginnt mit dem 1930 geschriebenen „Divertimento“ op.1, einem einsätzigen Werk

---

[346] Ebda.
[347] Vgl. Bülent Tarcan „Türk Kuartetleri“ (Türkische Quartette), in: ‚Orkestra‘ Nr. 74 (1969), S.2.
[348] Vg. Hayrettin Akdemir, „Die neue Türkische Musik“, (1991), S.61.
[349] Vgl. Önder Kütahyalı, S. 5.
[350] Ebda.

für großes Orchester. Das *Divertimento* schrieb Saygun Ende 1930 während seiner Ausbildung in Paris für einen Wettbewerb. Dieses Werk wurde 1931 bei der „Großen Kolonial-Ausstellung“ von der Jury gewählt und wurde vom „Orchester Colonne Konzerte“ aufgeführt. Der Vorsitzende der Jury war der prominente Komponist Gabriel Pierne, der auch der Dirigent des Orchesters war und als Mitglied der „Académie de Beaux Arts“ angehörte[351]. Sayguns erstes Meisterwerk *Divertimento* besteht aus einem Thema mit 8 Takten, das von einem Tenorsaxophon gespielt wird. Obwohl das Stück in einer Sonatenform geschrieben ist, erweitert sich das Thema durch Variationen[352]. In seinen Werken dieser Zeitspanne sieht man französisch-impressionistische Einflüsse. Saygun suchte nach sich selbst. Er bearbeitete die Volksmusik-Elemente in konkreter Weise. Wichtige Werke, die er in dieser Phase komponierte, sind folgende: „Intuitionen“ op.4, für zwei Klarinetten (1933), „Quartett“ op.8, für Klarinette, Saxophon, Klavier und Schlaginstrumente (1933), die einaktige Oper „Özsoy“ op.9 (1934), „Incis Buch“ op.10b, für die kleinen Orchester (1934), die einaktige Oper „Taşbebek“ op.11 (1934), „Bir Orman Masalı“ (ein Waldmärchen) op.17, Balletmusik (1939-1943), „Kantate im alten Stil“ op.19, für Solisten und Chor (1941)[353].

II. 4. 4. 1. „İnci‘nin Kitabı" (Incis Buch) op.10b, *7 leichte Stücke für kleines Ensemble*:

„Incis Buch“, das zu seinen Frühwerken gehört, schrieb Saygun 1934 eigentlich für Klavier und widmete es seiner Lehrerin Eugène Borrel, bei der er in Paris Fuge und Harmonielehre lernte. Später orchestrierte Saygun das aus sieben leichten Stücken bestehende „Incis Buch“, und es wurde am 12. April 1948 unter der Leitung von George Weldon vom „Sinfonieorchester des Staatspräsidenten“ in Ankara aufgeführt. In den folgenden Jahren wurde Incis Buch oft meistens im Rahmen von Schulkonzerten gespielt[354]. Hier wird als Beispiel das 1. und 7. Stück behandelt.

Das 1. Stück, *„Inci“*, *Calme*:
Die Besetzung: *2 Flöten, 1 Oboe, 1 Klarinette, 1 Celesta, 2 Violinen (I), 2 Violinen (II). 2 Violen, 2 Violoncelli.*

Das erste Stück „Inci“ (ein türkischer Mädchenname) ist in einer dreiteiligen Form geschrieben (ABA) und steht im 4/4 Takt.

A (1-4) **B** (5-14) **A** (15-20)

[351] Vgl. Canal Denis-Armand, „A.A.Saygun Paris‘te“ (A. A. Saygun in Paris), Izmir (1987), S.29.
[352] Vgl. Gülper Refiğ, „A. A. Saygun ve Gecmişten Geleceğe Türk Musikisi“ (A. A. Saygun und die türkische Musik von der Vergangenheit zu der Zukunft), Ankara (1991), S.5.
[353] Vgl. Gültekin Oransay, Ankara (1965), S.40f.
[354] Ebda., S.41.

Das Stück beginnt mit dem ersten Motiv in der Oboe, während die Viola vier Töne tiefer eine zweite Stimme spielt. Die Celesta und die *divisi* und *con sordino* spielenden Streicher liefern währenddessen eine Begleitung, in der die ersten Stimmen der Violinen und das Cello synkopierte *Ostinato*-Figuren in der Oktave in (a) und die zweite Stimmen der Violinen und Viola liegende Töne auf dem (a) spielen. Die Celesta mit Verzierungsnoten und die zweite Cello-Stimme mit *pizz.* beteiligen sich an dieser Begleitung, in der sie alle zwei Takte mit einem Viertel im Ton (a) spielen. Die Hauptmelodie in der Oboe basiert auf dem Makam *Hüseyni* auf (a) und die von der Viola eingeführte zweite Stimme basiert dagegen auf dem ersten Tetrachord von dem *Kürdi* auf (e). Hier kann man sagen, daß die beiden Melodien eine Art Polyphonie bilden (Bsp.106a).

Beispiel 106a: Die Melodien in der Oboe und Viola.

Beispiel 106b: Die Makame Hüseyni auf (a) und Kürdi auf (e) in der türk. Musik.

Der zweite Teil (B) beginnt mit derselben Struktur wie im ersten Teil in T. 5 und dessen Motiv wiederholt sich in der Oktave. Die Melodie in der Oboe bleibt im *Hüseyni* auf (a). Die zweite Stimme im *Kürdi* auf (e), es wird diesmal von der Klarinette übernommen (Bsp.107). Bei der Wiederholung in der Oktave in T. 10-15 werden die Melodie und die zweite Stimme von den Flöten vorgetragen, während die Celesta mit den Verzierungsnoten in der Oktave (a) begleitet. Die synkopierten Ostinato-Figuren und die liegenden Töne (diesmal Flageolett bis zum Ende des Stückes) spielen die Violinen in der Oktave weiter.

Beispiel 107:Die Melodie des zweiten Teils und dazu gehörende zweite Stimme.

Ab T.15 beginnt die Reprise, in der das erste Motiv und die dazu gehörende zweite Stimme in mehreren Instrumenten erscheint. Zum Beispiel: das erste Thema erscheint in der Oboe, in erster Violine (Flageolett) und die zweite Stimme des Themas in der Klarinette, in zweiter Violine (Flageolett). Außerdem spielt die Celesta beide Melodien in der Klavierversion. Die synkopierten Ostinato-Figuren erscheinen in den zweiten Stimmen der Violinen und der ersten des Cellos. In den letzen zwei Takten ertönt die Melodie des Schlußanhangs in der ersten Flöte und der Viola und bringt das Stück zu einem sanften Schluß in *pp*.

Das 7. Stück, *„Rüya" (A Dream)*, *Calme*:
Die Besetzung: *1 Flöte, 1 Oboe, 1 Klarinette, 2 Fagotte, 1 Horn, 1 Violine (I), 1 Violine (II), 1 Viola, 1 Cello, 1 Kontrabaß.*
Das 7. Stück „Rüya" hat einteilige Form. Das Thema besteht aus einer Periode, die sich in der Oktave wiederholt und steht im 4/4 Takt.

a-Periode	*Schlußanhang*
(1-8)	(9-11)

Die Periode steht in der *Karcigar*-Quint auf (h) (Bsp.108a-b) und wird über die Orgelpunkte der Celli und Kontrabässe von den Violinen eingeführt, während die Viola eine chromatische zweite Melodie spielt. Die Einsätze der Klarinette und des Horns bei der Wiederholung des Satzmotivs in T. 2 wirken wie ein Echo. Ab T. 3 spielen die Streicher die gleiche Struktur wie am Anfang, die Viola und das Fagott übernehmen die chromatische zweite Melodie für vier Takte.

Beispiel 108a: Das Thema in der 1.Vl. und die chrom zweite Melodie der Vilola in T.1.

Beispiel 108b: Die Karcigar-Quint auf (h) in der türk.Musik.

Bei der Wiederholung der Periode in der Oktave in T. 5-9 ertönt das Satzmotiv des Themas in der Flöte und wird von der Oboe und dann nochmals von der Flöte wiederholt. Im Nachsatz der Periode in T. 7-9 spielt das Fagott die Töne der *Karcigar*-Quint auf (h), während das Thema in der Flöte erklingt. Der Schlußanhang im 3/4 Takt und im 4/4 Takt bringt das Stück zu einem sanften Schluß in *pp*. Das Stück endet überraschend mit einem Großen-Septakkord, der aus den Tönen (h-e-g-c) besteht.

*   *   *

Sayguns zweite Schaffensphase, die man als seine erste Reifeperiode bezeichnet, begann mit dem Oratorium „Yunus Emre" Op.26, für Soli, Chor und Orchester. Dieses erste große Werk, das das erste türkische Oratorium darstellt, vollendete Saygun 1942. „Yunus Emre" besteht aus drei Teilen und beginnt mit Melodien, deren Tonmaterial auf der *Karcığar*-Quint auf (a) basiert. Und der folgende rezitative Teil für Tenor Solo steht auch im *Karcığar*-Quintzug, den man in vielen seiner Werke trifft.
Der bekannte türkische Dichter des 13. Jahrhunderts, Yunus Emre, ist eine sehr interessante Persönlichkeit. Sein genaues Geburtsdatum ist nicht bekannt, er starb etwa im Jahre 1321. Nicht nur als Volksdichter, sondern auch als Philosoph prägte der Gelehrte die türkische Gedankenwelt. Sein Lebensinhalt bestand in seinem Glauben an Gott und in seiner Liebe zu den Menschen[355]. Eines der wichtigsten Merkmale von Saygun Werk ist daher, daß in diesem Werk die türkische Kultur und Humanität des 14. Jahrhunderts zusammen mit moderner türkischer Musik eine vollkommene Synthese bilden.
Das Werk wurde durch das persönliche Interesse des damaligen Präsidenten Ismet Inönü endlich am 25. Mai 1946 unter der Leitung von Saygun selbst in Ankara uraufgeführt[356]. Nach dieser Uraufführung wurde Saygun gleichsam wiedergeboren. Das Ergebnis war ein großer Erfolg. Mit diesem Werk endete das Desinteresse für seine Werke nach den Opern „Özsoy" und „Taşbebek" (1934). „Yunus Emre" spielte eine Schlüsselrolle für seine internationale Karriere. Die Texte seines Werkes wurden ins Englische, Französische, Deutsche und Ungarische übersetzt. Weitere Aufführungen gab es 1947 zweimal in Paris (unter der Leitung von Saygun), 1958 zweimal in New York bei einem Jahrestag der Gründung der UNO (einmal unter der Leitung von Saygun und einmal unter der Leitung von Leopold Stokowsky)[357]. Das zweite Konzert in Paris fand im berühmten „Pleyel"- Konzertsaal statt, wobei der spätere Papst Johannes XXIII., der den Vatikan vertrat, anwesend war. Diese bedeutende Persönlichkeit machte Saygun vor dem ganzen Publikum Komplimente und verkündete die universale und menschliche Seite des Oratoriums „Yunus Emre" mit den Worten: „Warum soll ein Katholik nicht

---

[355] Vgl. Annemaria Schimmel, „Yunus Emre-Ausgewählte Gedichte/ Seçme Şiirler", Köln (1991), S. 8ff.
[356] Vgl. Gülper Refiğ, 1991, S.10f.
[357] Ebda., S.11

genauso wie ein Muslim die Schönheit dieses Werkes verstehen. Ich glaube, ich habe es verstanden und bin sehr begeistert...".[358]
„Yunus Emre" veränderte Sayguns Leben, denn er wurde international bekannt. Seitdem lud man ihn zu den internationalen Musikkongressen in verschiedenen Ländern ein. Seine Werke wurden bekannt[359]. In den späteren Jahren wurde „Yunus Emre" in Wien, Budapest, Berlin und Bremen aufgeführt. Einige Teile des Werkes stellte man bei der Eröffnung der Winterolympiade in Lake Placid vor[360].
Die zweite Phase im Schaffen Saygungs reicht vom „Yunus Emre" bis zum „2. Streichquartett" 1957. In dieser Phase orientierte er sich außer an Volksmusikelementen auch an den Makamen der traditionellen Musik, die er nach und nach in abstrakter Weise in seine Musik integrierte. Diese Abstrahierung bedeutete keine wesentliche Entfernung vom Ursprung, sondern er wollte sich lediglich davor hüten, die gleichen Dinge zu sagen, wollte sich erneuern und sich mehr und mehr auf zeitgenössische Klänge hin orientieren[361]. Bülent Tarcan resümiert: „Mit seiner Bearbeitung der Makamen in seiner Reifeperiode kreierte Saygun einen ziemlich fortgeschrittenen und originalen Stil, in dem er seine lineare Schreibweise wie ein Zauberer bearbeitete. Es wäre nicht falsch, seinen Stil als *neomodal* zu bezeichnen"[362]. Die dreiaktige Oper „Kerem" op.28 (1947-1952), „1. Streichquartett" op.27 (1947), „1. Sinfonie" op.28 (1953) und „1.Klavierkonzert" op.34 (1952-1958) sind Beispiele aus dieser Zeitspanne[363].

II. 4. 4. 2. „1. Klavierkonzert", *op.34*:

Saygun begann 1952 sein erstes Klavierkonzert zu komponieren, 1958 vollendete er das Werk. In dieser Hinsicht bildet das Werk eine Brücke zwischen der zweiten und dritten Phase. Die Uraufführung fand am 7 August 1958 mit der türkischen Solistin Idil Biret[364] unter der Leitung von Hasan

---

358 Gülper Refiğ, S.11.
359 Vgl. Cevat Memduh Altar, „Prof. A.A. Saygun'un ardından" (Nach Prof. Saygun), in: ‚Orkestra' Nr.210 (Feb.1991), S.9.
360 Vgl. Gülper Refiğ, S.11.
361 Vgl. Sayram Akdil, (1987), S. 27.
362 Vgl. Bülent Tarcan, „Türk Kuartetleri" (Türkische Quartette), in: ‚Orkestra' Nr.74 (1969), S.2.
363 Vgl. Gültekin Oransay, (1965), S.42f.
364 Idil Biret (*1942) wurde in Ankara geboren, bekam ihren ersten Klavierunterricht mit 5 Jahren bei Mithat Fenmen. 1948 wurde sie als „Wunderkind" von der türkischen Regierung nach Paris geschickt. Biret erhielt ihre pianistische Ausbildung bei Nadia Boulanger und schloß mit 15 Jahren ihr Studium mit drei Preisen ab. Sie vervollständigte ihre Ausbildung dann bei Alfred Cortod und Wilhelm Kempff. Seit ihrem 16. Lebensjahr spielte Idil Biret in den bedeutendsten internationalen Konzertsäalen und u.a. mit dem London Sym.Orch., dem Leningrader Phil. Orch., dem Leipziger Gewandhausorch., dem Tokyo Phil. Orch.. Sie erhielt zahlreiche Auszeichnungen und war Mitglied von Preisrichterjurien bei mehreren Klavierwettbewerben. Die zahlreichen Aufzeichnungen der Interpretationen von Idil Biret, mit über 60 bis 1996, umfassen Weltpremieren der gesamten Beethoven Symphonien in der Bearbeitung für Klavier von Liszt bei EMI, sämtliche Klavierwerke von Chopin, die gesamten Soloklavierwerke von Brahms und Rachmaninoff, die drei Klaviersonaten von Boulez bei Naxos, sowie Klavierwerke und Bearbeitungen von Wilhelm Kempff bei Marco Polo. 1995 wurden Birets Aufnahmen der gesamten Werke Chopins mit dem

Ferid Alnar durch das „Orchestre des Concerts Colonne“ bei der Weltausstellung in Brüssel statt[365].

„Grand Prix du Disque Frédéric Chopin" dem speziellen Jurypreis in Polen ausgezeichnet. Sie gewann mit den Aufnahmen von Boulez einen „Diapason d'Or award“ in Frankreich. Diese wurden als beste Aufnahmen des Jahres 1995 von der Zeitung „Le Monde“ ausgewählt. Vgl. Ahmet Say „Idil Biret“, in: „The music makers in Turkey“, Ankara 1995. S.213ff.

[365] Vgl. Gültekin Oransay (1965), S.43.

1. Satz *(Decise)*: Der erste Satz ist in einer Sonatenhauptsatzform geschrieben. Am Schluß der Exposition kann man von einem 3. Thema sprechen. Die komplexe formale und thematische Entwicklung des ersten Satzes ist in der nachfolgenden Übersicht zusammengefaßt:

ÜBERSICHT I

Form	Taktzahl	Tempo	Takt	Makamart
Einleitung	T.1	Deciso	9/8,8/8,3/4,7/8,4/4	*Hüzzam*-Quart auf (a)
Exposition				
1.Thema (Kadenzartig- im Orch. repet. Motiv.)	T.9	Con brio	4/4	*Karcığar*-Quint auf (a)
"	T.19	Allargando	4/4	
"	T.21	Lento	3/4,2/4,4/4,3/4,4/4	
	T.28	Calmo	4/4,2/4,4/4,2/4,4/4	
	T.37	Tempo prime	9/8,3/4,7/8,4/4	*Hüzzam*-Quart auf (cis)
(Kadenzartig)	T.47	Con brio	3/4,2/4,4/4,2/4,4/4	
"	T.54	Allargando	4/4,3/4	*Hüzzam*-Quart auf (ais)
"	T.56	Lento	2/4	*Hüzzam*-Quart auf (ais)
	T.57	Allargando	4/4, 3/4	
(eigstnd.Part. d.Klarinette)	T.58	Moderato	3/4,4/4,3/4,4/4,3/4,4/4	
(8tel Triole, 16tel,Sextol.)	T.71		3/4,2/4,3/4,4/4,3/4,4/4,3/4	
(Höhepunkt der Blech.)	T.75		4/4,3/4,4/4	
(Klv. Solo)	T.78		4/4,3/4	
2. Thema (Fl. Solo)	T.83		2/4,4/4, 2/4, 3/4	*Pentatonisch*
(stngt.Tempo Modifikat.u.	T.92		4/4,3/4,2/4,4/4	
im Orch.sich stgrt.Anlauf)	T.99		4/4,3/4	
(Klv.decresc.)	T.101		4/4	
(Klangfläche, erregtr.werdnd)	T.104	Vivo	4/4	
(cresc.Sempre)	T.115		4/4	
3. Thema (alles unis. in hohe Lage *fff*)	T.129		4/4,	*Nikriz*-artig auf (des)
(Temp.Modifk bis T.157.)	T.134		2/4,4/4,2/4,4/4	
(Blech.con sord)	T.144		4/4,2/4,4/4,2/4,3/4	
(Klv.einsatz in unisono)	T.158		4/4	
(Klv. Solo)	T.163		4/4,2/4,4/4,3/4,4/4	*Nikriz*-artig auf (f)
Durchführung				
(Stgr.phrase)	T.170	Animato	9/8,3/4,9/8,3/4,4/4	*Hüzzam*-Quart auf (c)
"	T.192		3/4,9/8,4/4	
(Blech.einsatz)	T.214	Meno mosso	4/4	
(Klv. Unison)	T.231	Poco allarg.	4/4	
Kadenz	T.236	Rubato		
"	T.237	Sempre rubato		
"	T.243	Subito lento		
" (Akzent.:Gong	T.270			
" u.Baß im Klv.	T.271			
" *fff*>*pp*	T.273			
" bis T.279)	T.274			

Form		Taktzahl	Tempo	Takt	Makamart
Reprise					
	(Orchester)	T.282	Deciso	9/8,3/4,7/8,4/4	*Hüzzam*-Quart auf (a)
	(Klv. Solo)	T.291	Con brio	3/4,4/4,3/4	
	"	T.295	Rubato allarg.	2/4	
	"	T.296	Lento	4/4,3/4	
	"	T.299	Allargando	4/4	
	(Orchester)	T.300	Deciso	9/8,3/4,7/8,4/4	*Hüzzam*-Quart auf (e)
	(Klv.auf 4 Notensyst.)	T.311	Con passione	4/4,3/4,2/4,4/4,2/4	
	(Repet.im Klv)	T.317	Calmando	4/4,2/4	
	(cresc. Poco a poco)	T.320	Moderato	4/4	
	(letzte Strg.)	T.326		4/4	
	(Orchester)	T.333	Vivo	4/4	*Nikriz*-Quint auf (c)
	"	T.343	Molto vivo	4/4	*Nikriz*-Quint auf (c)
		T.349		4/4	*Karcığar*-Quint auf (a)

Als ein Komponist, der verschiedene Makame in seiner Musik verwendete, wurde Saygun am meisten von „Karcığar Beşlisi" (*Karcığar*-Quintzug) beeinflußt. Die absteigende *Karcığar*-Quint (es-d-c-h-a) trifft man in vielen seiner Werke in verschiedenen Variationen an. Diese Klänge reflektieren bei Saygun in Entsprechung zu Volksliedern den Schmerz und die Unterdrückung des anatolischen Menschen[366]. Wenn man den untersten Ton (a) aus der Quint herausnimmt, dann bleibt „Hüzzam Dörtlüsü" (*Hüzzam*-Quartzug) zurück, der aus den Tönen (es-d-c-h) besteht. Auch diese obengenannte *Hüzzam*-Quart verwendet Saygun öfter in Variationen in seinen Werken[367]. Dazu kann man den ersten Satz vom „1. Klavierkonzert", den die beiden o.g. Makamelemente beherrschen, als Beispiel heranziehen.
Der erste Satz, *Deciso,* beginnt mit einer achttaktigen Einleitung, deren Thema in der absteigenden *Hüzzam*-Quart auf (a) steht. Das Thema, das sich in den Taktarten 9/8 (*Aksak*= 2+2+2+3), 8/8 (*Aksak*= 3+2+3), 3/4, 7/8 (*Aksak*= 2+2+3) und 4/4 wiederholt, wird von den Streichern im Dialog mit Bläsern *crescendo* eingeführt.

Das 1. Thema =

Einleitung	*a-Periode*	*Thema der Einl.*	*a1-Periode*	*b-Periode*	*Überleitung*
(1-8)	(9-36)	(37-46)	(47-57)	(58-70)	(71-81)

Bsp.109a: Das Thema in der abst. Hüzzam-Quart im Kontrabaß (die ersten zwei Takte)

366 Vgl. Sayram Akdil (1987), S.27.
367 Ebda.

Beispiel 109b: Die Hüzzam-Quart auf (a) (ein Teil von Makam-Hüzzam).

Nach einer viertaktigen Steigerungsphrase der Holzbläser beginnt in T. 9 das erste Thema *con brio*, dessen Kopfmotiv in der absteigenden *Karcığar*-Quint in den Tönen (es-d-c-h-a) steht, und wird von dem Soloklavier im 4/4 Takt *unison* eingeführt. Das gesamte Werk beruht auf dieser *Karcığar*-Quint, die manchmal in Variationen erklingt.

Beispiel 110a: Das Kopfmotiv im Klavier

Beispiel 110b: Die Karcığar-Quint auf (a) in der türk. Musik.

Das Kopfmotiv wird in der *a-Periode* in T. 27-31 vom 3. Horn, und in T. 30-33 vom 2. Fagott in einer auf- und aussteigender *Karcığar*-Quint rhythmisch variierend vorgetragen (Bsp.111a). Dabei trifft man auch auf eine Melodie, die in der Ganztonleiter steht, wie z.B. T. 35-36 in der Oboe (Bsp.111b). Der intervallische Aufbau der Akkorde in T. 14, 15 zeigt Ähnlichkeiten mit den Akkorden von Bartók (Bsp.112a).

Beispiel 111a: Die Melodie in der Karcığar-Quint im 3. Horn.

Beispiel 111b: Die von der Oboe eingeführte Melodie in der Ganztonleiter.

Beispiel 112a: Die Akkorde in T.14,15.

Beispiel 112b: die Erscheinung des Bartókschen Akkordes[368].

Das Thema der Einleitung wird im zweiten Einsatz in T. 37-46 drei Töne höher, also in der *Hüzzam*-Quart auf (cis), von den Streichern gespielt, und wird im Klavier in der *Hüzzam*-Quart auf (ais) in T. 54-58 variiert. Auch der Akkord in T. 53 hat ebenso den intervallischen Aufbau Bartóks der *Beta* Akkord (Bsp.112b). Die *b-Periode* beginnt mit einer Melodie, die ab T. 58 von der ersten Klarinette eingeführt wird. Währenddessen erklingen im Klavier in T. 59 pentatonische Skalen, die aus den Tönen (cis-e-fis-gis-h-cis) auf der rechten Hand und (gis-h-cis-dis-fis) auf der linken Hand bestehen (Bsp.113).

Beispiel 113: Pentatonische Skalen im Klavier, T.59.

Nach einer sechstaktigen Überleitungspassage beginnt das zweite Thema in T. 83 mit einer *pentatonisch* klingenden Melodie in der Flöte (Bsp.114) über den liegenden Tönen (d-a-h in lk.H., h-f-g in rt.H.) im Klavier, während die Streicher in T.83-87 *sul ponticello* begleiten.

[368] Vgl.Theodor Hundt, „Bartóks Satztechnik in den Klavierwerken", (1971), im Notenbespiel als – bezeichneter Akkord, S.216.

Das 2. Thema =
a-Periode *a1-Periode* *a2-Periode* *Überleitung* *a3-Periode* *Überleitung*
(82-87) (88-91) (92-96) (97-100) (101-103) (104-128)

Beispiel 114: Die Melodie des zweiten Themas in Flöte, *a-Periode*.

Die *pentatonisch* klingende Melodie des zweiten Themas wiederholt sich in den folgenden Perioden: in *a1-* von der Flöte, mit der Beteiligung der Sextolen und Elftolen, in *a2-* vom Klavier und in *a3-* vom Klavier im harmonisierten Aufbau.
In der Überleitung *Vivo* in T. 104-128 verwendet Saygun mehrere *Beta*-Akkorde im Klavier, wie z.B. in T. 122 (a-c-es-as), in T. 123 (b-cis-e-a), in T. 124 (c-es-fis-h). In Sequenz erklingende *Beta*-Akkorde werden gleichzeitig in der rechten Hand als Melodie gespielt (Bsp.115).

Beispel 115: Beta Akkorde in T. 122-123.

Das dritte Thema beginnt mit einem sich wiederholenden Motiv in Streichern *(Tremolo)* und Holzbläsern, und besteht aus zwei Perioden und einer Überleitungspassage zwischen zwei Perioden:

Das dritte Thema = *a-Periode* *Überleitungspassage* *a1-Periode*
(129-156) (157-162) (163-169)

In der *a-Periode* bildet das Motiv die Töne (as-g-e-d). Die Überleitungspassage spielt das Xylophon über den liegenden Tönen der Bläser, die Streicher begleiten mit Tremolos. Die *a1-Periode* wird nur vom Klavier gespielt und das Motiv besteht diesmal aus den Tönen (c-h-as-ges).
Die Durchführung beginnt in T.170 mit der Verarbeitung des Themas der Einleitung im Klavier. Es stand am Anfang in absteigender *Hüzzam*-Quart auf (a) und nun in der Durchführung: in T. 170-172 in den aufsteigenden Tönen

auf (c), in den absteigenden Tönen auf (des), in T. 176-178 auf (gis) und (a) und in T. 191,195,196 auf (e) (Bsp.116a-117b).

Beispiel 116a: Das Thema in der *Hüzzam*-Quart auf (e) im Klavier (T. 191).

Beispiel 116b: Die *Hüzzam*-Quart auf (e) in der türk. Musik.

In T. 236 beginnt die Kadenz, die das Klavier *Rubato* präsentiert. In T. 243 beginnt die Verarbeitung des zweiten Themas, und ab T. 255 wird es rhythmisch verdichtet. In T. 270 treten die Pauke und der große Gong hinzu. Nach der Vorbereitung auf die Reprise in T. 277-281 erscheint das Thema der Einleitung und dann das erste Thema *Deciso* in T. 282-300 hintereinander, und damit beginnt die Reprise. Bei der Wiederholung der Einleitung und des ersten Themas in T. 300-310 wird das Thema der Einleitung diesmal in der *Hüzzam*-Quart auf (e) gespielt. In T. 311.315 spielt das Klavier auf vier Notensystem. Das zweite Thema erklingt in T. 333 und 335 in Posaunen und in T. 337-343 im Klavier. Zum Schluß spielt das Klavier das Kopfmotiv des ersten Themas, wie am Anfang in der *Karcığar*-Quint auf (a) in den letzten drei Takten, und beendet den Satz im ganzen Orchester, ohne Blechbläser, in *ff*.

* * *

Die dritte außerordentlich erfolgreiche Phase von Sayguns Schaffen beginnt mit seinem „2. Streichquartett". In dieser Phase erreichten seine Orchestrationstechniken den Höhepunkt und Makamelemente wurden noch abstrakter. Man sah in seiner Musik einen gewissen Reifegrad. Saygun erfand neue modale Skalen, die aus dem *Trichord*, aus dem *Tetrachord* und aus dem *Pentachord* bestehen. Wenn man seine Musik näher untersucht, sieht man, wie vielfältig er die Makame und die selbst erfundenen modalen Skalen, die aus 3, 4 und 5 Tönen bestehen, durch die Anwendung der verschiedenen Schreibtechniken benutzte. Er verwendete z.B. in den ersten zwei Takten seiner „2. Sinfonie" eine modale Skala, die aus zwei sogenannten Trichorden bestehen. Und im darauffolgenden Hauptthema verwendete er eine modale

Skala, die aus zwei *Karcığar*-Quinten besteht[369]. Mit der „3. Sinfonie" op.39, dem „3. Streichquartett" op.43, den „10 Stücken über Aksak (asymmetrischen Taktarten) Rhythmen für Klavier" op.38 und dem „Violinkonzert" op.44 machte Saygun sehr wichtige Fortschritte und mit der Oper „Köroğlu" op.52, mit der „4. Sinfonie" op.53, der „5. Sinfonie" op.70, mit dem „Violakonzert" op.59 und dem „Kammerkonzert" op.62 erreichte Saygun sein reifstes Stadium[370]. Ohne Zwölftonmusik und elektronische Mittel zu benutzen, gewann er eine eigene zeitgenössische Musiktechnik[371]. Seine Annäherungen an die zeitgenössische Musikentwicklung und die in seinen Werken benutzen charakteristischen Techniken machten Saygun zu einem bedeutenden Komponisten.

II. 4. 4. 3. „2. Streichquartett", *op.35*:

Saygun komponierte das „2.Streichquartett" auf Bestellung der Stiftung *„Library of Congress"* in Amerika im März 1958 in Ankara. Das *„Julliard String Quartet"* stellte dieses Werk am 22. November 1958 im „D.C. Library of Congress"-Konzertsaal in Washington zum ersten Mal vor. Die Noten des Werkes wurde von *„Southern Music Publishing Company"* in New York veröffentlicht[372]. Das „2. Streichquartett" besteht aus vier Sätzen: *1. Cupo, 2. Moderato, 3. Animato, 4. Grave.* Als Beispiel wird hier der 2. Satz behandelt.

2. Satz *(Moderato)*: Der zweite Satz bildet den charakteristischsten Teil des Quartetts. Der Aufbau basiert auf sehr freien Variationen. Dabei führt Saygun hier etwas außerhalb des Makams stehende Chromatik in seine Musik ein. Der *Moderato* Satz besteht aus vier Episoden, die sich direkt aneinander anschließen *(attaca)*:

1. (1-38)   2.(38-63)   3.(63-112)   4.(112-161)

Die erste Episode des zweiten Satzes beginnt mit den *Basso ostinato*-artigen rhythmischen *Col legno*-Figuren im Cello (siehe Abb.6). Diese Spieltechnik *Col legno*, bei der die Saiten mit dem Holz der Bogenstange zu schlagen und die den normalen Streicherklang verfremdet, verwendete zunächst Bartók in seinem „3. Streichquartett"[373] (Bsp.117). Ab T. 5 spielt die erste Violine eine improvisationsartige Melodie, während zweite Violine und Viola mit *Flageolett*-Tönen und das Cello *Col legno* begleiten (siehe Abb.6)).

---

[369] Vgl. Sayram Akdil (1987), S.27.
[370] Vgl. Önder Kütahyalı (1981), S.114.
[371] Ebda.
[372] Vgl. Bülent Tarcan, „Türk Kuartetleri" (Türkische Quartette), in: ‚Orkestra' Nr. 74 (1969), S.5; vgl. auch Gültekin Oransay (1965), S.43.
[373] Vgl. Wolfram Schwinger, „Béla Bartóks Streichquartette", in: Die Befreiung der Musik – Eine Einführung in die Musik des 20. Jahrhunderts (1994) Köln, S.157.

Abbildung 6: Das Facsimile der ersten Seite des 2. Satzes.

Das Tonmaterial der Melodie in der ersten Violine in T. 9 basiert auf dem ersten Tetrachord des Makams *Hicazkar* auf (dis bzw. es) (Bsp.117a).

Beispiel 117: Die Technik *Col legno* im 3. Strq von Bartók (2. Satz, ab T.28)[374]

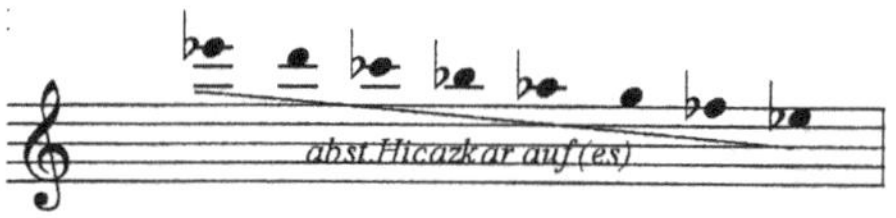

Beispiel 117a: Der auf den Ton (dis bzw. es) übertragene Makam-Hicazkar[375].

Die nach einem dreitaktigen *Halteton* (gis´´´) beginnende Melodie in der ersten Violine wird ab T. 12 durch die Sequenz imitiert. Die *Col legno*-Technik verwendet Saygun oft in der ersten Episode, wie z.B. ab T. 18 in Viola und ab T. 30 in allen Streichern mit melodischen Figuren. Die aufsteigenden chromatischen Skalen in den 1. und 2. Violinen führen zur zweiten Episode.

Die zweite Episode, *Poco lento,* beinhaltet eine neue musikalische Struktur. Sie bildet zu der vorherigen Episode einen Kontrast und beginnt mit dem *Karcığar*-Quintzug in der ersten Violine. In vielen Werken Sayguns trifft man sie in verschiedenen Variationen an. Die hier verwendende abwärtslaufende *Karcığar*-Quint besteht aus Tönen (d-cis-h-ais-gis). Die weiteren *Karcığar*-Quinte in der Episode stehen: in der ersten Violine in T. 50-51 (c-h-a-gis-fis oder fis-gis-a-h-c), im Cello in T. 52 (f-g-as-b-ces).

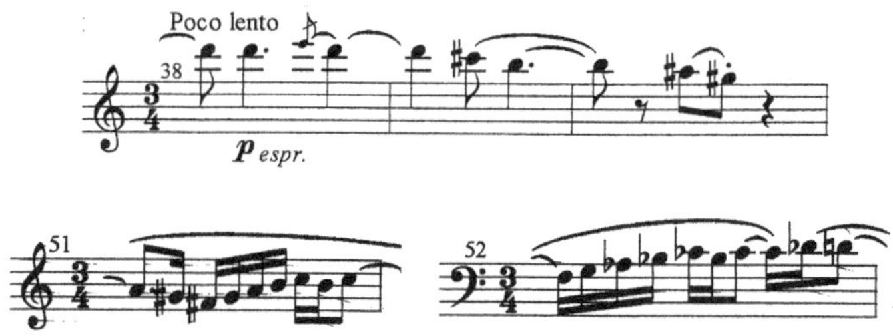

Beispiel 118a: Die Karcigar Quintzüge in der 1. Vl. in T. 38,51 und im Cello in T.52.

---

[374] Bartóks „3.Streichquartett", Universal Edition (1929), S.18.

[375] Vgl. Zeki Yılmaz, S.154f.

Beispiel 118b: Der auf den Ton (gis) übertragene Makam-Karcığar in der türk. Musik[376].

Nach dem *Karcigar*-Quintzug entwickelt sich die neue Struktur mit der Beteiligung der Zweiunddreißigstel-*Ostinato*-Figuren abwechselnd in Viola und zweiter Violine. Ein anderes Makamelement, das Saygun oft verwendet, ist der *Hüzzam* Quart (ein Teil von Makam Hüzzam). Ein Beispiel dazu ist die Melodie der ersten Violine in T. 46-47, die im aus den Tönen (gis-a-h-c) bestehenden *Hüzzam* Quart steht (Bsp.119a-119b). Ab T. 51 wird das melodische und rhythmische Gewebe in allen Stimmen verdichtet und danach erreicht die Episode ihren Höhepunkt.
Mit dem Tempo *allargando* spielen Viola und Cello absteigende chromatische Skalen zu liegenden Tönen (gis und fisis) in der 2. Violine. Sie führen zum ruhigen Anfang der dritten Episode.

Beispiel 119a: Die Melodie in der Hüzzam-Quart der 1. Violine.

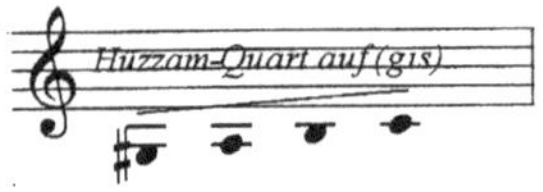

Beispiel 119b:Hüzzam-Quart auf (gis) in der türk. Musik[377].

Die dritte Episode, *Calmo,* beginnt mit einer Struktur, die von diatonischen Skalen in allen Stimmen beherrscht wird. Zunächst führt das Cello eine aus Achteln bestehenden aufsteigende diatonische Skala auf (d) ein, die im nachfolgenden Takt von der Viola in der Oktave wiederholt wird. Ab T. 64 führt die zweite Violine diesmal eine absteigende diatonische Skala auf (d) ein. Im nachfolgenden Takt wird sie von der ersten Violine in derselben Oktave wiederholt (Bsp.120). Alle Stimmen treffen sich in einem rhythmischen Gleichklang in T. 70-73, der aus den am Anfang des Satzes vom Cello *Col legno* gespielten Tonwiederholungen besteht und den Abschnitt abschließt.

[376] Ebda. S.109f.
[377] Vgl. Ebda., S.223f.

Beispiel 120: Die diatonische Skalen auf (d) in allen Stimmen.

Im neuen Abschnitt, *con fuoco ed animando il tempo,* leitet die erste Violine über dem Orgelpunkt (a) im Cello eine Melodie ein, die aus abstrakten modalen Skalen besteht. Währenddessen werden von der zweiten Violine wie eine *a-Moll* klingende und der Viola eine auf dem Makam *Kürdi* auf (g) basierende Melodie eingeführt. Die oben genannten drei selbständigen Melodien über dem Orgelpunkt bilden eine *Polyphonie* (Bsp.121a-121b).

Beispiel 121a: Die Polyphonie über dem Orgelpunkt.

Beispiel 121b: Der auf (g) übertragene Makam Kürdi in der türk. Musik[378].

In der Abstrahierung der ersten und vierten Stimme verwendet Saygun Makamelemente. Als Beispiel:

-In der ersten Stimme; in T. 75, 76 *Hicaz* Quint auf (a),
in T. 77 *Hicaz* Quint auf (c),
in T. 79 *Hicaz* Quart auf (d) und
-in der vierten Stimme; in T.77 *Hicaz* Quint auf (a) (Bsp.122a-122b-122c).

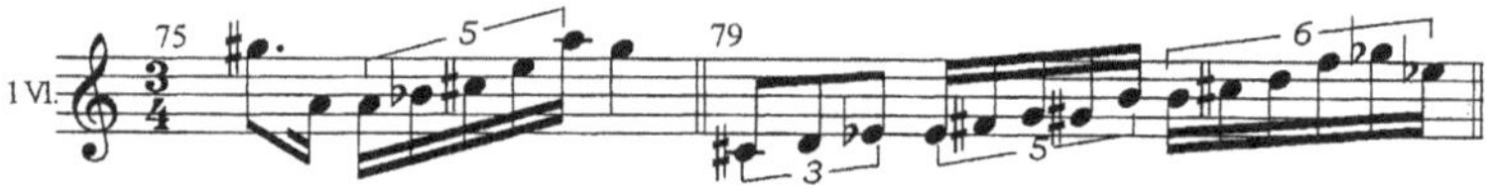

Beispiel 122a: Die Melodie in der Hicaz-Quint auf (a) und Quart auf (d) in T. 75-79.

Beispiel 122b: Die Melodie in der Hicaz-Quint auf (c) und (a) in T. 77 und 78.

Beispiel 122c: Hicaz Quint auf (a), (c) und (d)[379].

Mit diatonischen Skalen kehrt die Musik ab T. 87 zum *Calmo* zurück. Durch *accelerando* (in T. 99) im Abschnitt *con fuoco* erreicht der Satz seinen Höhepunkt. Die synkopischen Tonwiederholungen und liegenden Töne führen zur vierten bzw. letzen Episode.

Die vierte Episode, *Angoscioso,* klingt allgemein etwas traurig durch das Klanggewebe, besonders in der ersten und vierten Stimme. Die Episode beginnt mit den *Ostinato*-Figuren in der zweiten Violine und der Viola in *ppp*. Die Figuren in der zweiten Violine bestehen aus den Tönen (g-as-b-ces-des-ces-b-as) und der Viola (cis-d-e-f-g-f-e-d), die sich wiederholen (Bsp.123).

[378] Ebda., S.115f.

[379] Ebda S.91f.

Beispiel 123: Die Ostinato-Figuren in der zweiten Violine und der Viola.

Über diesen Aufbau führen das Cello und die erste Violine (nach den Tonwiederholungen auf *a´´*) kummervolle Melodien ein, die Makamelemente beinhalten, wie zum Beispiel:

-Im Cello; abst. *Hicaz* auf (a), in T.116-120 und 121-125 (Bsp. 124a),
abst. *Hüzzam*-Quart auf (fis) in T.120 und 125 (Bsp.124b) und

Bsp. 124a: Die Melodie im abst. Hicaz auf (a) im Cello in T. 116-117.

Bsp. 124b: Die Melodie im abst. Hüzzam auf (fis) im Cello in T.120.

-in der 1.Violine; abst. *Hicaz-* auf (e) ab T. 123-127 (Bsp.125a),
abst. *Hicaz* auf (a) in T.135-142 (übernommen von 1.Vl.),
aufst. *Karcigar*-Quint auf (f) in T. 142,
aufst. *Karcigar*-Quint: auf (h) in T.142,
aufst. *Karcigar*-Quint. auf. (f) in T.143 (Bsp.125b).

Bsp.125a: Die Melodie im abst. Hicaz auf (e) in 1.Vl. (T.123-125)

Bsp.125b: Die Melodie in aufst. Karcığar-Quint auf (f) in 1. Vl. (T.143)

Ab T. 144 spielt die erste Violine über den liegenden Tönen der anderen Streicher die ursprünglichen Tonwiederholungen (h'''), die am Anfang des Satzes vom Cello *Col legno* gespielt werden. Eine zweitaktige chromatische Brücke-Passage im Cello führt zum Schluß, in dem die Tonwiederholungen die erste Violine *Flageolett* und das Cello *Col legno* ein letztes Mal spielen, währenddessen die zweite Violine und Viola mit dem Tremolo begleiten. Nach dem Kontrast in *fff* endet der Satz über *decrescendo* in einem sanften Schluß in *pppp*.

II. 4. 5. Verzeichnis der Werke

Opern:
Op.9 „Özsoy“, ein Akt, 1934
Op.11 „Taşbebek“, ein Akt, 1934
Op.28 „Kerem“, drei Akte, 1947-1952
Op.52 „Köroğlu“, drei Akte, 1973
Op.65 „Gılgamış“ drei Akte, 1964-1970

Oratorium:
Op.26 „Yunus Emre“ für Solisten, Chor und Orchester, 1946

Werke für Gesang und Orchester:
Op.3 „Trauerlieder für Tenor und Männerchor“, 1932
Op.6 „Kızılırmak Lied für Sopran und Orchester“, 1933
Op.16 „Märchen für Bariton und Orchester“, 1940
Op.19 „Kantate im alten Stil für Solisten und Chor“, 1941
Op.21 „Geçen Dakikalarım für Bariton und Orchester“, 1941
Op.23 „Vier Volkslieder für Baß und Klavier“, 1945
Op.41 „Zehn Volkslieder für Baß und Orchester“, 1968
Op.54 „Trauerlieder, 2. Heft, für Tenor, Männerchor und Orchester“ 1974
Op.60 „Insan Üzerine Deyişler, 1. Heft, für Gesang und Klavier, später für Gesang und Orchester“, 1977
Op.61 „Insan Üzerine Deyişler, 2. Heft, für Gsg. u. Klv., später für Gsg. u. Orch.“, 1977
Op.63 „Insan Üzerine Deyişler, 3. Heft, für Gsg. u. Klv., später für Gsg. u.Orch.“, 1983
Op.64 „Insan Üzerine Deyişler, 4. Heft, für Gsg. u. Klv., später für Gsg. u.Orch.“, 1978
Op.66 „Insan Üzerine Deyişler, 5. Heft, für Gsg. u. Klv.,später für Gsg. u.Orch.“, 1978
Op.67 „Epos für Atatürk und Anatolien für Solisten, Chor und Orchester“ 1981

Op.69 „Insan Üzerine Deyişler, 6. Heft, für Gsg. u. Klv., später für Gsg. u.Orch.“, 1984

Chorwerke:
Op.5 „Manastır Lied“, 1933
Op.7 „Çoban Armağanı“, 1933
Op.18 „Dağlardan Ovalardan“, 1939
Op.22 „Bir Tutam Kekik“, 1943
Op.51 „Duyuşlar“, 1935

Werke für Gesang und Klavier:
Op.32 „Drei Balladen“, 1955
Op.48 „Vier Melodien“, 1977

Ballette:
Op.17 „Bir Orman Masalı“, choreographische Suite, 1939-1943
Op.75 „Kumru Efsanesi“, Ballettmusik, 1986-1987

Orchesterwerke:
Op.1 „Divertimento“ für das große Orchester, 1930
Op.10/b „Inci's Buch“, 1934-1944
Op.13 „Magie Tanz“, 1934
Op.14 „Suite“, 1937
Op.24 „Halay“, 1943
Op.29 „1. Sinfonie“, 1953
Op.30 „2. Sinfonie“, 1958
Op.39 „3. Sinfonie“, 1960
Op.53 „4. Sinfonie“, 1974
Op.57 „Ritual Tanz“, 1975
Op.70 „5. Sinfonie“, 1985
Op.72 „Variationen“, 1985

Konzerte:
Op.34 „1. Klavierkonzert“, 1957-1958
Op.44 „Violinkonzert“, 1967
Op.59 „Violakonzert“, 1977
Op.71 „2. Klavierkonzert“, 1985
Op.74 „Cellokonzert“, 1987

Kammermusik:
Op.4 „Ahnungen“ für zwei Klarinetten, 1933
Op.8 „Quartett für Klarinette, Saxophon, Klavier und Schlaginstrumente, 1933
Op.12 „Sonate für Cello und Klavier“, 1935

Op.20 „Sonate für Violine und Klavier“, 1941
Op.27 „1. Streichquartett“, 1947
Op.33 „Suite für Violine und Klavier“, 1956
Op.35 „2. Streichquartett“, 1957
Op.37 „Trio für Oboe, Klarinette und Harfe, 1960
Op.43 „3. Streichquartett“, 1966
Op.46 „Quintett für Blasinstrumente“, 1968
Op.49 „Dictum für Streichquartett“, 1970
Op.50 „Drei Präludien für zwei Harfen“, 1971
Op.55 „Trio für Oboe, Klarinette und Klavier“, 1975
Op.62 „Kammerkonzert für Streicher“, 1978
Op.68 „Drei Volkslieder für vier Harfen“, 1983
Op.78 „Quartett für Streicher“, 1990

Werke für Soloinstrumente:
Op.31 „Partita für Cello“, 1958
Op.36 „Partita für solo Violin“, 1960

Werke für Klaviersolo:
Op.2 „Suite“ 1931
Op.10/a „Incis Buch“, 1934
Op.15 „Sonatine“, 1938
Op.25 „Aus Anatolien“, 1945
Op.38 „Zehn Übungsstücke über ‘Aksak’ Rhythmen“, 1964
Op.45 „Zwölf Präludien über ‘Aksak’ Rhythmen“, 1967
Op.47 „Fünfzehn Stücke über ‘Aksak’ Rhythmen“, 1971
Op.56 „Ballade für zwei Klaviere“, 1975
Op.58 „Zehn Skizzen über ‘Aksak’ Rhythmen“, 1976
Op.73 „Dichtung für drei Klaviere“, 1986

Bücher über Volksmusik und Musikethnologie:
Pentatonik in der türkischen Volksmusik, Istanbul, 1935
Volkslieder und instrumentale Stücke aus der Provinzen Rize, Artvin und Kars, Istanbul, 1937
Sieben Volkslieder und ein Volkstanz aus dem Gebiet Schwarzmeer, Istanbul,1938
Musik in den Volkshäusern, Ankara, 1940
Schwatzen über die Kunst, Ankara, 1945
Karacaoğlan, Ankara, 1952
La Musique Turque, Pleyel Edition, Paris, 1960
„Le génie de la melodie“ (über Zoltan Kodaly), Budapest, 1962
Studies on Turkish and Hungarian Musics, Budapest, 1964
Folk Music Research in Turkey (with B. Bartók), Budapest, 1976
Atatürk und Musik, Ankara, 1981

Bücher über Musikerziehung:
Theorie der Musik (in vier Bänden), Staatskonservatorium Ankara
Solfége-Übungen (in zwei Bänden), Ankara, 1967-1968
Solfége-Übungen (in verschiedenen Kirchentonleitern), Op.40, Ankara,1967
Musiklehrbuch für Gymnasien I-II-III (mit H. B.Yönetken), Ankara, !951-1953-1955[380].

II. 4. 6. Ausgewählte Diskographie

„Yunus Emre“ op.26 Oratorium
(Solisten – Chor des Ungarischen Radio und Fernsehens;
Sinfonieorchester Budapest – Leitung: Hikmet Şimşek)
HUNGAROTON HCD 31077 (1989)

„Viola Concerto“ op. 59
Philharmonisches Orchester London – Leitung: Gürer Aykal,
Solist: Ruşen Güneş)
KOCH/SCHWANN 311 022 H1 (1989)

„1. Streichquartett“ op.27
(Anatolisches Streichquartett)
HUNGAROTON HCD 31521 (1992)

„Ritual Tanz“ op. 57
(Radiosinfonieorchester Moskau – Leitung: Hikmet Şimşek)
RAKS-Turkey 9713661 (SD 05) (1993)

„1. Klavierkonzert“ op.34
„2. Klavierkonzert“ op.71
(Rundfunkorchester Hannover – Leitung: Gürer Aykal,
Solisten: Gülsin Onay)
KOCH/SCHWANN 3-1350-2 H1 (1994)

„1. Sinfonie“ op. 29
„Concerto da Camera“ op.62
(Northern Sinfonia of England – Leitung: Howard Griffiths)
KOCH/SCHWANN 3-6746-2 (2000)

---

[380] Alle diese Angaben finden sich: Ahmet Say, „The music makers in Turkey“, (1995) Artikel „Saygun“, S.66; auch E. İlyasoğlu „Twenty-Five Turkish Composers“ (1989), S.34ff.

II. 5. Necil Kazım Akses

Der 1908 geborene Necil Kazım Akses ist das jüngste Mitglied der „Türkischen Fünf". Er ist als Komponist und Lehrer tätig und diente gleichzeitig als Leiter an den Kunst- und Kultureinrichtungen für die Entwicklung der türkischen Kultur. Als er nach seinem Studium in Wien und Prag in die Türkei zurückkehrte, nahm er bei Hindemiths Gründungsarbeiten für das „Staatskonservatorium Ankara" teil. Seine Leistung als Komponist wurde auch im Ausland gelobt, und seine Werke wurden öfter in verschiedenen Ländern aufgeführt. Durch diese Erfolge bekam Akses Medaillen wie in den Ländern Bundesrepublik Deutschland 1957, Italien 1963 und 1973 und Tunesien 1973[381]. 1971 wurde er zum Vorstandsmitglied und Stellvertreter des in Tunesien angesiedelten „Centre Méditerranéen de Musique Comparé et de Danse" gewählt[382]. Akses, der ein sehr produktiver Komponist ist, schrieb mit 80 Jahren seine „5. Sinfonie". „Ankara Kalesi" (sinfonische Dichtung), „Miniaturen" (für Klavier), „Violakonzert", „Violinkonzert", „Konzert für Orchester", „Ballade" (für Orchester), fünf Sinfonien und vier Streichquartette zählen zu seinen Hauptwerken. Er schuf in allen musikalischen Gattungen zahlreiche Werke. Als Lehrer war er jahrelang tätig, besonders als Direktor des „Staatskonservatoriums Ankara" bemühte er sich, den Schulplan (Unterrichtsprogramme) immer zeitgenössisch, aktuell zu gestalten. Die von ihm erbrachten Neuerungen werden bis heute weitergeführt[383].

II. 5. 1. Kurze Biographie

Necil Kazım Akses wurde am 6. Mai 1908 in Istanbul geboren. Sein Vater Mehmet Kazım Akses war der Leiter der Post, und seine Mutter Emine Akses war Lehrerin der türkischen Sprache und auch Direktorin des „Kandilli Mädchen Gymnasiums". Necil Kazım wuchs in einer musikliebenden Umgebung auf. Sein Vater starb, als Necil Kazım in die Grundschule ging, seitdem kümmerten sich seine Mutter und seine Tante um ihm[384]. Während der Grundschule bekam er von der Geigenspielerin Kevser Hanım seinen ersten Geigenunterricht, und von Rafael bekam er für kurze Zeit Klavierunterricht. Während der Grundschulzeit nahm er diszipliniert am Geigenunterricht teil. Im letzten Jahr seiner Mittelschule lernte er Mesut Cemil Tel kennen, der seine Celloausbildung in Deutschland vervollständigt hatte. Nach dieser Bekanntschaft unterbrach Necil Kazım seinen Geigenunterricht und nahm nun bei Mesut Cemil Tel Cellounterricht und

---

[381] Vgl. Nejat Başeğmezler, „N. K. Akses'e Armağan" (Gabe an Akses), (1993), S.20.

[382] Ahmet Say, „The music makers in Turkey", Artikel „Akses" (1995), S.67.

[383] Vgl. M. Tuğrul Göğüş, „N. K. Akses'in Eğitimciliği" (Akses' Lehrtätigkeit), in: 'Orkestra' Nr.236 (1993), S.29.

[384] Nejat Başeğmezler, S.23.

Gehörbildung. Nach einer kurzen Zeit konnte Akses große Fortschritte machen, er begann, Stücke zu spielen und versuchte, im Einfluß dieser Stücke kleine Stücke zu komponieren[385]. Während seiner Gymnasialzeit nahm er bei Tel weiterhin Unterricht. Tel erkannte Necil Kazıms Begabung zum Komponieren und empfahl ihm, Harmonieunterricht zu nehmen. In diesen Jahren kam Cemal Reşit Rey nach seinem Studium in Paris nach Istanbul zurück und unterrichtete am Konservatorium. Als Necil Kazım Schüler am Gymnasium war, begann er 1925-1926 bei Rey Harmonieunterricht zu nehmen. Das war die erste Begegnung der zukünftigen Mitglieder der „Türkischen Fünf", zunächst im Lehrer-Schüler-Verhältnis. Während seiner Gymnasialzeit machte Necil Kazim mit Schulkameraden zusammen Musik. Sie gründeten ein Trio, wobei er den Cellopart übernahm. Auch außerhalb der Schule gründete Necil Kazım Gruppen, die sich mit Musik beschäftigten[386]. Am Ende seiner Gymnasialzeit führte er seinen Cellounterricht bei Sezai Asal fort. Sezai Asal absolvierte sein Musikstudium in Wien und war Schüler von Joseph Marx[387].

[385] Ebda., S.24.
[386] Tuğrul Göğüş, „N.K.Akses'in Yaşamı" (Das Leben von N. K. Akses), In: 'Orkestra' Nr.235 (1993), S.10.
[387] Nejat Başeğmezler, S.24.

I. 5. 2. Studium bei Joseph Marx, Josef Suk und Alois Haba

1926 machte Akses sein Abitur, und auf Empfehlung seines Lehrers Sezai Asal traff er Vorbereitungen, nach Wien zu fahren, um dort bei Joseph Marx sein Musikstudium fortzuführen. Schon während seiner Gymnasialzeit machte er sich Gedanken, sein Musikstudium im Ausland zu vervollständigen. Auf Rat seines Lehrers Asal ging Akses im September 1926 nach Wien. Sein Hauptziel war dort, Komposition zu studieren. Nachdem er die Aufnahmeprüfung für Cello und Theorie an der Wiener Musikakademie bestand, wurde er Kleineckes Celloschüler und Joseph Marx' Harmonie-, Fugen-, Kontrapunkt- und Kompositionsschüler[388]. Zur gleichen Zeit war auch Hasan Ferid Alnar Marx' Schüler. Da Akses in Istanbul von Cemal Reşit Rey in Harmonie nach dem französischen System unterrichtet worden war, lernte er zunächst von Joseph Marx nach dem mitteleuropäischen System. In kürzer Zeit beendete er die Harmonielehre und begann nun, Kontrapunkt und Fuge zu lernen. Später nahm Akses an freien Kompositionsübungen teil und schrieb einige Klavier- und Instrumentalstücke[389]. 1931 beendete Akses seine Akademielaufbahn und erhielt sein Diplom. Danach wurde er in die Meisterschule aufgenommen und führte wieder zusammen mit Marx seine Ausbildung weiter.
1932 ging Akses in die Tschechoslowakei und wurde dort auch in die Meisterschulklasse des „Prager Staatskonservatoriums" aufgenommen, und als Schüler von Josef Suk nahm er am Kompositionsunterricht teil. Gleichzeitig lernte er als Schüler von Alois Hába[390] das „Viertel- und Sechsteltonsystem" kennen. Während seiner erfolgreichen Schulzeit in Prag schrieb er einige Kammermusikstücke, die Oper „Mete", die aus einem Akt besteht, und den sinfonischen Tanz „Çiftetelli". Nach seinem zweijährigen Studium in Prag erhielt Akses 1934 von Suk und Hába seine Diplome[391].
Seine Ausbildung in Wien und in Prag war für Akses eine große Bereicherung. Vor allem durch seine bekannten Lehrer Joseph Marx, Josef Suk und Alois Hába hatte er ein hervorragendes Studium hinter sich gebracht. Von diesen drei Komponisten lernte Akses die verschiedenen Seiten der Musik. Auch das kulturelle Leben in Wien und in Prag beinflußten Akses auf positive Weise. Durch seine häufigen Konzertbesuche hatte Akses die Möglichkeit, die Werke der berühmten Komponisten zu hören. In Wien besuchte Akses zusammen mit den Schülern von Marx Konzerte, über die sie anschließend diskutierten. Besonders Alban Bergs Oper „Wozzeck" und die darauf folgenden Gespräche bildeten für Akses ein erinnerungswürdiges Erlebnis. Nach der Aufführung der Oper „Wozzeck" 1930 in Wien fragten

---

388 Vgl. G. Oransay, (1965), S.44.
389 Tuğrul Göğüş, S.13.
390 Alois Hába, der zu den aktivisten Verfechtern der ultrachromatischen Musik und des unthematischen Stils gehört, wirkte 1923-1945 in Prag, wo er am Konservatorium eine eigene Abteilung für Komposition im Viertel- und Sechsteltonsystem errichtete. Vgl. MMG, Bd.5 , Artikel „Alois Haba", S.1185.
391 Vgl. Tuğrul Göğüş, ebda.

Akses und seine Kommilitonen Marx nach seiner Ansicht über diese Oper. Akses berichtet Marx' Ansicht: „Wir wußten eigentlich, daß Marx gegen die Atonale Musik und Zwölftonmusik ist. Doch dennoch machte Marx eine positive Kritik über 'Wozzeck' und sagte, daß Alban Berg ein Genie ist."[392] In den 1930er Jahren lebten in Prag drei wichtige Komponisten: Josef Suk, Alois Hába und Viteszlav Novak. Akses hatte die Möglichkeit, von Suk und Hába zu lernen und mit ihnen zu arbeiten, und er konnte die aktuellen Strömungen der Musik kennenlernen[393].

II. 5. 3. Die Oper „Bayönder"

Nach dem Abschluß seines Studiums 1934 in Wien und in Prag kehrte Akses noch im selben Jahr im August in die Türkei zurück. Schon im September nahm er die Tätigkeit als Lehrer in der „Musiklehrerschule" in Ankara auf und unterrichtete in Formenlehre und Prosodie[394]. Zur gleichen Zeit wurde er beauftragt, zu Ehren Atatürks die einaktige Oper „Bayönder" zu komponieren. Inhaltlich basiert „Bayönder" auf einem alten türkischen Mythos. Dieses Werk sollte am 27. Dezember aufgeführt werden[395]. Zum selben Datum sollte Ahmet Adnan Saygun auch die Oper „Taşbebek"[396] komponieren. Obwohl die Zeit zu kurz war, gelang es Akses, seine Oper „Bayönder" zu komponieren, und er begann zu proben. Das Interesse war sehr groß, viele Leute, darunter viele Minister, kamen zu den Proben, um Akses' Arbeit aus der Nähe zu betrachten. Nach der Gründung der türkischen Republik war es Atatürks Hauptziel, eine moderne türkische Gesellschaft zu erschaffen, daher war die Kulturpolitik zu dieser Zeit sehr wichtig. Die Musik spielte eine besondere Rolle in dieser Kulturpolitik. In dem ihm gegebenen Zeitraum beendete Akses die Proben der Oper „Bayönder", die wie geplant am 27. Dezember 1934 im Volkshaus von Ankara in Atatürks Anwesenheit mit Erfolg uraufgeführt wurde. Atatürk war sehr zufrieden. Akses erinnert sich: „[...] Nach der Uraufführung ließ Atatürk mich zu ihm holen und sagte, daß er mit dem Ergebnis sehr zufrieden war. In diesem Land müssen Opern, türkische Opern, ausländische Opern aufgeführt werden. Er erzählte mir, daß er als Militär-Atachée in Sofia (Bulgarien) viele russische, italienische und deutsche Opern auf bulgarisch gehört hatte. 'Wenn eine „Aida" auf bulgarisch aufgeführt wird, warum sollte es nicht auf türkisch aufgeführt werden'. Wir sprachen etwas über die 'Prosodie'. Atatürk meinte, daß die ausländischen

---

[392] Nejat Başeğmezler, S.26f.
[393] Ebda. S.27.
[394] 'Prosodie' ist ein musikalisches Fach in der Türkei, in dem man die Übereinstimmung des Textes mit der dazu gehörenden Musik erlernt.
[395] Tuğrul Göğüş, S.14f.
[396] Siehe das Kapitel II. 4. 4.

Opern auf türkisch aufgeführt werden können, weil die türkische Sprache eine geeignete Sprache dafür wäre“[397].
Akses wurde vom Erziehungsministerium beauftragt, Hindemith[398] zu helfen, der 1935 in die Türkei kam, um die Gründung des Konservatoriums vorzunehmen. Als dann 1936 das „Staatskonservatorium Ankara“ gegründet wurde, nahm Akses dort die Stelle als Kompositionslehrer an, während er gleichzeitig als Stellvertreter des Direktors fungierte[399]. Im selben Jahr im Oktober beendete er das Stück „Miniaturen“ für Klavier. „Miniaturen“ besteht aus sieben Teilen; 1.Lento, 2.Allegro giusto, 3.Andante cantabile, 4.Allegro moderato, 5.Andante e molto tranquillo, 6.Allegretto, 7.Allegro moderato. Die Uraufführung wurde dann noch im selben Jahr in Istanbul verwirklicht. Im Ausland wurde das Stück am 27. Mai 1947 in Prag aufgeführt. „Miniaturen“ widmete Akses seinem nahestehenden Freund Ulvi Cemal Erkin[400].

II. 5. 4. Kulturelle Tätigkeiten im In- und Ausland

Nachdem Akses seine Wehrdienstzeit geleistet hatte, war er als Kompositionslehrer im „Staatskonservatorium Ankara“ beschäftigt. 1948 wurde er dann zum Direktor des Konservatoriums ernannt. In dieser Position sorgte er für Veränderungen. Er regelte z.B. mit seinen Freunden Ahmet Adnan Saygun und Ulvi Cemal Erkin neue Unterrichtsprogramme. Erkin gab man die Position des Orchesterdirigenten im Konservatorium. Ein „Trio“, das aus den Lehrern, Erkins Ehefrau Ferhunde Erkin (Klavier), Necdet Remzi Atak (Violine) und Antonio Saldarelli (Cello) besteht, wurde gegründet, und man veranstaltete Kammermusikkonzerte. Das Konservatorium entwickelte sich während Akses’ Direktorlaufbahn aufgrund der verschiedenen musikalischen Veranstaltungen zu einem aktiven Institut. Nach diesen Erfolgen im Konservatorium wurde er 1949 im Erziehungsministerium zum „Generaldirektor der Schönen Künste“ ernannt. Während dieser Tätigkeit, die mehr als ein Jahr dauerte, veranlasste Akses, daß bekannte Dirigenten in die Türkei kamen. Nachdem er sich von dieser Tätigkeit getrennt hatte, beschäftigte er sich von 1950-1954 wieder weiter als Lehrer am Konservatorium[401].
1954 ernannte die Türkei Akses zum Kulturattaché in Bern. Nach einem Jahr übernahm er die gleiche Stelle in Bonn, wo er zwei Jahre tätig war[402]. Nach diesen Beschäftigungen als Kulturattaché kehrte er in die Türkei zurück und wurde 1958 zum Intendanten der „Staatsoper und des Balletts Ankara“

[397] Tuğrul Göğüş, S.15. und Nejat Başeğmezler, S.29f.
[398] Siehe das Kapitel I. 3. 1.
[399] Vgl. Evin İlyasoğlu, (1989), S.38.
[400] Vgl. G. Oransay, (1965),S.45.
[401] Vgl. Tugrul Göğüş, (Das Leben von Akses), S.19ff.
[402] Ahmet Say, „The music makers in Turkey“, S.67.

ernannt. Auch während dieser Tätigkeit bemühte sich Akses, prominente Opersängerinnen, vor allem italienische Künstler, in die Türkei einzuladen. Über diese Zeit erzählte er während eines Interviews mit Tuğrul Göğüş: „[...] die damals bekannten Tenöre Turini und Raymondi und die bekannte Sopransängerin Fransoni kamen nach Ankara. Sie waren die teuersten und prominentesten Künstler der „Scala". In Ankara spielten sie „Madame Butterfly" und „Turandot". [...] Während meiner Leiterposition versuchte ich immer Werke auszuwählen, die dem Volk zusagen und auf sie sympathisch wirken [...]"[403]. 1960 trennte sich Akses von seiner Position als Leiter der „Staatsoper und des Balletts". Doch später, 1971, nahm er diese Position wieder an bis 1972. In der Zeit von 1960-1971 war er im „Gazi Institut" und Konservatorium in Ankara als Lehrer tätig[404]. Im April 1971 wurde Akses vom „Centre Mediterranéen de Musique Comparé et de Danse" zum Mitglied im Vorstand und zum Stellvertreter gewählt[405]. Am 5. September 1972, nach 39 Jahren Tätigkeit, ging er auf eigenen Wunsch in Rente. Als Rentner war er wieder als Kompositionslehrer im „Staatskonservatorium Ankara" tätig[406]. Akses starb am 16. Februar 1999 in Ankara.
Akses, der ein erfolgreicher Komponist und Kulturmann war, bekam wegen seiner Erfolge in In- und Ausland verschiedene Auszeichnungen und Medaillen. 1957 empfing er die „Medal of First Class Service" der BRD. 1963 verlieh ihm die italienische Regierung die „Cavaliere Ufficiale". 1973 bekam Akses wieder von der italienischen Regierung die Medaille „Commendatore". Im selben Jahr noch erhielt er die Medaille „Bourgiba Art and Culture" von Tunesien. Der türkische Staat verlieh ihm 1971 den Titel „Staatskünstler"[407]. 1981 bekam er die Medaille „Atatürk Sanat Armağanı" von der türkischen Regierung[408]. Zuletzt wurde Akses die Medaille „1992 Onur Ödülü Altın Madalyası" der „Sevda-Cenap And Stiftung" in Ankara verliehen[409].

II. 5. 5. Akses' Komponistendasein und seine Hauptwerke

Hauptsächlich bekannt wurde Akses als Komponist großer sinfonischer Formen und unter seinen Zeitgenossen als ein für Neuigkeiten äußerst offener Künstler. Nach der Ansicht des Komponisten Bülent Tarcan sind „Akses' Werke eine Kombination der von Joseph Marx erworbenen *neuen Romantik* und der Türkischen Musik. Die Dimensionen seiner Werke sind groß, seine Orchestration ist sehr üppig und sein Stil ist kompliziert"[410]. Um Komponist

---
[403] Tuğrul Göğüş, S.22f.
[404] Ebda., S.23f.
[405] Ahmet Say, S.67.
[406] Tuğrul Göğüş, S.25.
[407] Ahmet Say, ebda.
[408] Tuğrul Göğüş, S.26.
[409] Nejat Başeğmezler, S.20.
[410] Vgl. Bülent Tarcan, „Türk Kuartetleri" (Türkische Quartette), in ‚Orkestra' Nr. 71 (1969), S.3.

zu werden, absolvierte Akses eine mehr als sieben Jahre dauernde Ausbildung. Indem er zuerst bei Joseph Marx, später bei Josef Suk und Alois Haba studierte, erwarb er die verschiedenen Kompositionstechniken in verschiedenen Stilen. Die Anwendung langer Sätze, reichhaltige Harmonien sind einige Merkmale seiner Werke, doch er achtete darauf, daß seine Kerngedanken nicht auf ein und derselben Linie verliefen. Beim ersten Hören seiner Musik bleibt ein zerstreutes Gefühl zurück.
Nach Önder Kütahyali trifft man auch in seiner Musik auf dunkle Orchesterfarben und intensiven chromatischen Aufbau, der ein Gefühl von *Atonalität* hinterläßt. In seinen letzten Werken erkennt man eine weichere und hellere Schreibweise. Diese Werke haben eine *aleatorische* Besonderheit[411].
In seinen Werken, die er bis 1940 schrieb - meistens Klavierwerke und Solostücke mit Klavierbegleitung - erkennt man, daß er bei ihnen eine *atonale* Schreibweise erschaffen möchte. Auf der anderen Seite verwandte Akses seit seinen ersten Werken auch die Makame. Wie die anderen türkischen Komponisten machte er von Volks- und traditionellen Musikelementen Gebrauch, um sich einen eigenen Stil anzueignen. Nach 1940 konnte er vor allem durch seine eigenen sinfonischen Werke seinen eigenen Stil finden. Die Besonderheit daran ist, daß das Melodische auf der Basis von türkischen Makamen besteht und das Harmonische *amodal* ist. Den Begriff *amodal* erläutert Akses folgendermaßen: „Man kann nicht sagen, daß das Verständnis *amodal* eigentlich nicht in der Bedeutung *modal* ist. Man geht von einem bestimmten Makam aus, aber so, daß man diesem Makam nicht die Herrschaft überläßt."[412] Nach diesem Verständis ist *atonal* nicht tonartenlos. Und das bedeutet, sich von einem einzigen Ton zu befreien. Akses Musik paßt zu dieser Beschreibung. In seiner Musik basieren die Themen auf Makamen, die abstrakt bearbeitet sind. Mit den melodischen Variationen erreichte er eine *athematische* Form und die *amodale* Technik ermöglichte ihm, die verschiedenen Intervalle und Klänge frei zu benutzen. *Aleatorische Schreibweise*, der man in Akses Werken oft begegnet, gehört auch zu seinen Merkmalen[413]. Ein weiteres Merkmal von Akses ist, daß er sich einen eigenen Stil in seiner Orchestration angeeignet hat. Seine Orchesterbesetzung ist sehr groß. Nach Nejat Başeğmezler „benutzte Akses alle Känge und Farben vom ‚Pikkolo' bis zum ‚Kontrafagott', von der ‚Celesta' bis zur ‚Pauke' und bis zum ‚Kinder- und gemischten Chor'. Die Figuren, der Klang, die allgemeine Form befinden sich immer im Rahmen einer farbigen Konzeption."[414] In seinen Werken herrschen anfangs instrumentale Werke, später Bühnenwerke vor. Er schrieb wenig Chorwerke.
Akses Schaffen kann man in drei Phasen einteilen. Die Studienzeit von 1929-1934 in Wien und Prag bildet seine erste Phase. Die Werke „Präludien und

---

[411] Vgl. Önder Kütahyalı, (1981), S.115.
[412] Nejat Başeğmezler, „N.K.Akses'e armağan" (Festschrift Akses), S.51.
[413] Ebda., S.51f..
[414] Ebda., S.52.

Fugen" (1929), „Fünf Türkische Klavierstücke" (1930), „Allegro feroce für Klarinette, Altsaxophon und Klavier" (1930), „Sonate für Klavier" (1930), die Oper „Mete" (1933), „Drei Dichtungen" (1933) gehören zu dieser Phase[415]. Zwar enstand zu dieser Zeit noch kein eigener Stil, aber der Komponist war auf der Suche. Schon in dem Werk „Fünf Türkische Klavierstücke" erkennt man, daß Akses bemüht ist, eine neue Harmonielogik zu erkunden. Die Melodien basieren auf Makamen, im harmonischen Aufbau herrschen die Quarten vor, während der rhythmische Aufbau aus *„Aksak"*-Takten besteht. Doch durch die Anwendung von Dreiklängen in seinen Stücken sieht man, daß er nicht ganz auf die westliche Harmonik verzichtet[416].
Nach seiner Rückkehr in die Türkei 1934 begann seine zweite Phase. Akses blieb in dieser Phase unter dem Einfluß der Volks- und traditionellen Musik. Seine erste Arbeit mit der türkischen Musik begann er mit der Harmonisierung von Volksliedern und er schuf weitere Werke, die allmählich die Merkmale der Volkstänze und der traditionellen Musik integrieren[417]. Der zweite Satz des „1. Streichquartetts" (1945-1946) z.B. beginnt mit einem *Zeybek*-Tanz (ein Volkstanz). Später beginnt eine Fuge mit zwei Themen: einem im Makam *Saba* (Cello T.32) und einem im Makam *Bestenigar* (1.Violine T.89) der traditionellen Musik (Der zweite Satz wird in dieser Arbeit als Beispiel behandelt). Diese polyphone Schreibweise erstreckt sich bis zum Ende dieses Teils. Auch seine „Ballade" für großes Orchester (1947) enthält Themen, die aus Elementen der traditionellen Musik und der Volksmusik bestehen. In die Hälfte des Stückes arbeitet er den Takt „çeng-i harbi" 10/8 (2+2+3+3) ein, den man bei der *Janitscharenmusik* anwendet. Die „Ballade", eines seiner beliebtesten Werke, beschreibt einen Seelenzustand[418]. Thema der „Ballade" ist ein tief philosophischer Gedanke. Ein Mystiker wandert durch die materielle Welt, um die wirklich wahren Genüsse und Freuden für sich zu finden; doch ist er vom Ergebnis enttäuscht und kehrt wieder in seine eigene Welt zurück. Den ersten Teil des Werkes beherrschen traditionelle türkische Musikelemente, die zweite Hälfte Volksmusikelemente. Die Uraufführung der „Ballade" wurde unter der Leitung von Ferit Alnar vom „Sinfonieorchester des Staatspräsidenten" am 14. April 1948 in Ankara verwirklicht. Das Werk wurde 1950 in der „BBC" in London aufgeführt und gesendet. Später wurde es in Birmingham, Edinburgh, Brüssel, Bukarest, Wien, Teplice, Prag und Kairo von verschiedenen Dirigenten und Orchestern gespielt.[419].
Zwischen 1938 und 1939, während Akses seinen Wehrdienst leistete, komponierte er eines seiner berühmten Werke „Ankara Kalesi" (Burg von Ankara), eine sinfonische Dichtung. 1942 gab er seinem Werk den letzen

---

[415] Vgl. Evin İlyasoğlu, „Minyatürden Destana Bir Yolculuk" (N.K. Akses-Eine Reise von der Miniatur zum Epos), Istanbul (1998), S.39f.
[416] Vgl. Nejat Başeğmezler, S.53.
[417] Evin İlyasoğlu, ebda., S.40.
[418] Vgl. Tuğrul Göğüş, in: ‚Orkestra' Nr.235 (1993), S.33f.
[419] Ebda.,

Schliff und vollendete die Orchesterpartituren. „Ankara Kalesi" ist eine *Programmusik* und beinhaltet als Thema den Befreiungskrieg, Reformen der Republik und den nationalen Aufstieg der Türkei[420]. Nach Meinung des Musikkritikers Faruk Güvenç steht das Werk, verglichen mit anderen zeitgenössischen türkischen Werken, auf einem höheren Niveau. Es gehörte viel Courage dazu, solch ein Werk zu komponieren[421]. Die Uraufführung fand am 22. Oktober 1942 unter der Leitung von Ernst Prätorius mit dem „Sinfonieorchester des Staatspräsidenten" im Rundfunk Ankara statt. Im Ausland wurde es erstmals unter der Leitung von Fritz Zaun vom „Berliner Städtischen Orchester" am 18. Oktober 1943 in Berlin aufgeführt und mit demselben Dirigenten und Orchester von „Polydor Deutsche Grammophon" als Schallplatte herausgegeben. Die „Universal Edition" in Wien gab darauf die Noten des Werkes heraus. Akses nahm einige Verbesserungen vor und die verbesserte Version wurde am 23. Oktober 1964 unter der Leitung von Gotthold Ephraim Lessing vom „Sinfonieorchester des Staatspräsidenten" in Ankara aufgeführt[422].

1946 schrieb Akses das „Poem" für Cello und Orchester. Zuerst dachte er an ein „Gedicht" für Violine und Klavier und entwarf es 1942. Aber auf Rat des Cellisten David Zirkin schrieb Akses es für Cello und Orchester um. Die Uraufführung wurde vom Cellisten Antonio Saldarelli am 29. Juni 1946 in Ankara verwirklicht. Im Ausland wurde das „Poem" ebenfalls erstmals von Antonio Saldarelli am 10. September 1949 in Rom aufgeführt[423].

In seiner zweiten Phase begann Akses auch Bühnenwerke zu komponieren. Die einaktige Oper „Bayönder" (1934) und die Bühnenmusik zu Shakespeares „Julius Caesar" für Blasinstrumente (1936) sind einige Beispiele dazu. Zu seinen bekanntesten Werken seiner zweiten Phase gehören „Çiftetelli" sinfonischer Tanz (1934), „Miniaturen" für Klavier (1936) und die erwähnte „Ankara Kalesi" als sinfonische Dichtung (1942) und die „Ballade" für großes Orchester (1947)[424].

II. 5. 5. 1. „Minyatürler" (Miniaturen) *für Klavier*:

Akses vollendete „Miniaturen" im November 1936 als eine Serie von sieben Stücken; *1. Lento mesto, 2. Allegro giusto, 3. Andante cantabile, 4. Allegro moderato, 5. Andante e molto tranquillo, 6. Allegretto, 7. Allegro moderato.* Das Werk widmete er seinem nahestehenden Freund Ulvi Cemal Erkin. Die Uraufführung fand im selben Jahr in Istanbul statt. Im Ausland wurde es am

[420] Vgl. Evin İlyasoğlu, (1998), S. 89f.
[421] Vgl. Tuğrul Göğüş, ebda., S.30f.
[422] Gültekin Oransay, „Batı Tekniğiyle Yazan 60 Türk Bağdar" (60 türkische Komponisten, die mit westlicher Technik schreiben), Ankara (1965), S.45.
[423] Tuğrul Göğüş, ebda., S.32.
[424] Evin İlyasoğlu, „Yirmibeş Türk Bestecisi / Twenty-Five Turkish Composers", Istanbul (1989), S.40.

27 Mai 1947 in Prag aufgeführt[425]. Die Stücke, die in Wesen und Form wirkliche Miniaturen sind, haben eine homophonische Struktur. Ihre klaren melodischen und harmonischen Strukturen sind von der türkischen Volksmusik inspiriert. Die Stücke enthalten naive Züge, die gleichermaßen zu Solo-Konzerten passen, obwohl es scheint, als seien sie für junge Klavierschüler komponiert. „Miniaturen“ wurden 1936 in Istanbul von Jorj D. Papajorjiu unter Katalognummer 80 herausgegeben[426]. Als Beispiel wird hier das zweite Stück behandelt.

Das zweite Stück, *Allegro giusto*:
Das zweite Stück von „Miniaturen“ ist in einer dreiteiligen Form geschrieben (ABA) und steht im 7/8 Takt (*Aksak;* 2+2+3).

A (1-12) **B** (13-25) **C** (26-31)

Das erste Thema (A) besteht aus einem zweitaktigen Vorspiel in der linken Hand und einer *Periode*, die sich wiederholt.

Vorspiel	*a-Periode*	*a1-Periode*
(1-2)	(3-7)	(8-12)

Das Tonmaterial der *Periode* liegt dem Makam Hüseyni über dem Ton (a) zugrunde. Die linke Hand begleitet die Melodie mit den *Ostinato*-Figuren, die aus den makameigenen Tönen bestehen (A-e-a-h) (Bsp.126a-b). Bei der Wiederholung wird die Melodie von der linken Hand zwei Oktaven tiefer gespielt, während die rechte Hand diesmal mit den *Variabel*-Figuren begleiten.

Beispiel 126a: Die ersten vier Takte des Stückes auf beiden Händen.

Beispiel 126b: Der Makam Hüseyni auf (a) in der türkischen Musik[427].

[425] Vgl. Gültekin Oransay, (1965), S.45.
[426] Vgl. Nejat Başeğmezler, ((Festschrift Akses), S.54.
[427] Vgl. Zeki Yılmaz, S.106f.

Ab T. 13 beginnt das zweite Thema (B), das aus einer zweisätzzigen *Periode* besteht.

a-Periode:	Vordersatz	Nachsatz
(13-25)	(13-18)	(19-25)

In melodischer Hinsicht umfaßt das zweite Thema *molto espressivo* zwei unterschiedliche Makame: Hicaz auf (a) in T.13-21, Karcığar auf (a) in T.21-22. (Bsp.127a-b).

Beispiel 127a: Die Melodie im Hicaz auf (a) in T. 16-18.

Beispiel 127b: Die Melodie im Karcığar auf (a) in T. 21-22.

Das erste Thema (A) taucht in T.26 wieder auf, und damit beginnt die Reprise. Die Melodie des Themas wird in der Reprise von beiden Händen *unisono* gespielt. Das Stück endet mit einem Schlußakkord, der auf dem makameigenen Tonmaterial basiert . Da die Melodie der Reprise im Hüseyni auf (a) steht, besteht der Schlußakkord aus den in Quarten geschichteten Tönen (e-a-d) des sogenannten Makams und steht auf dem Grundton (a) (Bsp.128).

Beispiel 128: Der Schlußakkord.

II. 5. 5. 2. „1. Streichquartett“

Sein „1. Streichquartett“, das aus drei Sätzen besteht, komponierte Akses in den Jahren 1945-1946. Der erste Satz *Allegro* ist in Sonatenform, der zweite Satz *Allegretto-Andante quasi Adagio* ein *„Intermezzo“* und der dreiteilige dritte Satz *Allegro con fuoco* in Liedform. Dur-Moll-tonale und modale Musik sind im Bau des Werkes ineinander verknüpft. Das „1. Streichquartett wurde am 26. September 1947 in Prag während eines Frühlingsfestivals uraufgeführt[428]. Hier wird als Beispiel der 2. Satz behandelt.

2. Satz *(Allegretto - Andante quasi Adagio)*: Der zweite Satz ist ein Intermezzo. Dem *Allegro*-Teil als Introduktion schließt sich im *Andante quasi Adagio* eine Fuge mit zwei Themen an. In dieser Hinsicht kann man den Satz in zwei Teilen behandeln. Der *Allegretto*-Teil (1-31): *a*-(1-4), *b*-(5-14), *a1*-(15-18), *b1*-(19-24*)*, *a2*-(25-27), *Brücke-Passage* (28-31). Der *Andande quasi Adagio* -Teil (32-130): eine Fuge mit zwei Themen.
Der *Allegretto*-Teil des Satzes bzw. *a*- in T. 1-5 beginnt mit einer Melodie im 7/8 Takt (*Aksak*= 2+2+3) nach Art des *Zeybeks* in allen Stimmen. Der *Zeybek* ist eine der Gattungen der türkischen Volksmusik und eine beliebte Art von Volkstanz. Das Tonmaterial dieser Melodie, die Akses selber schuf, liegt dem Makam *Hicaz* über dem Ton (d) zugrunde.

Beispiel 129a: Die Melodie nach Art des Zeybek in allen Stimmen (T.1-2).

[428] Evin İlyasoğlu, (1998), S.264.

Beispiel 129b: Der auf den Ton (d) übertragene Makam-Hicaz in der türk. Musik[429].

Der Vordersatz der Melodie endet mit einem Dominantseptakkord (d-fis-a-c) in T. 2 in der 3/8 Gruppe des Taktes und der Nachsatz endet dagegen mit einem Akkord, der aus in Quarten geschichteten Tönen (e-a-d-g-c) besteht (in T.4 in der 3/8 Gruppe). Akses verknüpft hier die Akkorde der tonalen und modalen Musik in einem Satz miteinander (siehe 129a-T.2,4).
Der Abschnitt *b-* in T. 5-14 weist hinsichtlich der Form einen fugenartigen Aufbau auf. Es werden hier kleine Ideen in einem kurzen Dialog in den Takten 7/8, 3/8 und 5/8 eingeführt. In T. 19-24 erscheint der Abschnitt *b1-* variierend noch kürzer. Die Melodie nach Art des Zeybeks wiederholt sich in *a1-*(15-18) im Hicaz auf (c) und in *a2-*(25-27) wiederum im Hicaz auf (d), im zweiten Tetrachord des Makams.
Die Brücke-Passage in T. 28-31 führt zum Teil *Andande quasi Adagio* im 4/4 Takt, der eine Fuge mit zwei Themen ist. Das Fugenthema *molto esspressivo*, das im Makam *Saba* auf (a) steht, wird in T. 32 von dem Cello eingeführt (*Dux*). Ihm antwortet der *Comes* (Viola) im *Saba* auf (e) auf der Oberquinte als zweiter Themeneinsatz ab T. 36 (wie öfter in Bachs Fugen wird hier metrisch um einen halben Takt verschoben). Währenddessen bildet der *Dux* (Cello) den Kontrapunkt (Bsp.130c).

Beispiel 130a: Das erste Fugenthema im Saba auf (a)

Beispiel 130b: Der Makam Saba auf (a) in der türk. Musik[430].

Beispiel 130c: Die Quintbeantwortung der Viola und der Kontrapunkt im Cello.

[429] Vgl. Zeki Yılmaz, „Türk Musikisi Dersleri“ (Lehrbuch der türkischen Musik), Istanbul (1994) S.92f.
[430] Vgl. Kemal Ilerici (1970), S.224.

Nach dem *Dux* (3. Themeneinsatz in der Oktave) im *Saba* auf (a) (T.43, 2.Vl.) folgt noch einmal der *Comes* (4. Themeneinsatz in der Oktave der Quinte) im *Saba* auf (e) in der ersten Violine in T. 50 und damit ist die erste Durchführung, die regelhaft vollständig ist, abgeschlossen. Das Zwischenspiel (T.55-67), in dem die freien imitativen Figuren im *Saba* in allen Stimmen gespielt werden, führt zur zweiten Durchführung. Die zweite Durchführung ist demgegenüber nicht regelhaft und zeigt einen freien Aufbau. Es gibt überzählige Einsätze und bei den dritten, fünften und sechsten Einsätzen sieht man rhythmische Verdichtungen:

-Der erste Einsatz-*Dux* im *Saba* auf (g) in der Viola (T.67),
-der zweite Einsatz-*Comes* im *Saba* auf (fis) im Cello (T.73) (nicht wie in der Fugenform vorgeschrieben in der Quinte),
-der dritte Einsatz-*Dux* im *Saba* auf (e) in der 1. Violoine (T.74) (nicht in der Oktave,
-der vierte Einsatz-*Comes* im *Saba* auf (gis) in der 2. Violine (T.77) (nicht in der Oktave der Quinte),
-der fünfte Einsatz im *Saba* auf (gis) in der Viola (T.79),
-der sechste Einsatz im *Saba* auf (gis) in der 1. Violine (T.81).

Das zweite Fugenthema *poco piu mosso*, das im Makam *Bestenigar* auf (fis) steht, bzw. der *Dux*, wird von der ersten Violine eingeführt (Anfangston c-T.89). Der *Comes* beantwortet den *Dux* mit dem *Bestenigar* auf (cis) in der Quinte in der zweiten Violine (Anfangston g- T.94). Währenddessen spielt der *Dux* den Kontrapunkt. Der dritte Einsatz des Fugenthemas im *Bestenigar* auf (fis) wird von der Viola in der Oktave vorgetragen (Anfangston c-T.100). Der vierte Einsatz-*Comes* antwortet im *Bestenigar* auf (cis) im Cello (Anfangston c-T.104). Haben alle vier Stimmen vorgetragen, wird die erste Durchführung des zweiten Fugenthemas abgeschlossen.

Beispiel 131a: Das zweite Fugenthema im Bestenigar auf (fis) in 1. Violine

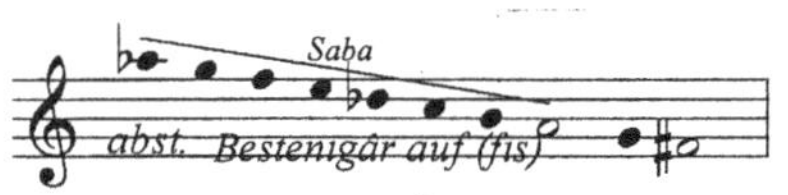

Beispiel 132b: Der Makam Bestenigar auf (fis) in der türk. Musik[431].

[431] Vgl. Zeki Yılmaz, S.171f.

Ein kurzes Zwischenspiel führt zur zweiten Durchführung *Andante quasi Adagio*, die unvollständig ist und einen freien Aufbau hat. Die zweite Durchführung hat drei Einsätze (1., 3., und 5.) und der zweite, vierte und sechste Einsatz sind thematische Varianten in der rhythmischen Verkleinerung:

-Der erste Einsatz im *Saba* auf (d) in der 1.Violine (T.113),
-them. Variante in rhyt. Verkl. im *Saba* auf (d) in der 2. Violine (T.113),
-der zweite Einsatz im *Saba* auf (e) in der Viola (T.118),
-them. Variante in rhyt. Verkl. im *Bestenigar* auf (cis) in der 2.Vl (T.118),
-der dritte Einsatz im *Saba* auf (a) im Cello (T.125),
-them. Variante in rhyt. Verkl. im *Saba* auf (a) in der 1. Violine (T.126).

Bsp.132: 1. Einsatz in der 1. Vl. und die them. Variante in rhyt. Verkleinerung (T.113).

Nach der unvollständigen zweiten Durchführung endet der Satz mit einem Großer-Septakkord (f-a-c-e) über dem Baßton (c), in *fff*.

* * *

Die Werke, die Akses nach 1976 komponierte, gehören zu seiner dritten Komponistenphase. In dieser Phase erkennt man in technischer Hinsicht manche Veränderungen in seiner Musik. Akses begann *die aleatorische Schreibweise,* die im 20. Jahrhindert enstand, in seiner Musik anzuwenden. Er verwendete die Makame der traditionellen Musik in abstrakter Weise und in *amodalem* Verständnis. Das „Orchesterkonzert" (1976-1977) ist ein Beispiel dafür. Das Werk ist *amodal.* Akses erläutert seine Neuheiten so: „Dieses Stück habe ich nicht in einem bestimmten Makam oder Modus geschrieben, aber mein Ausgangspunkt war der Modus und der Makam, ich arbeitete mit dem abstrakten Makamverständnis. *Atonal* heißt nämlich nicht ohne Ton, sondern sich von einer einzigen Tonalität zu befreien."[432] Hier bei diesem Werk machte er sich die Technik der *Aleatorik* (siehe Fußnote 449) zunutze. Aber diese Technik ist nicht ohne Grenzen und disziplinlos; die Wiederholung von bestimmten Motiven in bestimmten Rahmen und nach bestimmten Dauern widerspricht nicht der Funktion des *amodal*[433]. *Aleatorik* hat er etwa in der „3. Sinfonie" (1980), dem „4. Streichquartett" (1990), dem „Violakonzert" (1977) und dem „Idyll" für Cello und Orchester (1980)

[432] Vgl. Tuğrul Göğüş, (1993), S.45f.
[433] Ebda., S.46.

eingesetzt. Der letzte Satz *Allegro* des Violakonzerts besteht aus zwei Ideen. Die erste Idee ist im Takt „Aksak“ 8/8 (3+2+3) realisiert und die zweite Idee ähnelt dem *Sirto*[434]. Die Makame hat Akses nach dem abstrakten Verständnis eingebaut. Sein „4. Streichquartett“, das er 1990 komponiert hat, interpretiert er so: „Es ist erst 45 Jahre nach dem „1. Streichquartett“ komponiert worden, also 1990. In den 45 Jahren hat sich das Musikverständnis mit der Zeit verändert, und die *atonale* Technik war gefragt. Das *atonale* Verständnis ist verschiedenartig. Aus dieser Vielfalt machte ich mir die Akkorde, die aus Quarten, Septen und Sekunden bestehen, zunutze. In diesem Werk benutzte ich auch die Technik der *aleatorischen* Schreibweise“[435]. Der erste Satz des „4. Streichquartetts“ ist ein *capriccio* in freier Form, der zweite Satz ein *moto perpetio* in einem wiederholenden Rhythmus, der dritte Satz *Elegia*, der vierte Satz *ritorne*, eine Fuge mit zwei Themen[436].
Akses sechs Sinfonien haben einen besonderen Stellenwert, wenn man sie mit seinen anderen sinfonischen Werken vergleicht. Seine „1. Sinfonie“ komponierte er 1966, die „2. Sinfonie“ 1978, die „3. Sinfonie“ 1979-1980, die „4. Sinfonie“ für Solo-Cello und Orchester 1984, die „5. Sinfonie“ für Solo-Tenor, Kinderchor, gemischten Chor und Orchester 1988 und die „6 Sinfonie“ für Solo-Bariton, Chor und großes Orchester 1992 (unvollendet) [437]. In seiner „4. Sinfonie“ zog er als Soloinstrument das Cello vor, um die klassische Form zu brechen. Derselbe Gedanke gilt auch für seine „5. Sinfonie“, wo er einen Solo-Tenor und Chöre mit einbezog. Wie auch bei seinem „Violinkonzert“ 1969, „Violakonzert“ 1977 und „Orchesterkonzert“ 1976-1977 war es ihm gelungen, die klassische Konzertform nicht beizubehalten. Daß noch zu dieser Zeit ein solcher Kampf mit klassischen Formen anzutreffen ist, spiegelt den Abstand zwischen der westlichen und türkischen Musik wider, die diesen Vorsprung noch immer nicht hat aufholen können. Die Konzerte sind in der sinfonischen Weise angelegt[438].
Akses komponierte sein „Violinkonzert“ (1969) auf Bestellung der Türkischen Radio- und Fernsehgesellschaft (TRT). Das Werk besteht aus zwei großen Teilen, die sich direkt aneinander anschließen *(attaca)*. Jeder dieser zwei Teile endet mit einer Kadenz. Die Struktur des ersten Teils, der in freier Sonatenform geschrieben ist, besteht aus zwei Themengruppen, wobei jedes Thema mit neu entwickelten Ideen angereichert ist. Das erste Thema hört man ganz am Anfang vom Orchester, wobei die Solovioline als eine neue Idee aus dieser ersten Themengruppen auftaucht. Die Exposition der zweiten *lyrischen* Themengruppe *molto largemente*, deren Melodie von der Oboe eingeführt wird, beginnt in T. 120. Nach der Durchführung, in der die

---

[434] Sirto ist eine instrumentale Gattung in der traditionellen türkischen Musik. Es steht in der Taktart „Nim Sofyan“ 2/4 und wird in schnellerem Tempo gespielt.
[435] Tuğrul Göğüş, ebda., S.53.
[436] Ebda.
[437] Vgl. Nejat Başeğmezler, S.75.
[438] Vgl. Önder Kütahyalı, „Bir anı ve Akses'in önemli öğüdü“ (Eine Erinnerung und wichtiger Rat von Akses), in: ‚Orkestra' Nr.235 (1993), S.3.

Materialien beider Themengruppen zusammen verarbeitet werden, beginnt die Kadenz. Und der erste Teil endet nach der Kadenz ohne Reprise. Der in der Liedform stehende zweite Teil gliedert sich in ein *neo-klassisch* stilisiertes *Adagio* (A) und in einen schnellen Abschnitt im *Scherzocharakter*, der an eine *Tarantella* (B) oder ein *Sirto*[439] erinnert. Das Adagio besteht nicht aus einem einzigen Thema, sondern aus einer Gruppe von Themen. Nach dem Abschnitt im *Scherzocharakter* wird das *Adagio* kurz wiederholt. Darauf folgt die Kadenz und danach endet das Konzert mit der Wiederholung des ersten Themas aus dem ersten Teil[440].
Akses' Violinkonzert kann als eine Sinfonie mit einer obligaten Solovioline betrachtet werden. Dennoch steht die Solovioline, obwohl sie mit dem Orchester im Einklang ist, in den meisten Teilen des Werkes im Vordergrund und erreicht mit sehr schwierigen Kadenzen den Höhepunkt der Technik und des Ausdrucks. Das Violinkonzert kann als eines seiner farbigsten, emotionalsten und ausdrucksstärksten Kompositionen angesehen werden, in welcher lyrische und dramatische Elemente völlig ausgeglichen sind[441]. In dieser Hinsicht kann Akses Violinkonzert konzeptionell auch als eine Fortsetzung der Reihe der großen Konzerte von Beethoven, Mendelssohn, Brahms, Reger, Berg, Strawinsky, Prokofiev, Myaskovsky, Walton und Barber angesehen werden[442].
Die Uraufführung fand am 5. Mai 1972 mit der türkischen Violonistin Suna Kann unter der Leitung von Gothold Ephraim Lessing vom „Sinfonieorchester des Staatspräsidenten“ in Ankara statt[443]. Das Werk wurde im Ausland zum letztmalig am 31. August 2000 - anläßlich der EXPO 2000 Hannover - unter der Leitung des türkischen Dirigenten Rengim Gökmen von der „Radiophilharmonie-Hannover des NDR“ in Hannover aufgeführt. Der türkische Violonist Cihat Aşkın hat als Solist mitgewirkt[444]. Nach dem Konzert erntete Akses sehr positive Kritiken. Eine dieser Kritiken schrieb Werner M. Grimmel „*Türkische Violine – Monumental im Konzert*“ in der „Frankfurter Allgemeine Zeitung“:

> “Wie klingt ein türkisches Violinonzert? Wie komponiert man am Bosporus oder in Ankara Musik für ein „abendländisches“ Soloinstrument und modernes Sinfonieorchester? Kann es türkische Kunstmusik für ein importiertes Instrumentarium und von Westeuropa übernommene bürgerliche Konzertformen überhaupt geben? [...] Die Türkei ist nicht das einzige Land, in dem sich in Zeiten allumfassender Globalisierung solche Fragen stellen. [...] Neben sechs Sinfonien und anderen Orchesterwerken, Kammermusik und Klavierstücken schrieb Akses unter anderem sein monumentales Violinkonzert, das er junge türkische Geiger Cihat Askin

---

[439] Siehe Fußnote 434.
[440] Vgl. Konzertprogramm vom 31. August 2000 in Hannover.
[441] Vgl. Faruk Güvenç, „Eleştiri-Akses'in Keman Konçertosu, Dünya Gazetesi“ (Kritik-Violinkonzert von Akses, in der Zeitung ‚Dünya‘), in: Evin İlyasoğlu, (1998), S.166.
[442] Vgl. Konzertprogramm vom 31. August 2000 in Hannover.
[443] Ebda., S.165.
[444] Konzertprogramm vom 31. August 2000 in Hannover.

jetzt mit der Radio-Philharmonie Hannover unter Rengim Gökmen eingespielt hat. Das zwischen 1967 und 1969 entstandene, dreiviertel Stunde lange Werk enrwirft ein großartiges Panaroma ausdrucksstarker, farbiger, stets von der Violine dominierter Klanglandschaften, gegipfelt von zwei anspruchsvollen Kadenzen. Die rundum gelungene Aufnahme entführt in eine faszinierende, von klassischer türkischer Kunstmusik und Volksrhythmen eingefärbte Welt"[445].

II. 5. 5. 3. „Idyll" *für Solocello und Orchester*:

Das Werk begann Akses im Juni 1980 zu komponieren und vollendete es im Dezember des gleichen Jahres. Die Uraufführung fand am 20. März 1981 mit dem türkischen Cellisten Doğan Cangal unter der Leitung von Gürer Aykal durch das „Sinfonieorchester des Staatspräsidenten" in Ankara statt[446]. „Idyll" gehört zu seiner dritten und letzten Komponistenphase, in der man in technicher Hinsicht manche Veränderungen in seiner Musik erkennt. Hinsichtlich der Komposition, Orchestrierung und der Orchesterbesetzung weist „Idyll" Unterschiede auf, verglichen mit seinen anderen Orchesterwerken. Für Akses als Komponist großer sinfonischer Formen ist dieses Werk relativ kurz. Man erkennt eine weichere und hellere Schreibweise. Akses benutzt in diesem Werk die Technik der *aleatorischen Schreibweise*, die im 20. Jahrhundert enstand. Die Makame verwendet er in *abstrakter* Weise und in *amodalem* Verständnis. In der Orchestrierung trifft man ab und zu *impressionistischen* Eigenschaften.
„Idyll" *(Lento tranquillo)* ist ein Werk in freier Form und entspricht keinen klassischen Formen. Es besteht aus bestimmten Themengruppen, die nach und nach eine entwickelte Struktur zeigen und sich wiederholen.
Das Werk (erste Themengruppe) beginnt mit einer ausdrucksvollen Melodie, *solo rubato,* über dem Orgelpunkt des Horns auf (b), die von der Klarinette eingeführt wird. Das Tonmaterial der Solomelodie basiert auf dem Makam *Kürdi* auf (b), der abstrakt bearbeitet ist (Bsp.133a-b).

Beispiel 133a: Solo rubato in der Klarinette

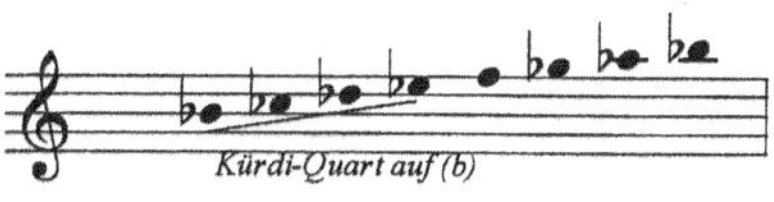

Beispiel 133b: Der auf (b) übertragene Makam-Kürdi in der türk. Musik[447].

[445] Die Kritik von Werner M. Grimmel erschien am 06.07.2001 in der „Frankfurter Allgemeine Zeitung", S.48.
[446] E. İlyasoğlu, ebda., S.208.
[447] Vgl. Zeki Yılmaz, S.115f.

An der Solomelodie in der Klarinette, die man als eine Einleitung bezeichnen könnte, schließen sich in T. 6-7 die von der Harfe *glissando* gespielten absteigenden Begleitfiguren (Septolen) an. Die Melodie der Begleitfiguren ergibt den Makam *Kürdi* auf den Ton (b), der die erste Themengruppe beherrscht und zwar klar und deutlich in einer absteigenden Skala (Bsp.134).

Abbildung 7: Das Facsimile der ersten Seite von „Idyll“.

Beispiel 134: Die absteigenden Begleitfiguren in der Harfe.

Mit der Beteiligung des Orchesters wird das Werk ab T. 8 eröffnet. Hier präsentiert die Flöte die Melodie, die aus der Solomelodie der Klarinette abgeleitet ist und auf demselben Makam basiert, in einem rhythmischen Dialog mit dem Klavier *molto espressivo.* Währenddessen bilden die Orgelpunkte und die liegenden Töne den harmonischen Hintergrund. Die *Ostinato*-Figuren im Klavier wiederholen die Töne des *Kürdis* auf (b) in einer aufsteigenden Skala (Bsp.135).

Beispiel 135: Die *Ostinato*-Figuren im Klavier.

Mit dem Einsatz des Solocello ab T. 15 im *a tempo* beginnt eine neue Begleitstruktur, an der sich das Glockenspiel mit variablen-*Ostinato*-Figuren, die Celesta mit *repetitiven*-Figuren und die Harfe mit *Glissando*-Figuren zwischen den Tönen (ges'''- Ges) beteiligen. Während das Solocello seine Melodie im abstrakt bearbeiteten *Kürdi* auf (b) *molto cantando* einführt, geben das Fagott und die Hörner abwechselnd dazu die Gegenmelodien im gleichen Makam-Verständnis. Die Melodie im Solocello wendet sich in T. 19-22 (ab g♮ in T. 19) der *Ganztonleiter* zu. Hier sieht man, daß Akses die Abstrahierung des Makams durch die *Ganztonleiter* verwirklicht hat (Bsp. 136a-b).

Beispiel 136a: Die Ganztonleiter im Solocello.

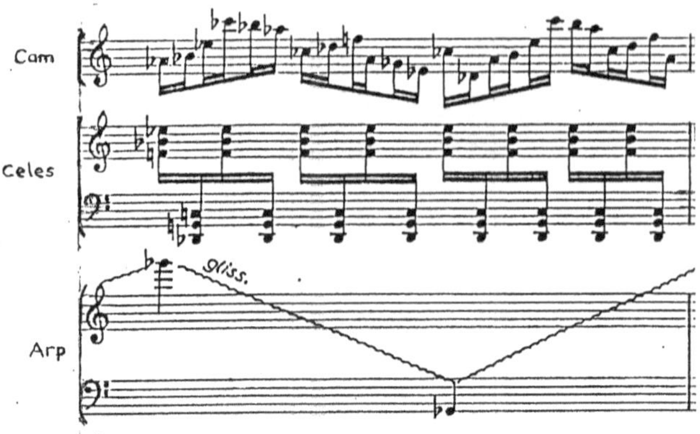

Beispiel 136b: Die Begleitfiguren in dem Glockenspiel, der Celesta und Harfe.

Mit der charakteristischen Passage in T. 26, die sich über *crescendo* plötzlich steigert, beginnt die zweite Themengruppe. Das Tonmaterial der Steigerungspassage basiert auf dem Akkord, der aus den in Quarten geschichteten Tönen (es-a-d-g) besteht. Während das Klavier und die Holzbläser (durch liegende Töne) die genannten Töne als Akkord präsentieren, spielen die Streicher sie in den aufsteigenden Zweiunddreißigstel-Figuren (Bsp.137a-b).

Beispiel 137a: Die aus den in Quarten geschichteten Töne bestehende Akkorde im Klavier.

Beispiel 137b: Die aufsteigenden Figuren in der Viola.

Ab T. 27 stellt das Solocello eine nicht Makamgebundenen Melodie (variabel-chromatisch) *poco tenuto* vor. Die Steigerungspassage in T. 26 taucht in T. 33 wieder auf, diesmal besteht der Akkord aus den Tönen (b-e-a-d). Der Abschnitt in T. 26-33 hält im Verlauf des Stückes einen anderen Charakter. Darauf folgt eine kurze Kadenz, die aus den absteigenden Zweiunddreißigstel-Figuren besteht und das Solocello *a piacere* spielt (Bsp.138).

Beispiel 138: Die kurze Kadenz des Solocellos.

Nach den zweitaktigen absteigenden Begleitungsfiguren (Septolen), die von der Harfe *Glissando* gespielt werden - wie in T. 6-7 - , beginnt ein neuer Abschnitt in T. 37 über dem Orgelpunkt im Kontrabaß auf (a) mit einer auf einem *amodalem Verständnis* basierenden Melodie, die vom Solocello im Dialog mit den Violinen und Viola eingeführt wird (Bsp.139a). Flöte, Celesta, Xylophon, Glockenspiel und Klavier liefern eine Begleitung, in der sie im unterschiedlichen rhythmischen Aufbau *Ostinato*-Figuren spielen. Das Tonmaterial der Begleitung beruht auf dem Makam *Hicaz* auf (f) (Bsp.139b). Die *amodale* Technik ermöglicht hier Akses, die unterschiedlichen Klänge und Intervalle - unabhängig von einem Modus bzw. Makam - frei zu verwenden.

Beispiel 139a: Die Melodie im Solocello.

Beispiel 139b: Der auf den Ton (f) übertragene Makam Hicaz in der türk. Musik.[448]

Eine der Veränderungen in Akses Musik, die man in seiner dritten Phase erkennt, ist die *aleatorische Schreibweise*[449]. Diese neue Technik, die in der zweiten Hälfte des 20. Jahrhunderts enstand, wendet er - wie in dem „Violakonzert", der „2. Sinfonie", der „3. Sinfonie" und dem „4.

[448] Vgl. Zeki Yılmaz, S.92f.

[449] Der Begriff „aleatorisch" taucht im musikalischen Zusammenhang seit 1955 auf, und zwar zuerst als statistischer Terminus für Vorgänge, deren Verlauf im Groben festliegt, im einzelnen aber vom Zufall abhängt. Boulez spricht in seinem Darmstädter Vortrag 1957 von einer musikalischen Entwicklung, die in mehreren Stadien, auf mehreren Ebenen der Komposition Entscheidungsmöglichkeiten eröffnet. Dieser Vorstellung entspricht z.B. die dritte Klaviersonate (1956/57) von Boulez, in der funktionsgleiche Strukturen, Sätze und Satzpaare vertauscht und gleichsam nur kommentierte Strukturen ausgelassen werden können. Vgl. Boulez, „Alea, 1957", in: ‚Im Zenit der Moderne-Die internationale Ferienkurse für Neue Musik Darmstadt 1946-1966' (1997), Bd.2, S.205-218.

Streichquartett“ angewandt - auch hier in „Idyll“ ab T. 47 in Flöte, Oboe, Klarinette und in den Streichern (ohne Kontrabaß) an. Die obengenannten Instrumente, die die Figuren im unterschiedlichen rhythmischen Aufbau in der *aleatorischen* Technik *Presto ripetere aleatore ritmo solo* vorstellen, begleiten das Solocello bis zum Ende des Abschnitts (bis T. 55) (Bsp.140). An dieser Struktur über dem Orgelpunkt des Fagotts auf (cis) beteiligen sich Pauke, Harfe, Klavier und Kontrabaß mit den *repetitiven* Figuren. Damit beginnt die dritte Themengruppe. Die vom Solocello ab T. 48 eingeführte Melodie *molto espressivo* steht in T. 48-51 unter dem Einfluß vom *Kürdi* auf (cis) und wendet sich in T. 51 der *Ganztonleiter* zu.

Beispiel 140: Aleatorik in den o.g. Instrumenten.

Die viertaktige Überleitungspassage in T. 55-58 führt zum Abschnitt *senza battuta,* den man als eine kurze Kadenz bezeichnen könnte. Hier präsentiert das Solocello virtuose Spielfiguren.

Ab T. 60 beginnt eine neue bzw. vierte Themengruppe, die vom ganzen Orchester (ohne Solocello) mit dem *a tempo I.* in *ff* eingeführt werden. Die lebhafte Melodie im *Kürdi* auf (c) wird von Holzbläsern (o.Fg.), Klavier, Violinen und Viola im Dialog mit der Trompete gespielt (die sog. Melodie beginnt mit dem „Kräftigen Ton“[450] (f) und endet mit dem „Hauptton“ (c) des Makams, Bsp.141a-b). Daran beteiligen sich Cello und Kontrabaß mit synkopierten Tonwiederholungen und Harfe mit auf- und absteigenden *Glissando*-Figuren.

Beispiel 141a: Die Melodie im Kürdi auf (c) in der 2. Violine.

Beispiel 141b: Der auf den Ton (c) übertragene Makam-Kürdi in der türk. Musik.

Die Themengruppen und Abschnitte, die bis zum T. 66 aufgestellt sind, tauchen ab T. 66 mit ähnlichen Strukturen wieder auf, wie z.B.:

- der Abschnitt in T. 66-73 hat eine ähnliche Struktur wie in T. 26-33,
- in T. 73-84 wird der zweite *aleatorische* Abschnitt vorgestellt. Verglichen mit dem ersten aleatorischen Abschnitt in T. 47-54 spielen hier weniger Instrumente - Trompeten, Pauke und Xylophon - Figuren in dieser Technik. Die Melodie des Solocellos in T. 73-76 steht im *Saba* auf (a) und wendet sich ab T. 77 (nach dem Tonwechsel in der *Aleatorik*) dem *Segah* auf (fis) Bsp.142a-b) zu. Die beiden Makame werden abstrakt bearbeitet.

Beispiel 142a: Die Melodie des Solocellos im Saba auf (a) in T. 73-74.

Beispiel 142b: Die Melodie des Solocellos im Segah auf (fis) in T. 80-82.

[450] Die Makame dienen zunächst zur Verständigung über die Tonalität eines Musikstücks und werden durch die folgenden Elementen besimmt: 1- Zwei Noten von besonderer Bedeutung, die das strukturelle Gerüst des Makams bilden, der ‚Hauptton‘ (genannt „durak“) und der ‚Kräftige Ton‘ (genannt „güçlü“). 2- Eine besondere Bewegung der Melodie, deren Ansetzen und deren Ende streng festgelegt sind. Hauptton‘ und ‚Kräftiger Ton‘ sind der ‚Tonika‘ und ‚Dominante‘ in Europa entfernt vergleichbar.

- Der erste *aleatorische* Abschnitt in T. 47-54 taucht in T. 85-95 mit der gleichen Struktur wieder auf. Außer der Klarinette und dem Cello (Kl. u. Fg. wechseln sich ab) spielen hier die gleichen Instrumente die Figuren in der *aleatorischen* Technik über dem Orgelpunkt des 2. Horns, während tiefe Streicher, Klavier, Harfe, große Trommel und Pauke mit den *repetitiven* Figuren begleiten. Das Solocello stellt seine Melodie in T. 85-90 im *Kürdi* auf (h) vor (verglichen mit dem 1. Abschnitt ein Ton tiefer).

Beispiel 143a: Die Melodie des Solocellos im Kürdi auf (h) in T. 89-90.

Beipsiel 143b: Der auf (h) übertragene Makam-Kürdi in der türk.Musik[451].

- Wie beim ersten Abschnitt, schließt sich der *aleatorische* Abschnitt dem *Senza battuta* an, in dem das Solocello die aus den virtuosen Spielfiguren bestehenden Kadenz präsentiert.
- Ab T. 98 taucht die erste Themengruppe (ohne die Einleitung der Klarinette am Anfang), die man hier als Reprise bezeichnen könnte, wieder auf. Hier beherrscht der *Kürdi* auf (f), der abstrakt bearbeitet ist.
- In T. 111-119 erscheint der erste *aleatorische* Abschnitt das zweite- und letzte Mal mit gleichen Tonmaterialien und rhythmischer Struktur.
- Das Werk endet mit der vom Solocello gespielten ausdrucksvollen Melodie im *Kürdi* auf (b), die am Anfang von der Klarinette eingeführt wird.

II. 5. 5. 4. „2. Sinfonie" *für Streicher*:

Akses komponierte seine „2. Sinfonie" für Streicher im Jahre 1978. Dieses Werk bedeutet einen Fortschritt in seinem Schaffen. Die Uraufführung wurde im gleichen Jahr unter der Leitung von Gürer Aykal vom „Ankara Kammerorchester" in Ankara für die Rundfunkaufnahme verwirklicht. Die Erstaufführung für das Publikum fand am 4. Februar 1997 mit dem Dirigenten Muhammed Nazar Mommadov vom „Aşkabat Sinfonieorchester SAZ" in Askabat-Turkmenistan statt[452]. Nach dem Konzert fasste der Dirigent

[451] Zeki Yılmaz, S.115f.
[452] Vgl. Evin İlyasoğlu, (1998), S.200.

Mommadov seine Meinungen über die „2. Sinfonie" mit diesen Worten zusammen:

> Wir betrachten dieses Werk als eine Unterweisung, üben und spielen mit diesem Verständnis. Es bedeutet für uns ein Fenster, das uns die Neuerungen des 20. Jahrhunderts öffnet. Bei jeder Aufführung entdecken wir etwas Neues und mit diesem Werk gewöhnen wir uns an die Musik des 20. Jahrhunderts[453].

Akses wendet in seiner „2. Sinfonie" die *aleatorische Schreibweise* an und benutzt die Makame in *abstraktem* Verständnis. Als Beispiel wird hier der 1. Satz behandelt.

1. Satz *(Allegro decisivo)*: Den ersten Satz kann man als eine Sonatenhauptsatzform bezeichnen, da von einer Exposition, Durchführung und der Reprise gesprochen werden kann. Die Wiederkehr der Einleitung am Schluß bildet sich eine Rahmenform. Die formale und thematische Entwicklung des ersten Satzes ist in der nachfolgenden Übersicht zusammengefaßt:

ÜBERSICHT II

Form	Taktzahl	Tempo	Takt	Makamart
Einleitung	T.1	Allgro decisivo	9/8	
Exposition				
1. Thema (1.Vl.solo repet.Motiv.)	T.3		9/8	
"	T.7		9/9,8/8	*Hicazkar* auf (h)
"	T.12		9/8	*Saba* auf (a)
(Okt.sprng.im Solo *p* sub.>*mf* espr.)	T.19		8/8	
(Org.pnkt.inVc.)	T.27		8/8	*Hicazkar* auf (h)
(u.liegnd.Töne)	T.29		9/8	
2. Thema (Aleat.1.2.Vl. Vla.solo-Kb.Org.P.)	T.36	Meno mosso (*Presto*)	4/4	*Kürdi*-artig auf (g)
(2.Teil d.Al.in 2.Vl., Vla.- 1.Vl.Solo)	T.45	Meno mosso	4/4	
(Höhepnkt.im Solo)	T.47		4/4	
(3.Teil d.Al.imVc. Vla.Solo, *pp*>*mf*)	T.54		4/4	
(Vla.solo)	T.57		4/4	*Hicazkar* auf (e)
Durchführung				
(Tempo-I-Tutti, in unisono,*ff* sub.)	T.66	Allegro decisivo	9/8,8/8	
(liegnd.Töne in1.2. Vl.,Org.pnkt.in Kb)	T.71		9/8,8/8	

[453] Ebda., (eigene Übersetzung)

Form	Taktzahl	Tempo	Takt	Makamart
(Steigerung, Tutti *ff* sub.)	T.79		9/8	
(1.Vl. solo	T.84		9/8,8/8	*Hicaz* auf (gis)
(9 st. Fugato)	T.90		9/8	
(poco a poco molto cresc.,Steigerung)	T.93		9/8	
(Höhepunkt d.Orch.	T.98	Allegro molto	3/4	
fff>poco a poco molto dim.)	T.100		3/4	
(Aleatorik in 2.Vl., Vla.,1.Vl.solo, Org.punkt in Kb.)	T.107	Meno mosso	4/4	*Kürdi* auf (fis)
(Aleat.in 1.2.Vl., Vla.solo,Orgp.Kb.)	T.113	Presto	4/4	
(Aleat.in 2.Vl.div. 1.Vl.solo Presto espr)	T.119	Meno mosso	4/4	
(Tutti poco a poco molto cresc.)	T.127		4/4	
Reprise				
(a Tempo,1.Thema)	T.131	Allegro decisivo	9/8,8/8	
(Aleat., 2.Thema)	T.166	Meno mosso	4/4	*Kürdi*-artig auf (e)
(2.Teil d.Aleat.)	T.175	Meno mosso	4/4	
(3.Teil d.Aleat.)	T.184		4/4	
(Vla.solo)	T.187		4/4	*Hicazkar* auf (eis)
(Einleitung	T.196	Allegro decisivo	8/8	
ff>*sfffz*)	T.197		9/8	

Im ersten Satz bestimmen die Begleitelemente (Bsp.144) den rhythmischen Aufbau, während die *Aleatorik* (Bsp.145) eine freie Struktur bildet. Ein Soloinstrument wird von den anderen Streichern begleitet.

Exposition = *Hauptthema (1-35)*

Seitenthema (36-65)

Durchführung = *Verarbeitung der in der Exposition vorgestellten Themen und Motive (66-130)*

Reprise = *(131-197)*

Beispiel 144: Die Begleitelemente in der 2.Violine und Viola.

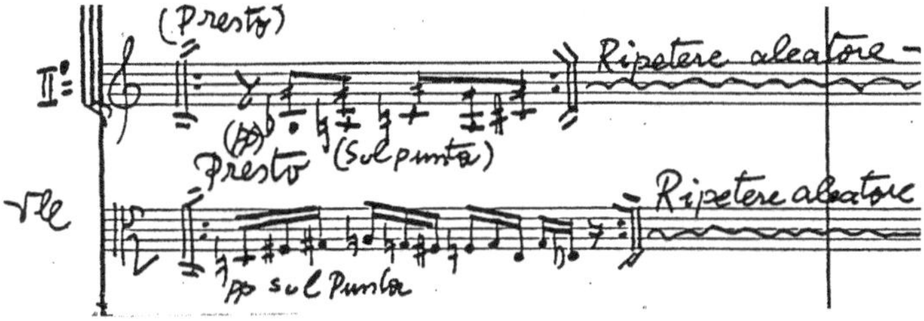

Bespiel 145: Die *aleatorische Schreibweise* ab T. 45 in der 2. Violine und Viola.

In *abstraktem* Verständnis verwendet Akses im Haupt- und Seitenthema folgende Makamelemente. Als Beispiel:

-Im Haupttema; in T. 7-11 *Hicazkar* auf (h) in der 1. Violine (Bsp. 146a-b),
in T. 12-15 *Saba* auf (a) in der 1. Violine (Bsp. 147a-b),
in T. 27-29 *Hicazkar* auf (h) (Bsp.148a).

Bsp. 146a: Die Melodie im Hicazkar auf (h).

Bsp.146b: Der auf (h) übertragene Makam Hicazkar in der türk. Musik[454].

---

[454] Vgl. Zeki Yılmaz, S.154.

Bsp. 147a: Die Melodie im Saba auf (a).

Bsp. 147b: Der Makam Saba auf (a) in der türk. Musik[455].

Bsp. 148a: Die Melodie im Hicazkar auf (h).

Im Seitenthema; in T. 36-44 Kürdi auf (g) in der Viola (Bsp.149a-b),
in T.57-58 Hicazkar auf (e) in der Viola (150a-b),

Beispiel 149a: Die Melodie im Kürdi auf (g).

Beispiel 149b: Der auf (g) übertragene Makam Kürdi in der türk. Musik[456].

[455] Vgl. Kemal Ilerici (1970), S.224.
[456] Vgl. Zeki Yılmaz, S.115f.

Beispiel 150a: Die Melodie im Hicazkar auf (e).

Beispiel 150b: Der auf (e) übertragene Makam Hicazkar in der türk. Musik[457].

II. 5. 6. Verzeichnis der Werke

Opern:
„Mete", ein Akt, 1933
„Bayönder", ein Akt, 1934
„Timur", unvollendet, 1956

Werke für Gesang und Orchester:
„Dichtung und Musik" für Baßbariton und Orchester, 1935
„Sinfonisches Epos" für Sopran, Chor und Orchester, 1973
„Zurschaustellung der Solisten" für Sopran, Mezzo-Sopran, Bariton, Baßbariton und Orchester, 1976

Chorwerke:
„Harmonisierte Volkslieder", 1936
„Marsch für Konservatorium" (mit Ulvi Cemal Erkin), 1940
„Chorstücke a Capella", 1947
„Zehn Volkslieder" für gemischten Chor, 1964
„Marsch zum 50. Jahrestag der türkischen Republik", 1973
„İstanbul'a Gönül Veren Ozanlar", für A Capella, 1983

Werke für Gesang und Klavier:
„Porträts", 1965
„Musik für Dichtungen", 1975
„Nein oder Ja?", 1988

Orchesterwerke:
„Çiftetelli", sinfonischer Tanz, 1934
„Ankara Kalesi", sinfonische Dichtung, 1942
„Ballade" für großes Orchester, 1947

457 Ebda., S.154f.

„Eskilerden Iki Dans“, 1960
„1. Sinfonie“, 1966
„Itri'nin Nevakâr'i üzerine Scherzo“ für großes Orchester, 1970
„Sesleniş“, 1973
„2. Sinfonie“, für Streicher, 1978
„3. Sinfonie“, 1980
„Orchesterkonzert“, 1976-1977
„Barış için Savaş“, sinfonische Dichtung, 1981
„4. Sinfonie“ (Sinfonia Romanesca Fantasia) für Cello und Orchester, 1983-1984
„5. Sinfonie“ (Atatürk Diyor ki), rhetorische Sinfonie für Chor, Kinderchor, Tenor und Orgel, 1988
„6. Sinfonie“ (Ölümsüz Kahramanlar) für Bariton, Chor und großes Orchester, unvollendet, 1992

Konzerte:
„Gedicht“ für Cello und Orchester, 1946
„Violinkonzert“, 1969
„Violakonzert“, 1977
„Idyll“ für Cello und Orchester, 1980

Kammermusik:
„Allegro Feroce“ für Klarinette, Saxophon und Klavier, 1930
„Poème“ für Violin und Klavier, 1930
„Sonate“ für Flöte und Klavier, 1933
„Drei Dichtungen“ für Mezzo-Sopran und Streichquartett, 1933
„Trio für Streicher“, 1945
„1. Streichquartett“, 1946
„2. Streichquartett“, 1971
„3. Streichquartett“; 1979
„4. Streichquartett“, 1990

Werke für Soloinstrumente:
„Präludien und Fugen“ für Klavier, 1929
„Fünf Klavierstücke“, 1930
„Sonate für Klavier“, 1930
„Miniaturen“ für Klavier, 1936
„Zehn Stücke für Klavier“, 1964
„Capriccio“ für Viola, 1977
„Traurige Melodie“ für Viola, 1984

Musik für Bühnenwerke:
„Musik für Sofokles' Antigone“, Blasinstrumente, 1942
„Musik für Sofokles' Konig Oedipus“, Blasinstrumente und Frauenchor, 1943

„Musik für Shakespeares Julius Caesar", Blasinstrumente, 1942[458]

II. 5. 7. Ausgewählte Diskographie

„1. Streichquartett"
„2. Streichquartett"
(Yücelen Streichquartett)
HUNGAROTON CLASSIC HCD 31522 (1991)

„Scherzo" für Orchester
(Philharmonisches Orchester Budapest – Leitung: Hikmet Şimşek)
HUNGAROTON HCD 31495 (1992)

„Ballade" für großes Orchester
(Radiosinfonieorchester Moskau – Leitung: Hikmet Şimşek)
RAKS-Turkey 9713661 (SD 05) (1993)

„Orchesterkonzert"
„4. Sinfonie" -Sinfonia Romancesca Fantasia- sinfonische Dichtung, für Solocello und Orchester)
(Ungarisches Staatsorchester – Leitung: Rengim Gökmen, Solist: Ali Doğan)
HUNGAROTON CLASSIC HCD 31527 (1995)

„Klavierwerke" Fünf Klavierstücke, Sonate, Miniaturen, Zehn Klavierstücke
(Solisten: Özgür Aydın, Aylin Çakıcı, Emre Elivar)
CORD-ARIA CACD 546 (1999)

„Violinkonzert"
(Radio-Philharmoni Hannover des NDR – Leitung; Rengim Gökmen)
CPO 999 799-2 (2000)

* * *

[458] Alle diese Angaben finden sich: Nejat Başeğmezler, „N. K. Akses'e Armağan" (Gabe an Akses), (1993), S.74ff.: auch Ahmet Say, „The music makers in Turkey", Artikel „Akses", (1995), S.68.

Zusammenfassung

Vor dem Hintergrund der Ausgangssituation, wie sie in der Einleitung kurz dargestellt wurde, lassen sich die Ergebnisse der vorliegenden Studie in folgender Weise zusammenfassen.

Die drei Mitglieder der „Türkischen Fünf" Cemal Reşit Rey, Ulvi Cemal Erkin und Ahmed Adnan Saygun vervollständigten ihre Ausbildung in Paris, Hasan Ferid Alnar und Necil Kazım Akses in Wien. Akses führte darüber hinaus seine Musikausbildung in Prag fort. In all ihren ersten Werken der „Türkischen Fünf" erkennt man, daß sie unter dem Einfluß der Komponisten und Strömungen der jeweiligen Länder standen, in denen sie ihre Ausbildungen vervollständigten. In seinen ersten Werken, die Rey von 1919-1926 schrieb, benutzte er ausschließlich französische Überschriften, seine Opernlibretti und Gesangstexte waren alle französisch. In den ersten Werken von Erkin spürt man Debussys und Ravels Impressionismus. Ähnliche Einflüsse erfuhr auch Saygun. Alnar komponierte seine ersten Werke in der Art der traditionellen türkischen Musik. Nachdem er 1927 in Wien Schüler von Marx wurde, richtete er sich völlig nach der mehrstimmigen Musik. In den Werken Alnars sind die Makame der traditionellen Musik vorherrschend. Er benutzte die Makame originaltreu, anstatt sie abstrakt einzusetzen. Im *„Präludium und und zwei Tänze" für Orchester* (1932-1936) verwendete Alnar die Makame „Hicaz", „Hüseyni", „Hicazkar", „Karcığar" „Rast", „Segah" und „Nikriz". Seine Orchestrierung ist im Vergleich zu der anderen Mitglieder der „Türkischen Fünf" relativ schlicht. Er benutzte meist die Akkorde, die auf dem makameigenen Tonmaterial basieren und aus den in Quarten geschichteten Tönen bestehen. Sein *„Cellokonzert"* (1942) beginnt beispielsweise mit solchem vom ganzen Orchester zweimal gespielten Akkord, der auf dem makameigenen Tonmaterial des Hauptthemas basiert. Das Hauptthema steht im Makam „Hicaz". Das *„Kanunkonzert"* (Zitherkonzert) (1944-1951) ist Alnars bekanntestes Werk und spielte bei der Entwicklung der Spieltechnik des Instrumentes eine wichtige Rolle. Das Hauptthema steht im Makam „Rast". Insbesondere seine sinfonischen Werke sind nicht so umfangreich wie die der anderen Komponisten der Gruppe. Zwischen 1929-1934 befand sich Akses in der ersten Phase seines Schaffens immer noch auf der Suche, da er seinen eigenen Stil noch nicht gefunden hatte. Obwohl er in seinen Werken die türkischen Musikelemente immer benutzte, verzichtete er nicht auf die westliche Harmonik. Nach 1934 stand er jedoch mehr und mehr unter dem Einfluß der türkischen Musik, wie z.B. die *„Miniaturen", Sieben Stücke für Klavier* (1936) zeigen. Die Stücke haben eine homophon Struktur. In melodischer und harmonischer Hinsicht sind sie von der türkischen Volksmusik inspiriert. Nach 1940 konnte er in seinen sinfonischen Werken einen eigenen Stil gewinnen. In seinem *„1. Streichquartett"* (1945-1946) sind dur-moll-tonale und modale Musik im Bau des Werkes miteinander verknüpft. Der zweite Satz ist eine Fuge mit zwei

Themen, deren Tonmaterialien auf den Makamen ‚Saba‘ und ‚Bestenigar‘ basieren. Akses verwendete die Makame neben dem abstrakten Verständnis, auf ‘amodale’ Weise. Nur die Beherrschung einer Tonalität spielt keine besondere Rolle in seiner Musik. Ein Beispiel dafür ist das *„Orchesterkonzert“*, (1976-1977). Eine andere Besonderheit von Akses ist, daß er ‚Aleatorik‘ öfter einsetzte. *„Idyll“ für Solocello und Orchester* (1980) ist ein charakteristisches Beispiel dafür. Das Werk ist in freier Form geschrieben. Akses wendet hier die Technik der Aeatorik an wie auch in dem *‚Violakonzert‘*, der *‚3. Sinfonie‘* und dem *‚4. Streichquartett‘*. Er komponierte große Werke. In einigen seiner Werke erkennt man den Einfluß von Marx und der „neuen Romantik“.

Da Saygun sich noch auf der Suche befand, wandte er sich nach seiner ersten Schaffensphase außer Volksmusikelementen den Makamen zu, die er zunehmend in einem abstrakten Verständnis nutzte. Hierbei verwandte er die ‘lineare Schreibweise’, mit der er einen weit entwickelteren Stil erreichen konnte. Saygun verwendete in seiner Musik auch die anatolischen Makame der antiken Zeit und verknüpfte somit Vergangenheit und Gegenwart in seiner Musik. Er erfand aus 3, 4 und 5 Tönen bestehende neue ‘modale Skalen’, die er in seinen Werken benutzte. Saygun wurde am meisten vom „Karcığar-Quintzug“ und vom „Hüzzam-Quartzug“ beeinflußt. Als Beispiel ist das *„Klavierkonzert“* (1952-1958) zu nennen. Das erste Thema in den ‚Aksak‘-Taktarten (7/8-8/8-9/8) steht in der „Karcığar-Quint“. Ferner verwendet Saygun in seinem „Klavierkonzert“ pentatonische Skalen und Akkorde, die Ähnlichkeiten mit den als *Beta* bezeichneten Akkorden von Bartók zeigen. Mit dem zweiten *„2. Streichquartett“* (1958) erreichte er als Komponist ein hohes Niveau, in dem er verschiedene Schreib- und Spieltechniken angewandt hat. Zum Beispiel führt er im zweiten Satz des Werkes, dessen Aufbau auf sehr freien Variationen basiert, außerhalb des Makams stehende Chromatik in seine Musik ein. Dabei verwendet er die Technik „Col legno“, die Bartók erfand. Nach Saygun ermöglicht es die Kontrapunkt-Schreibweise, auf die zeitgenössische Musik durch Makame stärker einzuwirken. In der letzten Phase seines Schaffens war er außerordentlich produktiv. Mit der Oper *„Gılgamış“* Op. 65, mit der *„5. Sinfonie“* Op. 70, mit dem *„Violakonzert“* Op. 59 und dem *„Kammerkonzert“* Op. 62 erreichte Saygun sein reifstes Niveau. Außer den ‘elektronischen Mitteln’ und der Technik der ‘Zwölftonmusik’ verwendete er alle zeitgenössischen Schreibtechniken. Bei Bedarf griff er auch auf alte Techniken zurück. Seine Orchestrierung erreicht den Höhepunkt. Nach seinem Tode wurde Saygun als „Romantiker“ oder „Impressionist“ bezeichnet.

Nach der ersten Phase, in der man den ‘Impressionismus’ von Debussy und Ravel sieht, erreichte Erkin mehr und mehr seinen eigenen Stil und eine bestimmte Reife. In seiner Musik brachte er die Eigenschaften der Volks- und traditionellen Musik in harmonischer, melodischer und rhythmischer Hinsicht zusammen. Und er verwendete die charakteristischsten der ‘Aksak’-Takte und

die typischsten Volksmusikmelodien in seinen Werken. Dabei benutzte er auch die Makame der traditionellen türkischen Musik. Die Suche nach originalen Harmonien, seine improvisierte Spielweise, die er durch die türkische Musik erwarb, sowie die Verwendung der auf dem makameigenen Tonmaterial basierenden Akkorde und der charakteristischsten 'Aksak'-Takte sind seine bestimmenden Stilmerkmale. Sein *„Violinkonzert"* (1947) umfaßt alle obengenannten Besonderheiten und basiert vollkommen auf den Melodien und Rhythmen der Volksmusik und auf Makamen der traditionellen Musik. Im dritten Satz präsentiert die Solovioline einen ‚Taksim' (eine improvisierte Instrumentalstimme) im Makam ‚Nikriz'. Meistens stehen die erste Teile seiner Sonaten, Konzerte und Sinfonien unter dem Einfluß der westlichen Musik; die anderen Teile basieren auf Elementen der türkischen Volksmusik. So stützt sich der erste Satz seiner *„Sinfonietta" für Streicher* (1951-1959) auf westliche Musik, während der zweite und dritte Satz die Elemente der türkischen Musik beinhalten. Die Fuge im zweiten Satz, deren Themen im Makam ‚Segah' (Abschnitt A) und ‚Hicazkar' (Abschnitt B) stehen, ist in einer dreiteiligen Form geschrieben.
Rey, der schon am Anfang seines Komponistendaseins unter dem Einfluß der französischen Musik stand, richtete sich später auf die türkische Musik. In seiner zweiten Phase beschäftigte er sich intensiv mit Volksmusik. Dieser Zeitabschnitt war die 'ethno-folkloristische Entstehungs- und Entwicklungsphase' in seinem Schaffen. Zu einem späteren Zeitpunkt erkennt man in seiner Musik das Verständnis eines 'modal-mystischen Charakters', da er unter dem Einfluß der traditionellen Musik, bzw. der Makame stand. *„Instantanés", Esquisse symphonique pour orchestre* (1931), die die verschiedenen Gegenden Istanbuls abbilden und die Eindrücke Istanbuls widerspiegeln, und *„Pélérinages dans la ville qui n'est plus que souvenir", für Klavier* (1940-1941), das die Stadt Istanbul aus der Vergangenheit symbolisiert, sind eine Synthese, in der Rey die impressionistische Technik und Makamelemente nebeneinander verwendet. In seiner letzten Phase griff er die Thematik der 'mystischen Philosophie' und der 'Todesgedanken' auf. Westliche und östliche Musiktechniken und Regeln benutzte er gemeinsam und komponierte Werke in großen Formen. *„La Conquérant", Poéme Symphonique* (1953) ist eine Programm-Musik und bezieht sich auf die Eroberung Istanbuls. Das Werk ist in einer sehr entwickelten Sonatenhauptsatzform geschrieben und beinhaltet post-romantische und impressionistische Eigenschaften.
Eine der wichtigsten Besonderheiten der „Türkischen Fünf" ist, daß sie in ihren Werken die Elemente der türkischen Musik benutzen. Nach ihren ersten Schaffensphasen hatten sie sich, da sie auf der Suche waren, meistens für Volksmusik und ihren reichen melodischen Bau interessiert und ihre charakteristischen 'Aksak'- Rhythmen verknüpfen sie mit zeitgenössischen Musikregeln. In ihren späteren Phasen orientierten sie sich neben der Volksmusik auch an Makamen der traditionellen Musik. Sie setzten die

Makame mehr und mehr in einem abstrakten Sinne ein. Nur in Alnars Werken verlieren die Makame ihre Originalität kaum, und er benutzt sie nicht auf sehr abstrakte Weise. Die Melodien spielen eine große Rolle und beherrschen das Werk. Akses setzte die Makame in einer abstrakten Weise um, der harmonische Bau ist „amodal".
Erkin und Alnar haben keine Oper komponiert. Alnar war der erste türkische Komponist, der für ein traditionelles Instrument wie „Kanun" ein Konzert schrieb. Und Rey war der einzige der „Türkischen Fünf", der zahlreiche „Operetten und Revues" schrieb, um mehrstimmige Musik populärer zu machen. Saygun komponierte mehr als die anderen der Gruppe und schuf Werke in allen musikalischen Gattungen. Zugleich war er bedeutender Musikethnologe, ein Forscher der Volkskultur und Künste, ein bekannter Musikpädagoge und Schriftsteller. Akses war ein für Neuigkeiten äußerst offener Komponist in der Gruppe. ‚Amodale' Technik und Aleatorik verwendete er oft in seinen Werken.
Sucht man nach übergreifenden Charakteristika der neuen türkischen Musik, wie sie in dieser ersten Phase greifbar werden, so sticht zunächst ins Auge, daß jene fünf Komponisten sich von der türkische Musik ganz abwenden, um nach Europa zu gehen. Sie übernehmen dort ganz die europäischen Techniken. In die türkische Heimat zurückgekehrt, macht sich bemerkbar, daß sie sich nach einer gewissen Weile alle - in mehr oder weniger starker Ausprägung - der türkischen Musik wieder zuwenden. Insbesondere beziehen sie modale Techniken wieder in ihre Kompositionen ein. Doch wird diese Technik nun zumeist auf eine sehr abstrakte Weise eingesetzt. Hier zeigt sich ein Prozeß der Loslösung vom alten Musikstil über die gleichsam „heimatlose" Aneignung des Fremden bis hin zur Gewinnung eines eigenen, neuen Musikstils. Ferner ist bemerkenswert, daß alle fünf Komponisten den gemäßigten Tendenzen europäischer Musik zuneigen.
Die „Türkischen Fünf", als die erste moderne Komponistengeneration, spielten eine wichtige Rolle in der Entwicklung der zeitgenösssischen türkischen Musik.

Quellenverzeichnis

Alnar, Hasan Ferid: „Prelüd ve İki Dans“ (Präludium und zwei Tänze für Orchester), Universal Edition Nr.10.272 (o.J.).

Alnar, Hasan Ferid: „Viyolonsel Konçertosu“ (Konzert für Cello und Orchester), (Maniukript).

Alnar, Hasan Ferid: „Kanun Konçertosu“ (Konzert für Zither und Streicher), (Manuskript).

Akses, Necil Kazım: „Minyatürler“ (Miniaturen für Klavier), Jorj D. PapajorjiuYayımı No. 80, İstanbul 1936 (Veröffentlichung von J. D. P apajorjiu Nr. 80) (copyright 1936).

Akses, Necil Kazım: "Yaylı Sazlar İçin Kuvartet" (Streichquartett), Ankara Devlet Konservatuarı Yayınları 1961, No: 21 (Veröffentlichung des staatlichen Konservatoriums).

Akses, Necil Kazım: "İdil, Solo Viyoyonsel ve Orkestra İçin" (Idyll für Cello und Orchester), Ankara Devlet Konservatuarı Yayınları 1982, (Veröffentlichung des staatlichen Konservatoriums o. Nr.).

Akses, Necil Kazım: „2. Senfoni, Yaylı Çalgılar Orkestrası İçin“ (2. Sinfonie für Streicher), (Manuskript).

Bartók, Bela: „Streichquartett III, Universal Edition Wien Nr.169 (copyright 1929).

Erkin, Ulvi Cemal: „Beş Damla“ (Fünf Tropfen, leichte Stücke für Klavier), Ankara Devlet Konservatuarı Yayınları (Veröffentlichung des staat-liches Konservatoriums, o.J. und o. Nr.).

Erkin, Ulvi Cemal: „Sinfonietta“ (Sinfonietta für Streicher), Ankara Devlet Konservatuari Yayinlari (Veröffenlichung des staatlichen Konservatoriums o. Nr. und o.J.)

Erkin, Ulvi Cemal: „Keman Konçertosu“ (Konzert für Violine und Orchester), Ankara Devlet Konservatuarı Yayınları 1968, No. 2380 (Veröffentlichung des staatlichen Konservatoriums).

Rey, Cemal Reşit: „Instantanés“ für Orchester (Manuskript).

Rey, Cemal Reşit: „Pélérinages dans la ville qui n'est plus que souvenir" sieben Stücke für Klavier (zur Verfügung gestellt von Panayot Abacı, Istanbul -gedruckt-).

Rey, Cemal Reşit: „La Conquérant" poéme symphonique pour orchestre (Manuskript).

Saygun, Ahmed Adnan: „İncinin Kitabı" (Incis Buch), Southern Music Publishing Co., Inc. Nr. 1619, New York (o.J.).

Saygun, Ahmed Adnan: „1. Piyano Konçertosu" (1. Klavierkonzert) (Manuskript).

Saygun, Ahmed Adnan: „String Quartet" Southern Music Publishing Co., Inc. Nr.497.46 (copyright 1961).

Strawinsky, Igor F.: „Pétrouchka" (Klavierversion) Edition Russe de Musique 1943.

Literaturverzeichnis

Akdemir, Hayrettin: „Die neue türkische Musik", Berlin 1991.

Akdil, Sayram: „Besteci Ahmed Adnan Saygun" (Komponist A. A. Saygun), in: „7-8 Ocak 1987 A. A. Saygun Semineri Bildirileri" (Mitteilungen des Saygun Seminars, 7-8 Januar 1987), verschiedene Beiträge, hrsg.Tuğrul Göğüş, Izmir 1987, S.25-27, (= Izmir Filarmoni Derneği Yayınları).

Alacalıoğlu, Hamit: „Cemal Reşit Rey için dünya basınında yazılanlar" (Kritiken in der Weltpresse zu C. R. Rey), in: Orkestra, Nr.8 (1963). S.30-35.

Ali, Filiz: „Cemal Reşit Rey'e Armağan" (Festschrift C. R. Rey), Ankara 1996, (= Sevda-Cenap And Müzik Vakfı Yayınları).

Alnar, Hasan Ferid: „Yaşam Öyküm" (Meine Lebensbeschreibung), in: Orkestra, Nr.166 (1987), S.30-34.

Altar, Cevat Memduh: „Ludwig van Beethoven ölümünün 125. yıldönümünde" (Beethoven in seinem 125. Todesjahr), Istanbul 1953 (= Milli Eğitim Basımevi).

(ders.): „Onbeşinci üzyıldan bu yana Türk ve Batı kültürlerinin karşılıklı etkileme güçleri üstüne bir inceleme“ (Eine Studie über den Umfang der gegenseitigen Einflüsse der türkischen und Westlichen Kulturen vom 15. Jh. bis heute), Ankara 1981 (= Kültür Bakanlığı Yayınları: 453, Kültür Eserleri Dizisi: 1).

(ders.): „Meine Begegnung mit Paul Hindemith“, in: Hindemith-Jahrbuch, Annales Hindemith (1986/XV), hrsg. P. Hindemith-Institut, Frankfurt / Main, S.7-27.

(ders): „W. A. Mozart im Lichte osmanisch – österreichischer Beziehungen“, abgedruckt in: „Cevat Memduh Altar'a Armağan“ (Festschrift C.M. Altar), hrsg. Erdoğan Okyay, Ankara 1989, S. 45-59 (= Sevda-Cenap And Müzik Vakfı Yayınları).

(ders.): „Prof. Ahmed Adnan Saygun'un ardından“ (Nach Prof. A. A. Saygun), in: „Orkestra“ Nr.210, (1991), S.2-14.

(ders.): „Türkiye'de Opera“ (Die Oper in der Türkei), in: „Opera Tarihi“ (Geschichte der Oper), Bd.4, Ankara 1993, S.254-389 (= Kültür Bakanlığı Yayınları: 465, Başvuru Kitapları Dizisi: 13).

Arpad, Burhan: „Müzikli Türk Tiyatrosunda Cemal Reşit Rey“ (Rey im türkischen Musiktheater), in: Orkestra, Nr.8 (1963), S.23.

Atalay, Adnan: „Saygun'nun Eserleri“ (Sayguns Werke), in: „7-8 Ocak 1987 A. A. Saygun Semineri Bildirileri“ (Mitteilungen des Saygun Seminars, 7-8 Januar 1987) verschiedene Beiträge, hrsg. Tuğrul Göğüş, Izmir 1987, S.37-40, (= Izmir Filarmoni Derneği Yayınları).

Bartha, Dénes: „Béla Bartók“, in: MGG, Bd.1, Spalte 1345-1349.

Başeğmezler, Nejat: „Necil Kazım Akses'e Armağan“ (Festschrift N. Akses), Ankara 1993, (= Sevda Cenap And Müzik Vakfı Yayınları).

Bozok, Hüsamettin: „Cemal Reşit Rey'in Hayatından Çizgiler“ (Die Etappen im Leben von C. R. Rey), in: Orkestra, Nr.8 (1963), S.42-45.

Canal, Denis-Armand: „Ahmed Adnan Saygun Paris'te“ (A. A. Saygun in Paris) in: „7-8 Ocak 1987 A. A. Saygun Semineri Bildirileri“ (Mitteilungen des Saygun Seminars, 7-8 Januar 1987), verschiedene Beiträge, hrsg Tuğrul Göğüş, Izmir 1987, S.28-30, (= Izmir Filarmoni Derneği Yayınları).